BAEDEKER SMART

München

Verlag Karl Baedeker – ⊕ www.baedeker.com

Wie funktioniert der Reiseführer?

Wir präsentieren Ihnen Münchens Sehenswürdigkeiten in fünf Kapiteln. Die Einteilung entnehmen Sie bitte der unten stehenden Karte. Jedem Kapitel ist eine spezielle Farbe zugeordnet.

Um Ihnen die Reiseplanung zu erleichtern, haben wir alle wichtigen Sehenswürdigkeiten jedes Kapitels in drei Rubriken gegliedert: Einzigartige Sehenswürdigkeiten sind in der Liste der *TOP 10* zusammengefasst und zusätzlich mit zwei Baedeker Sternen gekennzeichnet. Ebenfalls bedeutend, wenngleich nicht einzigartig, sind die Sehenswürdigkeiten der Rubrik *Nicht verpassen!* Eine Auswahl weiterer interessanter Ziele birgt die Rubrik *Nach Lust und Laune!*

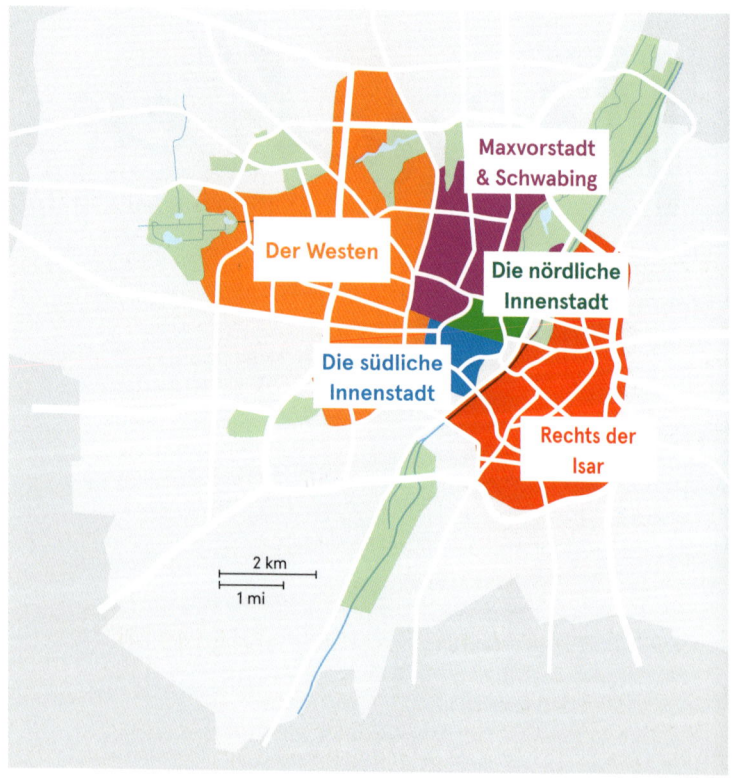

Kontraste auf Schritt und Tritt: Am Hochufer der Isar grenzen das elegante Bogenhausen und die früheren Glasscherbenviertel Haidhausen und Au aneinander.

Der Westen

Mein Tag zwischen Regenwäldern,
Himalaya und Barockgarten 144
Natur pur: Grün, grün, grün sind alle Kleider der Stadt auf diesem Rundgang.

Ausflüge

Spaziergänge & Touren

Praktische Informationen

Magische Momente

Kommen Sie zur rechten Zeit an den richtigen Ort und erleben Sie Unvergessliches.

Stadt der Musen und Museen: der Barberinische Faun (um 220 v. Chr.) in der Glyptothek am Königsplatz.

Weltstadt mit Herz: Im Diana-Tempel im Hofgarten der Residenz geht es gern mediterran-fröhlich zu.

Baedeker Topziele

Was muss ich gesehen haben? Unsere TOP 10 helfen Ihnen, von der absoluten Nummer eins bis zur Nummer zehn, die wichtigsten Sehenswürdigkeiten einzuplanen.

❶ ★★ Deutsches Museum

Rund 1,5 Mio. Besucher werden jährlich in diesem (nach der Ausstellungsfläche) größten Wissenschafts- und Technikmuseum der Welt gezählt. Seite 126

❷ ★★ Residenz

500 Jahre Herrschersitz, geprägt von der Renaissance bis zum Klassizismus, und so weitläufig, dass sich einst selbst die bayerischen Herzöge, Kurfürsten und Könige darin verirrt haben sollen. Seite 70

❸ ★★ Schloss Nymphenburg

Im Sommer erfreuten sich die bayerischen Herrscher am lichten Schloss Nymphenburg mit seinem riesigen Park. Seite 148

❹ ★★ Lenbachhaus

In der um einen Neubau von Foster + Partners ergänzten Villa Franz von Lenbachs hängen die schönsten Werke der Künstlergruppe »Der Blaue Reiter«. Seite 98

❺ ★★ Frauenkirche

Rund 20 000 Menschen finden im Wahrzeichen Münchens Platz, die Ausstattung entspricht der Größe und der Bedeutung eines Doms. Seite 42

❻ ★★ Englischer Garten

In einem der ersten grünen Volksparks Europas – mit 375 ha eine der größten Parkanlagen der Welt – fühlen sich alle wohl. Seite 102

❼ ★★ Marienplatz

Rund um die Mariensäule pocht das Herz der Stadt: Altes und Neues Rathaus bilden die Kulisse, und die nächsten Sehenswürdigkeiten sind nicht weit. Seite 46

❽ ★★ Viktualienmarkt

An den Marktständen des größten und ältesten Lebensmittelmarktes der Stadt treffen sich Nachtschwärmer und Frühaufsteher. Seite 49

❾ ★★ Museum Brandhorst

Hinter der bunten Fassade warten Werke von Beuys bis Warhol. Einzelne Räume wurden gezielt für die Präsentation bestimmter Kunstwerke konzipiert. Seite 105

❿ ★★ Hofbräuhaus

Münchner Familien, bayerische »Grantler« und Touristen aus aller Welt lieben das legendäre Gasthaus, dem sogar ein eigenes Lied gewidmet ist. Seite 76

Mit dem
Rad in den
Englischen
Garten –
zum Biergarten
am Chinesi-
schen Turm.

Ein Gefühl für München bekommen ...

Erleben, was die Stadt ausmacht, ihr einzigartiges Flair spüren. So wie die Münchner selbst.

München radelt

Jede und jeder radelt in München – zur Arbeit, ins Vergnügen oder auch einfach nur so: Studentinnen in Jeans auf Mountainbikes, Angestellte mit Janker auf Trekkinggeräten, Wirtschaftsbosse im Anzug auf Hightech-Maschinen. Dicht an dicht stehen die Drahtesel vor den Biergärten und den Bürohäusern, bei jedem Wind und Wetter.

Brez'n, Bier und Garten

Hohe Kastanienbäume, weiß-blauer Himmel, Tische und Bänke im Schatten, ein Ausschank – Gott hat die Bayern bevorzugt, und Münchens Welt ist mehr als in Ordnung. Obwohl es zwei Welten gibt: Die Prosecco-Prominenz trifft sich bevorzugt z. B. im Seehaus, Bier-Begeisterte finden überall ein Plätzchen, im Hofbräuhaus genauso wie beim Aumeister, im Hirschgarten oder am Chinesischen Turm. Ob man aber nun Austern schlürft oder an der Weißwurst zutzelt – in Münchens Biergärten ist man nie alleine.

Die Nacht ist der Tag

In München gehört es zum guten Ton, zumindest am Wochenende zum Nachtschwärmer zu mutieren. Zum würdigen Nachfolger der legendären Münchener Partymeilen Kunstpark Ost, Kultfabrik und Optimol hat sich die Innenstadt zwischen Müllerstraße, Sendlinger Tor und Maximiliansplatz gemausert. In den Diskotheken und Clubs dieser »Feierbanane« wird bis in die frühen Morgenstunden abgetanzt. Alternative: Die flachen Uferbänke der Isar sind eine gigantische Freiluftarena, die vom Deutschen Museum noch bis weit über den Flaucher hinaus reicht.

Nicht ohne Straßencafé

Sobald die Sonne hervorkommt, kann man gar nicht so schnell schauen, wie sich in München die Terrassen und Freisitze der Straßencafés füllen. Sogar im Winter werden die Gesichter in die bleiche Sonne gereckt und die Körperfunktionen mit wärmenden

Decken und Gasstrahlern auf-rechterhalten. Es ist ein ureigenes Lebensgefühl der Münchner, das sie hier in der »nördlichsten Stadt Italiens« niemals missen wollen.

Treffpunkt Fischbrunnen

Sich am Marienplatz verabreden? Kein Problem, auch wenn sich gerade das Glockenspiel dreht und der Platz rammelvoll ist. Der Fischbrunnen ist von jeher der passende Ort für Ver-abredungen in der Innenstadt. Keiner weiß, warum das so ist. Vielleicht, weil man auf seiner Umrandung sitzen kann oder weil sein Wasser im Sommer etwas Abkühlung verspricht. Auf alle Fälle ist er immer dicht umlagert von jungen Münchner(inne)n, die auf ihr Date warten und sich derweil die Zeit mit ihrem Smartphone vertreiben.

Viktualien vom Markt

Die Münchner lieben ihre Märkte, allen voran den Viktualienmarkt, auf dem es alles gibt, was auf der Welt so wächst und gedeiht. Kudu-steak oder Rentierschinken, Kiwano oder Rambutan, alles kein Problem! Orchideen aus Madeira, Salz vom Himalaja, Würzsauce aus Brasilien – zwischendurch verkostet man Sauerkrautsaft, ein Glas Prosecco oder eine Halbe Augustiner, einen Garnelensalat oder Schweinswürs-tel. Nach Hause kommt man schwer bepackt und mit leerem Geldbeutel. Besuchenswert sind aber auch die ständigen Stadtteilmärkte wie der Elisabethmarkt und der Wiener Markt (Wiener Platz) oder einer der rund 40 Wochen- und Bauern-märkte (Standorte und Termine: www.mein-wochenmarkt.com).

Sechzger sein

Echte Münchner sind Fans des TSV 1860, auch wenn »die Löwen« nur in der Regionalliga spielen. Es ist einfach der ältere Klub (mindes-tens zwei Jahre), die Vereinsfarben sind weiß-blau wie der bayerische Himmel, und die Fahne zeigt den bayerischen Löwen.

Isar für alle ...

... lautet das Motto des »Kultur-strands«, der jeden Sommer am Vater-Rhein-Brunnen gegenüber dem Deutschen Museum stattfindet. Sand aufschütten, Liegestühle platzieren, Drinks und coole Musik dazu – fertig ist eine der liebsten Münchner Sommerlocations. Aber auch ohne Party bildet die Isar Münchens heißeste Freizeit-Ader: Traditionell radelt man von der Innenstadt am Fluss entlang nach Süden bis zum Flaucher, schmeißt sich dort (gerne hüllenlos) ins Wasser und kehrt danach im Flaucher-Bier-garten ein (www.zum-flaucher.de). Eingefleischte Isar/Flaucher-Lieb-haber rücken am späten Nachmittag mit Bierkästen, Grill und Steaks an, und am Abend ziehen aromatische Rauchwolken (nicht nur von Grill-kohle) über den Fluss. Die Isar ist eben für alle da.

Die Nacht zum Tag machen – etwa hier auf dem Tollwood-Festival ...

... und den Tag zum Fest – etwa hier beim »Kulturstrand« auf der Isarinsel zwischen Deutschem Museum und Muffathalle.

Blau–weiß wölbt sich hier das Firmament
über der Landeshauptstadt: ein Tag zum
»Frohlocken«, wie nicht nur der Engel Aloisius
aus Ludwig Thomas Satire »Ein Münchner
im Himmel« auf seiner Wolke weiß.

Das Magazin

Traditionsverbunden, kosmopolitisch und ungemein sympathisch – München ist wirklich eine »Weltstadt mit Herz«.

Seite 12–33

Münchner Lebensart

Wozu sich aufregen? Morgen ist auch noch ein Tag! Die Münchner schätzen Geradlinigkeit, können ihre Bewunderung für eine gesunde Portion Schlitzohrigkeit aber nicht verhehlen. Einen durchtriebenen Menschen nennen sie »Schlawiner«, und das ist durchaus als Kompliment gemeint.

Münchens »gute Stube« von oben betrachtet: aufgeräumt, übersichtlich, überschaubar.

Der berühmteste Münchner Schlawiner ist der Franz Münchinger aus Helmut Dietls Kult-Fernsehserie »Monaco-Franze – Der ewige Stenz«, unvergesslich verkörpert von dem 1997 verstorbenen Schauspieler Helmut Fischer, der selbst ein im Stadtteil Neuhausen aufgewachsenes Münchner Urgewächs war. In der Stadt der Bier-

gärten und der schönen Münchne-
rinnen erscheint ihm nichts wirklich
unmöglich. Ein herzliches »Servus«
und ein Blick aus braunen Dackel-
augen genügen, und er kommt (fast)
immer ans Ziel. Getreu dem Motto:
»A bisserl was geht immer«.

Münchner Italophilie
Dass er »Monaco-Franze« heißt, ist
der irrigen Annahme zu danken,
München sei die nördlichste Stadt
Italiens. Als Indiz dafür wird immer

die Unmenge an italienischen Cafés
angeführt, in denen der Münchner
sich gern einen Latte Macchiato
bestellt, als hätte er das Italienische
mit der Muttermilch eingesogen.
Aber die Münchner Italophilie hat

Tradition: Schon König Ludwig I.
(reg. 1825–1848) machte München
zum »deutschen Firenze«. Ludwigstraße, Residenz und Alte Pinakothek schwelgen in italienischer
Renaissance. Ende des 19. Jh.s war
die Stadt so von italienischer Leich-
tigkeit durchdrungen, dass der
Kunsthistoriker Heinrich Wölfflin
erklärte, München sei die »erste
italienische Stadt Deutschlands«.

Südliches Licht und …
Für Italo-Stimmung sorgt auch der
von den Alpen wehende Föhn. Die
Luft wird durchsichtig, der Himmel
strahlt, die Stadt glänzt heller als
alle ihre Konkurrentinnen südlich
der Berge. Dafür nehmen Einheimische wie »Zuagroasde« gerne die
oft durch ihn hervorgerufene ner-
vöse Überreiztheit in Kauf.

… charmanter Grant
Grob sei er, der Münchner, grantig
und verschlossen, heißt es. Doch
wer das sagt, hat die bayerische
Seele nicht verstanden. Das Bayerische kennt keine wirklichen
Schimpfwörter: »Saupreiß!« ist
eine ruppig-herzlich gemeinte
Herkunftsangabe, ein hingeworfe-
nes »Der Bazi, der!« kann durchaus
als Kompliment gemeint sein, und
der Zuruf »Hund!« ist nichts anderes als eine Adelung, spätestens seit
die Doktrin der CSU für politisches
Handeln ruchbar wurde: »Mir san
Hund, die anderen san Hund, aber
mir san die größeren Hund.«

Traditionen & Traditionelles

Wo ist jenseits von Biergärten und Oktoberfest noch jenes Flair zu spüren, das aus dem Global Player München ein im positiven Sinne traditions-verbundenes Millionendorf macht?

Gleich geht's los: beim Kocherlball am Chinesischen Turm.

Ein Sommersonntagmorgen um sechs am Chinesischen Turm: Damen in Rüschenhaube und Dienstbotenschürze über dem Biedermeierrock drehen sich mit Herren in Frack und Zylinder im Walzertakt. Es ist Kocherlball. Tanzfreudige Münchner kommen am 3. Julisonntag im Englischen Garten zusammen und lassen eine Institution wiederaufleben, die es Ende des 19. Jh.s tatsächlich gegeben hat: Weil die Münchner Hausangestellten (»Kocherl«) durch ihre Arbeitszeiten kaum Möglichkeiten hatten, sich zu treffen, verabredeten sie sich sonntags in der Früh' zwischen fünf und acht Uhr. Später nahm man diese Tradition wieder auf. Der Kocherlball hatte solchen Zulauf, dass sich in seinem Umfeld eine zweite Veranstaltung etablierte: Ein paar Tage vor dem Termin können Interessierte im Hofbräuhaus die richtigen Schritte für die Traditionstänze wie die Münchner Française oder den Zwiefachen lernen.

Gegen das Klischee

Womit wir schon beim Hort der Münchner Traditionsbewahrer wären, dem Hofbräuhaus. In diesem weltberühmten Gasthaus, in dessen Schwemme sich Japaner, Chinesen und Amerikaner im Anstoßen und Absingen bayerischer Märsche übertreffen, gibt's noch richtige Stammtische (130 an der Zahl) und einen offenen Musikantentreff. Bis zu viermal im Jahr findet hier der Münchner Tanzboden statt, bei dem das fast durchgängig junge Publikum von Musikkapellen aus München und der Region begleitet wird. Letztere haben auch ihre eigene Plattform, besser gesagt: ihren »Hoagartn« (oder: »Hoagascht«). Darunter verstand man ursprünglich Treffen von Nachbarn und Freunden, die im Garten musizierten. Heute improvisieren Volksmusikanten einmal im Monat in verschiedenen Gaststätten beim offenen Hoagartn. Wer Lust hat, kann mitmachen.

Singen, tanzen, spielen

Mitsingen ist auch beim Turmsingen im Valentin-Karlstadt-Musäum gefragt. Mehrmals im Jahr an einem Montagnachmittag können die Teilnehmer nach Herzenslust Münchner Liedgut schmettern. Eine Volksmusikveranstaltung mit Kultstatus sind die Fraunhofer Volksmusiktage im Januar: Hier treffen Traditionalisten und Aufmüpfige, Urbayern und Multikulti-Instrumentalisten auf ein begeistertes Publikum. Größen der Volks- bzw. Weltmusikszene wie La Brass Banda haben auf der Bühne des Fraunhofertheaters angefangen.

Als täppisches Herz-Schmerz-Klischee totgespielt galt lange Zeit das Bauerntheater. Diesem Trend trotzt die Iberl-Bühne seit Jahrzehnten. Chef Georg Maier ist mit seinem Ensemble so erfolgreich, dass er nach fast 50 Jahren sogar vom Traditionshaus im Münchner Süden in die Innenstadt gezogen ist. Übrigens macht die Münchner Renaissance der Tradition nicht einmal vor dem Oktoberfest halt: Dort gibt es neben dem schrillen Rummel die Oide Wiesn: typisch münchnerisch, gemütlich … und stets gut gebucht.

Auf einen Blick

Termine für Tanzboden und Hoagartn: www.muenchen.de/volkskultur
Programm der Fraunhofer Volksmusiktage: www.fraunhofertheater.de
Iberl-Bühne: www.iberlbuehne.de

Karl-Valentin-Statue am Viktualienmarkt.

Im Biergarten

Ohne Bier ist alles nichts. Jedenfalls für
den Bayern: Im Jahr 1539 wurde in München eine
ungewöhnliche Brauordnung erlassen, deren
Folgen bis heute die Münchner Lebensqualität
und das Stadtbild prägen.

Mit dem Erlass wurde das Bierbrauen in den Monaten Mai bis September verboten, weil in dieser Zeit die Brandgefahr zu hoch sei. Da aber im Sommer weitaus mehr Bier getrunken wurde als im Winter, mussten die Brauereien nun auf Vorrat brauen und das Bier kühl lagern. Also legten sie unterirdische »Bierkeller« an, und um diese kühl zu halten, pflanzten sie darüber Kastanien. Schließlich kam man auf die Idee, das Bier hier auch gleich zu verkaufen, und stellte Bänke und Tische unter die Bäume. Ein Sturm der Entrüstung war die Folge, denn die Münchner Wirte witterten Konkurrenz. Legalisiert wurde der Biergartenbetrieb schließlich durch König Ludwig I., der um 1830 den Ausschank von Bier genehmigte, nicht aber den Verkauf von Speisen. Heute ist zwar auch das längst erlaubt – aber immer noch hat jeder richtige Biergarten einen Bereich, in dem die Gäste ihr mitgebrachtes Essen verzehren können.

A zünftige Brotzeit

Traditionell gehören in einen Münchner Biergartenkorb weißer Rettich (»Radi«), Wurstsalat, Emmentaler, Leberkäse, Butter und große Brezen, dazu eine karierte Tischdecke, Besteck, Salz und Pfeffer und ein scharfes Messer. – Eigenes Bier zum Nachfüllen mitzubringen ürigens gilt als extrem unsportlich!

Für jeden etwas

In München gibt es über 80 Biergärten. Familien mit Kindern ziehen am liebsten zum Hirschgarten, weil's dort gleich nebenan eine Spielwiese und Rehe zum Füttern und Streicheln gibt. Studenten treffen sich am Chinesischen Turm

Münchner Gastlichkeit im Grünen: Zum Flaucher, Augustinerkeller, Waldwirtschaft Groß-hesselohe, Seehaus im Englischen Garten (im Uhrzeigersinn von oben links).

und ältere Semester im Biergarten des Hofbräuhauses. Für alle gilt: Ein Biergarten, der auf sich hält, bleibt den Traditionen treu. Die Gäste sitzen an Holztischen, zu essen gibt's »Hendl« (Brathähnchen), »Schweinsbrodn« (Schweinebraten) und »Steckerlfisch« (Fisch vom Grill), ausgeschenkt wird Münchner Bier, und spätestens um 24, in Wohnvierteln um 23 Uhr werden Klappstühle und Sitzbänke unter den Kastanien geräumt.

Die fünfte Jahreszeit

Weil die traditionelle Fastenzeit zwischen Aschermittwoch und Ostern gar so lang ist und weil zumindest einmal im Jahr auch in München den Politikern die Leviten gelesen werden müssen, gibt's in der Stadt an der Isar die Starkbierzeit: Zum Anstich des Starkbiers im Paulaner am Nockherberg versammelt sich die Politprominenz, um sich »derbleck'n« (auf die Schippe nehmen) zu lassen.

Feste feiern

Das Oktoberfest ist das größte und berühmteste Volksfest der Welt – aber nicht der einzige Superlativ in Münchens Unterhaltungsangebot.

Sehen und gesehen werden: beim Münchner Oktoberfest auf der Theresienwiese, ...

Der Ausnahmezustand namens Oktoberfest beginnt am Samstag des vorletzten Septemberwochenendes, dauert 16 bis 18 Tage und heißt in München salopp »Wiesn«. Eröffnet wird es mit dem rituellen Anzapfen (»O'zapft is«) des ersten Bierfasses durch den Oberbürgermeister. Im Ursprung geht das Ereignis auf den Kronprinzen Ludwig zurück, der am 12.10.1810 die Prinzessin Therese von Sachsen-Hildburghausen heiratete. Eine Woche später ließ er auf einer Wiese zur Volksbelustigung ein Pferderennen abhalten. Im Jahr darauf wurde das Rennen wiederholt, danach regelmäßig zusammen mit einer landwirtschaftlichen Messe veranstaltet, und die Wiese bekam den

Namen der Prinzessin: Theresienwiese. Im Jahr 1869 eröffnete die
Familie Schichtl ihr Illusionstheater
auf der Theresienwiese; noch heute
ist der Besuch beim »Schichtl« samt
»Hinrichtung auf offener Bühne«
der Höhepunkt des Schaustellerpro-
gramms. Aber das Herz der Wiesn
schlägt im Bierzelt, wo sich alle zum
»Oans, zwoa, gsuffa« verbrüdern.

dazu gibt es einen alternativen
Jahrmarkt (www.tollwood.de).

Fun-Areas

Herzstück der Innenstadt-Partyzone
ist die sichelförmige Sonnenstraße,
die ihrer Form wegen »Feierbanane«
genannt wird. Sie verlängert sich
mit Diskos, Lounges und Clubs
nach Norden zum Maximilians-

... im P1 im Haus der Kunst, im Pacha am Maximiliansplatz und auf dem Tollwood-Festival.

Multikulti, Zirkus und Show

Zum zweitwichtigsten gesellschaft-
lichen Event der Stadt nach der
Wiesn hat sich das »Tollwood«
gemausert, das in den 1970er-Jahren
als freakiges Theaterfestival begann.
Jeweils im Dezember und im Juni
sorgt ein multikulturelles Programm in zahlreichen Zelten einige
Wochen lang für Unterhaltung,

platz hin und nach Süden in das
Areal um die Müllerstraße. Hinzu
kommen noch einige Satelliten wie
das Nachtwerk (www.nachtwerk.de)
westlich des Zentrums oder das
Muffatwerk hinter dem Müllerschen
Volksbad (www.muffatwerk.de). Wo
und wann etwas los ist in der hiesigen
Partyszene verraten www.munichx.
de oder www.partymunich.de.

Der Stern des Südens

Mit rund 291 000 Mitgliedern ist der FC Bayern der größte Sportverein der Welt. Gegründet wurde er am 27. Februar 1900 in München – sich selbst hat der Verein aber immer mehr als bayerischer »Stern des Südens« verstanden.

München und Fußball, das ist ein Thema von fast weltanschaulicher Bedeutung. »In München geht es nicht so sehr darum, für welchen Verein man ist, sondern gegen welchen« – dieser Ausspruch des Kabarettisten Ottfried Fischer bringt das Verhältnis der Münchner zu ihren beiden Traditionsclubs Bayern und 1860 München auf den Punkt. Über kaum etwas anderes können erwachsene Menschen so erbittert streiten wie über den jeweils gegnerischen Fußballverein. Wobei diesen Auseinandersetzungen die immer gleichen Vorurteile zugrunde liegen: Die Roten, also Bayern München, seien Großkopferte, heißt es, ein Millionärsverein, gepäppelt von der Politik, Prominenz und Sponsoren, während man den schwarz-blauen Sechzgern unterstellt, der etwas prollige Club des »kleinen Mannes« zu sein. Entsprechend dieser Kategorisierung outen sich vor allem jene als 1860-Fans, die ihr soziales Engagement und die Verbundenheit mit dem »einfachen Volk« betonen möchten. Ex-Oberbürgermeister Christian Ude (SPD) etwa war bekennender Sechzger. Bei den Meisterfeiern musste er gute Miene zu bösem Spiel machen – viel lieber hätte er die »Löwen« auf dem Rathausbalkon empfangen!

»Erlebniswelt FC Bayern«

Bayern München ist in München auch ein einflussreicher Wirtschaftsfaktor. Immerhin reisen alle zwei Wochen Tausende Fans zu den Heimspielen des FC Bayern in der Allianz Arena an und konsumieren in der Innenstadt. Alleine mit seinem futuristischen Stadion im Norden von München hat der FC Bayern in der Bauphase 29 000 und im laufenden Betrieb 2500 Arbeitsplätze geschaffen; nun wird in der Innenstadt investiert. An der Weinstraße, in unmittelbarer Nähe zum Dom, entsteht eine Art »Erlebniswelt«, mit Fan-Shop und einer FC-Bayern-München-Gastwirtschaft.

Auf den Spuren von Kurt Landauer

Im Nationalsozialismus wurde der FC Bayern als »Judenclub« diffamiert: Über die frühe Geschichte des Vereins unter ihrem Präsidenten Kurt Landauer (1884–1961), der wegen seiner jüdischen Herkunft vor den Nazis flüchten musste und vier Wochen lang im Konzentrationslager Dachau interniert war, gibt es neben mehreren Büchern auch einen in Zusammenarbeit mit dem Münchner NS-Dokumentationszentrum entstandenen Dokumentarfilm (»Kick it like Kurt«) des Kreisjugendrings München-Stadt und den Fernsehfilm »Landauer – der Präsident«. Im Jahr 2013 wurde Kurt Landauer posthum zum Ehrenvorsitzenden ernannt, seit 2015 heißt der Platz vor der Allianz Arena, in der die Bayern ihre Heimspiele austragen, Kurt Landauer Platz. Auch die Fans des FC Bayern halten das Andenken an den Präsidenten in Ehren, vor allem mit der Kurt-Landauer-Stiftung, die in den Worten von Simon Müller, einem der Stiftungsgründer, sein Erbe weiterführen und zu einer weltoffenen, sich fortschrittlich und liberal gegen Rassismus und Ausgrenzung stellenden Gesellschaft beitragen will.

Eine runde Sache

Die Münchner Allianz Arena entstand nach einem Entwurf des Schweizer Architektenbüros Herzog & de Meuron und fasst je nach Wettbewerb 70 000 bis 75 000 Zuschauer. Das Großprojekt wurde ursprünglich vom FC Bayern gemeinsam mit dem TSV 1860 München finanziert; später waren die Sechziger nur noch Mieter, bis sie im Jahr 2017 endgültig auszogen.

1 Außenfassade: Das imposante Dachtragewerk verbirgt sich hinter 2760 rautenförmigen, mit Luft gefüllten Membrankissen. Die transparente Fassade der Arena besitzt ein integriertes Lichtsystem, das den Bau in die unterschiedlichsten Farbtöne tauchen kann.

2 Nordkurve: Jeweils 10 000 Sitzplätze in der Nord- und Südkurve lassen sich durch Hochklappen in Stehplätze umwandeln, was die gute Stimmung noch beträchtlich befördern kann.

3 Südkurve: Hier können sich Anhänger des FC Bayern München (für die es in der Arena eine eigene FC Bayern Erlebniswelt mit multimedialer Darstellung der ruhmreichen Vereinsgeschichte gibt) im Fan-Restaurant des Vereins auf ca. 1500 Plätzen versammeln.

4 Unterer Rang: Der Rang gewährt den Zuschauern die größtmögliche Nähe zum Spielgeschehen.

5 Mittlerer Rang: Durch einen Neigungswinkel von 30 Grad hat man von jedem Platz aus gute Sicht aufs Spielgeschehen.

6 Oberer Rang: Wegen der extremen Neigung von 34 Grad kann man auf diesem Rang ausschließlich sitzen. Die oberste Sitzreihe der Allianz Arena befindet sich auf 39 m Höhe.

7 VIP-Logen: Für prominente Stadionbesucher gibt es 106 Logen mit rund 1374 Plätzen.

©BAEDEKER

Nie vergessen!

Räterepublik, Hitlerputsch, »Hauptstadt der Bewegung« – mehrmals spielte das bürgerliche München in den unruhigen Jahren der Weimarer Republik und beim Aufstieg Hitlers eine unrühmliche Hauptrolle. Doch es gab auch Widerstand.

Am 7. April 1919 riefen Ernst Toller, Erich Mühsam und andere die »Münchner Räterepublik« aus: Arbeiterräte sollten die Politiker ersetzen, die Betriebe vergesellschaftet werden. Knapp einen Monat später, am 3. Mai, beendeten Freikorps das Experiment. Nach dreitägigen Kämpfen wurden mehr als 600 Tote gezählt. Da viele politische Köpfe der Räterepublik jüdischen Glaubens gewesen waren, richtete sich die Polemik national gesinnter Politiker und Parteien nun verstärkt gegen Juden.

Zusammen mit Erich Ludendorff und seiner Sturmabteilung SA besetzte Adolf Hitler am 8. November 1923 den Bürgerbräukeller, in dem die Landesregierung tagte, und erklärte sie sowie die Reichsregierung für abgesetzt. Am folgenden

Im Atrium des Hauptgebäudes der Ludwig-Maximilians-Universität am heutigen Geschwister-Scholl-Platz 1 wurden die Flugblätter der Weißen Rose verteilt.

Morgen marschierten Hitler und Ludendorff mit tausenden Anhängern zur Feldherrnhalle, um die Machtübernahme zu demonstrieren. Doch dieser »Hitlerputsch« scheiterte.

Das Konzentrationslager im Vorort Dachau wurde im Jahr 1933 eingerichtet. Zunächst inhaftierten die Nazis politische Gegner, nach der Reichspogromnacht kamen auch Juden hinzu sowie nach dem Kriegsbeginn noch Polen, Tschechen, Russen und Roma. Von den 200 000 Häftlingen überlebten 32 000 das KZ nicht – so die offizielle Zahl. Wie viele mehr tatsächlich an Erschöpfung, medizinischen Experimenten und Seuchen starben, ist ungewiss. Die US-amerikanischen Truppen befreiten die verbliebenen 67 000 Gefangenen des KZs am 29. April 1945.

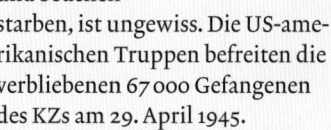
Die Geschwister Hans und Sophie Scholl.

Im Juni 1938 wurde die Münchner Hauptsynagoge an der Herzog-Max-Straße abgerissen, in der »Reichspogromnacht« vom 9. auf den 10. November fielen die letzten jüdischen Gotteshäuser in der Herzog-Rudolf- und in der Reichenbachstraße den SA-Schergen zum Opfer. Erst im Jahr 2006 wurde am Jakobsplatz vor dem Stadtmuseum ein jüdisches Kulturzentrum geschaffen, das ein Museum, eine Begegnungsstätte sowie eine Synagoge beherbergt.

Am 29. September 1938 unterzeichneten Großbritannien, Frankreich, Italien und das Deutsche Reich das Münchner Abkommen, die Tschechoslowakei hatte damit die Sudetengebiete Deutschland zu überlassen. Hitler nahm das Abkommen als Freibrief für den Einmarsch in die Tschechoslowakei.

Am 8. November 1939 verübte Georg Elser im Münchner Bürgerbräukeller einen Anschlag auf Adolf Hitler, der scheiterte.

Die Weiße Rose
Hans Scholl studierte an der Ludwig-Maximilian-Universität Medizin, seine Schwester Sophie Biologie und Philosophie. Am 22. Februar 1943 wurden beide in Stadelheim enthauptet. Wenige Tage zuvor hatten sie mit »Die Weiße Rose« signierte Flugblätter in den Lichthof der Münchner Universität flattern lassen. Darin riefen sie zur Rüstungssabotage auf und prangerten die Verbrechen der Nationalsozialisten an. Direkt vor dem Haupteingang der Universität, am Geschwister-Scholl-Platz, erinnert heute ein Denkmal an die beiden. Zu sehen sind in den Boden eingelassene steinerne Flugblätter, Fotos, Texte und Gerichtsurteile.

Was Leib & Seele zusammenhält

Münchner Spezialitäten sind nicht gerade
karlorienarm. Kein Wunder, dass
der Münchner ob solch deftiger Verführer
zur barocken Fülle neigt.

Deftig heißt allerdings nicht unkompliziert: Allein das Beispiel der Münchner Weißwurst zeigt, wie aufwendig das Regelwerk der Zubereitung und des richtigen Verzehrs sein kann. Dass sie mit Kalbfleisch, Zwiebeln und frischer Petersilie gefüllt sein muss, ist ebenso vorgeschrieben wie die Tatsache, dass sie immer stückweise und ja nicht paarweise bestellt wird. Ist die Wurst auf dem Teller, wird die Haut der Länge nach aufgeritzt und die Wurst halbiert. So schlüpft das Brät elegant aus der Pelle und kann mit süßem Senf und frischen Brez'n als Brotzeit genossen werden. Nach 12 Uhr sind Weißwürste übrigens tabu!

Eigentlich gab es ja schon im Frankreich des 14. Jh.s ähnliche Würste. Neu »erfunden« wurden die Weißwürste in München Mitte des 19. Jh.s zumindest insofern, als man bei den Bratwürsten den Kalbsdurch einen Schweinedarm ersetzte.

Braten und Knödel

Kartoffel- und Semmelknödel begleiten in München viele Fleischgerichte wie den »Schweinsbrodn«, der nur dann als gelungen gelten kann, wenn seine Kruste richtig kross ist. Eine »Schlachtplatt'n« besteht aus verschiedenen Würsten, Sauerkraut und natürlich Knödel. Echt ist sie aber nur, wenn auch Blut- und Leberwürste dazu gereicht werden.

Münchner Kronfleisch gibt's als Brotzeit und als Hauptgericht: Das grobfaserige, gekochte Rindfleisch harmoniert hervorragend mit frisch geriebenem »Kren« (Meerrettich).

Der Sauerbraten ist ein beliebtes Festtagsgericht. Das fein säuerliche

Es geht auch weniger deftig – und edler: kulinarische Delikatessen beim Käfer (oben links/unten rechts) und im Dallmayr (oben rechts), Sterne-Küche im Tantris (unten links).

Aroma spült man idealerweise mit frisch gezapftem Bier hinunter.

Helles, Weizen, Bock

Bier brauten die Augustinermönche in München schon seit 1328. Knapp 160 Jahre später, 1487, erließ Herzog Albrecht IV. den »Preu Aid« (Brau-Eid), der als Münchner Reinheitsgebot in die Geschichte der Bierbraukunst einging – übrigens das älteste Lebensmittelgesetz der Welt. Seitdem darf das Münchner Bier nur aus Gerste, Hopfen und Wasser hergestellt werden. Seinen guten Ruf verdankt es u. a. der Münchner Brauerfamilie Sedlmayr, die im 19. Jh. auf ihrem Gebiet Pionierarbeit leistete. Gabriel Sedlmayr jr. betrieb seine Brauerei als erste mit Dampfkraft, tüftelte mit Carl von Linde an der Kühlung des Biers und korrespondierte mit Louis Pasteur über die Gärung. Er war ein Streiter für das untergärige, weil besser haltbare Bier und brachte das dunkle malzige »Münchener« heraus, das heute in München kaum noch gebraut wird. Es wurde vom herberen Hellen (11–12 % Stammwürzegehalt, 4 % Alkohol) als meistgetrunkenem Bier abgelöst. Sein spritziges Pendant ist das aus Weizen gebraute Weißbier oder Weizen. Das etwas dunklere Märzenbier (13 bis 14 % Stammwürzegehalt, ca. 5 % Alkohol) feiert als Oktoberfestbier alljährlich fröhliche Urständ. Spitzenleistungen sind auch die Münchner Doppelbockbiere, allesamt dunkel, mit ca. 7 % Alkoholgehalt und auf die Silbe »-ator« endend.

Brotzeit – die schönste Zeit

Eine unverzichtbare Säule der Münchner Brotzeit ist der Leberkäs', der weder mit Leber noch mit Käse etwas zu tun hat. Er besteht vielmehr aus gehacktem Rind- und Schweinefleisch, Speck und Zwiebeln, die im Ofen zu einem kompakten Laib mit knuspriger Kruste verbacken werden. Eine köstliche Sommerspezialität ist ein »Obatzda«: Ingredienzien sind reifer Camembert, Butter, klein gehackte Zwiebeln, Pfeffer, Salz, Kümmel und viel süßer Paprika. Beliebteste Münchner Brotzeitbeilage ist ein mit Salz bestreutes Weizenhefegebäck! Kennen Sie nicht? Eine Brez'n natürlich!

Auf einen Kaffee ins Café

Zur Blütezeit der Kaffeehauskultur gegen Ende des 19. Jh.s zählte man an der Isar 84 Cafés und konnte durchaus mit der Donaumetropole konkurrieren. Doch rund hundert Jahre später setzte das Münchner Kaffeehaussterben ein; Legenden wie Rottenhöfer und Kreutzkamm schlossen oder verkleinerten sich drastisch. Einer der wenigen Überlebenden ist das im Jahr 1888 gegründete Café Luitpold in der Brienner Straße 11. Hier verkehrten einst Franz Marc, Frank Wedekind und Loriot, dem angeblich im Café Luitpold die Idee für die »Herren im Bad« kam. Dank seines mit Palmen dekorierten Wintergartens ist es zu jeder Tageszeit und bei jedem Wetter Anlaufpunkt für elegante Damen nach dem Shoppingbummel in den Edelboutiquen rund um den Odeonsplatz. Im Gegensatz zum nahen Café Tambosi (Odeonsplatz 18) sucht der Gast im Luitpold eher Diskretion und Ruhe. Im Tambosi hingegen möchte er oder sie sich zeigen, am liebsten im Sonnenschein an den Tischen im Freien. Dieses Bedürfnis bewegt auch die Gäste des Cafés Münchner Freiheit (Münchner Freiheit 20), einer alteingesessenen Schwabinger Institution. Davor sitzt der Monaco Franze in Bronze an einem bronzenen Cafétisch, trommelt ungeduldig mit den Fingern auf die Tischplatte und wartet auf seinen Kaffee. Helmut Fischer verkörperte in

Klein, fein und schick sind die Cafés in den angesagten Szenevierteln Glockenbach (links das »Hoover & Floyd Café in der Ickstraße 2) und Haidhausen (rechts in der Fortuna Cafébar).

seiner Rolle als »Monaco Franze« den klassischen Typ des Schwabinger Kaffeehausbesuchers: einen Bonvivant und Genießer, der immer ein Auge auf seine Zeitung und das andere auf die vorbeiflanierenden Mädchen wirft. Doch Kaffeehäuser, in denen das so entspannt möglich ist, werden rar. Nicht nur das Angebot an Heißgetränken hat sich mit veganem Macchiato oder Chai Latte verändert, auch das Interieur und die Machart sind anders: Kleine, mit Vintagemöbeln eingerichtete Cafés, eigentümerinnengeführt, individuell, mit selbst gebackenen Kuchen bestückt wie das Café Fräulein (Frauenstr. 11) haben einen stillen Eroberungszug durch München angetreten (unbedingt die Zimtschnecken probieren)! Ein anderes Fräulein, Fräulein Grüneis (Lerchenfeldstr. 1a), ist kultiger Anlaufpunkt im Englischen Garten,

nicht weit von der Eisbachwelle: mehr Kiosk als Café, im Sommer mit Tischen unter Sonnenschirmen, im Winter mit Eckbank und Bollerofen. Zum Frühstück gibt es hier die angeblich besten Brownies Münchens. Am anderen Ende der Innenstadt, in der Au und nicht weit weg vom Deutschen Museum, brüht eine junge Frau aus Island Kaffee nach nordischer Art und serviert dazu Skyr-Kuchen im Café Blá (Lilienstr. 58), das, wie der Name sagt, ganz in Blautönen gehalten ist.

Auch eine Zeitreise in das München der bewegten Jahre um 1900 ist möglich: Dahin schickt das Café am Beethovenplatz (Goethestr. 51) mit Kristalllüstern, holzgetäfelten Wänden, Marmortischen und üppigen Torten seine Gäste. Den Cappuccino gibt's auf Wunsch mit Sahnehaube und abends Musikbegleitung. Nostalgisch eben.

Mit Laptop & Lederhose

Mikrochips, Biotechnologie und schnelle Autos – München mag sich zwar bis heute seinen Charme als »Millionendorf« bewahrt haben, spielt aber als Hightechstandort ganz oben in der globalen Liga.

In diesem verspiegelten Glasbau an der Isar können Erfinder oder Unternehmen für bis zu 38 europäische Staaten Patente anmelden.

München gehört zu den bedeutendsten Hightechstandorten weltweit. Allein 4000 große und kleine Unternehmen dieser Branche sind im »Isar-Valley« angesiedelt, Microsoft und Fujitsu unterhalten Niederlassungen in München, Global Player wie Osram, Infineon, Siemens und BMW sind traditionelle Münchner Unternehmen. In den Forschungs- und Entwicklungsabteilungen der letzten beiden Firmen arbeiten 30 000 hoch qualifizierte Beschäftigte an neuen Entwürfen. Diese können dann praktischerweise auch gleich beim Europäischen Patentamt angemeldet werden, das wie das Deutsche Patent- und Markenamt in München residiert; mit Blick auf die Isar und die Museumsinsel.

Forschung und Fertigung

Von den schnellen Patentverfahren profitiert auch die Bio- und Pharmatechnologie. Ende der 1990er-Jahre erlebte München einen Gründungsboom in dieser Branche; heute arbeiten und forschen knapp 400 Unternehmen mit etwa 23 000 Mitarbeitern in diesem Bereich. Hinzu kommen weitere 10 000 Beschäftigte in der universitären Forschung und in Einrichtungen wie dem Max-Planck-Institut für Biochemie in Martinsried. Dank der Airbus Group sind München und sein Vorort Ottobrunn mit Forschung, Entwicklung und Produktion auch ein wichtiger Standort der Luft- und Raumfahrtindustrie. Hinzu kommt der IT-Bereich:

In keiner anderen Metropolregion Deutschlands gründen sich heute so viele »Netzwerk-Unternehmen« wie in der bayerischen Landeshauptstadt.

Innovation und Architektur

Soviel Bereitschaft zu Dynamik und Innovation sieht man der Stadt auf den ersten Blick nicht an. Keine Glastürme, sondern die Zwiebelhauben der Frauenkirche prägen die Stadtsilhouette, und bei allen diskutierten Hochhausplänen gilt nach wie vor das Gesetz, dass dieses Bild der Altstadt keinesfalls gestört werden darf. Erst in den letzten zwei Jahrzehnten wurden Projekte angestoßen wie Helmut Jahns »Highlight Munich Business Towers« an der Stadteinfahrt der Nürnberger Autobahn, das »Münchner Tor« an der Berliner Straße oder »Uptown Munich« am Georg-Brauchle-Ring beim Olympiagelände. Allzu forscher Innovation sind allerdings auch Grenzen (des Bürgerwillens) gesetzt: Zwar wurden die Pläne, den jährlich von fast 40 Mio. Passagieren genutzten Flughafen Franz Josef Strauß durch eine dritte Startbahn zu erweitern, 2014 von den Gerichten genehmigt, obwohl sich zuvor ein Bürgerentscheid dagegen ausgesprochen hatte. Aber gegen die Münchner Bewerbung für Olympia 2022, lange eine Lieblingsidee der Stadtoberen, setzten sich die Bürger erfolgreich durch: Nun gibt es also keine neuen Prachtbauten im Zeichen der fünf Ringe, keine verprassten Steuergelder – und die Immobilienpreise wie die Mieten steigen vielleicht nicht noch schneller in den weiß-blauen Himmel über der Stadt, als sie es ohnehin schon tun.

IBM und Fujitsu haben ihren Münchner Firmensitz in den Highlight Towers der Architekten Murphy/Jahn, gleich gegenüber der Deutschlandzentrale von Microsoft.

Ob Karlsplatz oder »Stachus«, wie die Münchner
das dem Karlstor vorgelagerte Rondell auch
gerne nennen: Das Areal ist ein idealer Ausgangs-
punkt für die Erkundung der südlichen Innenstadt.

Die südliche Innenstadt

Münchens »gute Stube« zwischen Stachus und Viktualienmarkt verführt zum Schauen, Staunen, Shoppen und Genießen.

Seite 34–61

Erste Orientierung

Lebhaft und nostalgisch zugleich, von historischen und modernen Bauten gesäumt sowie von drei mittelalterlichen Stadttoren eingerahmt zeigt sich Münchens Innenstadt von ihrer besten Seite. Vom Marienplatz aus lassen sich Märkte und Kirchen, Museen und Läden bequem zu Fuß erkunden.

Die Achse vom Isartor über Viktualienmarkt und Marienplatz zum Stachus ist die Einkaufsmeile für die Münchner und alle aus dem Umland. In der Fußgängerzone rund um den Marienplatz herrscht fast immer ein fröhliches Gedränge: Pantomimen und Musikgruppen zeigen ihr Können zwischen bummelnden Familien und hastenden Geschäftsleuten; peruanische Flöten spielen gegen russische Akkordeons und italienische Geigen an; Einheimische wie Touristen lassen sich davon gerne verzaubern. Der bayerische Sinn für skurrilen Humor feiert im Valentin-Karlstadt-Musäum fröhliche Urständ'. Auf dem Viktualienmarkt hinter dem Alten Peter duften Obst, Gemüse und Delikatessen aus aller Welt um die Wette.

Architektonische Höhepunkte sind das Alte und das Neue Rathaus auf dem Marienplatz, der großartige gotische Dom und die Rokokokirche der Brüder Asam.

TOP 10
- ❺ ★★ Frauenkirche
- ❼ ★★ Marienplatz
- ❽ ★★ Viktualienmarkt

Nicht verpassen!
- ⓫ Stadtmuseum
- ⓬ Asamkirche

Nach Lust und Laune!
- ⓭ Synagoge & Jüdisches Museum
- ⓮ Isartor
- ⓯ Michaelskirche
- ⓰ Marionettentheater
- ⓱ Sendlinger Tor

Karlsplatz
(Stachus)

S Karlsplatz

Lenbach-
platz

Maxburgstr.

Löwengrube

Michaelskirche 15

Neuhauser Str.

Kapellenstr.

Herzogspital-

str.

Herzog-

Wilhelm-

Str.

str.

Josephspitalstr.

Kreuzstr.

Hackenstr.

Hötterstr.

Sendlinger Str.

Fürstenfelder Str.

Färbergraben

Kaufingerstr.

Rosenstr.

Rosental

Rindermarkt

5 ★★
Frauenkirche

Neues
Rathaus

Marienplatz 7 ★★ Altes
Rathaus

U Marienplatz

St. Peter

Weinstr.

Dienerstr.

Heiliggeist-
kirche

8 ★★
Viktualienmarkt

Westenriederstr.

Tal

Valentin-
Karlstadt-
Musäum

14
Isartor

Frauenstr.

Asamkirche 12

Stadtmuseum 11

Oberanger

Synagoge & 13
Jüdisches Museum

Prälat-Zistl-Str.

Schrannenhalle

Reichenbachstr.

Cornelius-
str.

Sendlinger Tor

17

U Sendlinger
Tor

Sendlinger-Tor-
Platz

Stadt-
verwaltung

Blumenstr.

200 m

200 yd

Marionettentheater 16

Blumenstr.

Müllerstr.

Mein Tag
zwischen Kultur und Shopping

Ein Einkaufsparadies, einige kulturhistorische Highlights, viel Genuss entdecken Sie im Areal zwischen Stachus, Marienplatz und Sendlinger Tor – typisch München eben. Übrigens: Auf diesem Rundgang ziehen Sie von Häppchen zu Häppchen – »richtig essen« gehen Sie dann erst abends.

10 Uhr: Deutschlands belebteste Einkaufsmeile

Historie zum Auftakt: Das Karlstor und der Stachusbrunnen geben gleich die ersten schmucken Motive ab. Vor allem, wenn Sie sich trauen, wie die Münchner das gern an heißen Tagen tun, sich zwischen die Wasserdüsen des Brunnens zu stellen! Hinter dem Tor beginnt die Neuhauser Straße, und gleich links empfängt eines der edelsten Shop-in-Shop-Kaufhäuser Münchens Damen und Herren von Welt, »der« Oberpollinger. Lassen Sie sich inspirieren!

11 Uhr: Rendezvous mit dem Teufel

Dort, wo die Neuhauser Straße zur Kaufingerstraße wird, geht's links weg zur Münchner ❺ ★★Frauenkirche. Ihr Bau begann 1468 und wäre um ein Teufelshaar nie beendet worden, hätte Jörg von Halspach, der Architekt, nicht einen Pakt mit dem Beelzebub geschlossen, der schließlich vom Baumeister genarrt aus Wut einen Fußabdruck hinterließ. Also nichts wie hineinstellen in den Teufelstritt und sich nicht ärgern, sondern (be)wundern!

Start

Stachusbrunnen Oberpollinger
**Karlsplatz
(Stachus)** Karlstor Neuhauser Str.

10 Uhr

11 Uhr: Rendezvous mit
dem Teufel

5 ★★
Frauenkirche **11 Uhr**

Zum
Augustiner
Herzogspitalstr.

Kaufingerstr.

Neues
Rathaus
7 ★★
Marienplatz
Altes Rathaus

Café
Glockenspiel

Metzger
Leistl

St. Peter

Josephspitalstr.

Hackenstr.

Radspieler
Asamhof

Seilerei
Kienmoser **12**

Sendlinger Str.

Oberanger

11

Schrannenhalle

8 ★★
Viktualienmarkt

Ende

Café Mozart

30 Uhr

Sendlinger-Tor-
Platz
17

Kräuterhaus
Lindig

17 Uhr

100 m
100 yd

Blumenstr.

Uhr: Münchner
d mit Absacker

17 Uhr: Seil oder Liebstöckel?

🕐 11.30 Uhr: Kling, Glöckchen, klingelingeling

Ein bisschen Glück brauchen Sie, um sich im Traditionscafé Glockenspiel am **7**★★Marienplatz einen Logenplatz am Fenster zu sichern, gegenüber dem Turm des Neuen Rathauses. Da geht's um 12 Uhr rund: Ritter kämpfen, Schäffler tanzen, Könige heiraten, ein Hahn kräht – ein sehr unterhaltsames Glockenspiel über eine legendäre Fürstenhochzeit. Dazu Zwetschgendatschi mit Sahne zum Kaffee oder Tee, das passt alles toll zusammen. Nach der Vorstellung bummeln Sie vorbei am Fischbrunnen und dem Alten Rathaus zum **8**★★Viktualienmarkt. Willkommen im prallen Münchner Leben!

10 Uhr

12.30 Uhr

Oben: Gleich nach dem Karlstor geht's in die Fußgängerzone. Rechts: am Viktualienmarkt.

🕐 12.30 Uhr: Marktweiber und Standln

Bummeln, riechen, schmecken – der Münchner Markt ist ein knallbuntes Universum der Genüsse. Sein Biergarten zählt zu den beliebtesten der Stadt. Bevor Sie sich niederlassen, bei einer Halben oder einem Prosecco zwischen Chinesen und Urbayern, steht Fitnesstraining auf dem Programm: 302 Stufen führen hinauf auf den 92 m hohen Turm des Alten Peter. Aber der Anstieg lohnt sich, das Bild des Marktes von oben ist einfach zu schön. Und die verbrauchten Kalorien holen Sie dann mit einer Leberkässemmel vom Metzger Leistl (Viktualienmarkt 23) am Petersbergl leicht wieder rein.

🕐 13.30 Uhr: Monaco di Baviera, live und museal

Sollten Sie trotz der lässigen Lebensart der Münchner immer noch nicht glauben, dass München die nördlichste Stadt Italiens ist – ein Besuch in der Schranne belehrt Sie eines Besseren. Die gusseiserne Markthalle ist fest in italienischer Hand. Hier bekommen Sie von geräuchertem Ricotta bis zur Salsiccia einfach alles. Wenige Schritte weiter unterfüttert das ⓫ Stadtmuseum die Eindrücke mit historischen Exponaten.

🕐 15.30 Uhr: »Der Herr ist mein Fels«

Ein paar Schritte weiter, in der Sendlinger Straße, bildet das Bibel-

»Typisch München!« heißt die Ausstellung im Stadtmuseum. Ein »Muss«
(und eine Freude) für Cineasten ist auch das dazugehörige Filmmuseum.

zitat in Gestalt echter Felsen einen
Teil des barocken Dekors an der
⓬ Asamkirche der Brüder Cosmas
Damian und Egid Quirin Asam: keine
gebürtigen Münchner Kindl, aber
begabt mit dem Münchner Hang zu
üppiger Zurschaustellung.

🕐 17 Uhr: Seil oder Liebstöckel?

Die Sendlinger Straße und
ihre Nebenstraßen haben Münch-
ner Flair in die globale Einkaufswelt
gerettet, deshalb macht es hier auch
Spaß, shoppen zu gehen. Zum
Beispiel im Kräuterhaus Lindig
(Blumenstr. 15), wo Kräuter und
Gewürze aus aller Welt um die
Wette duften. Oder in der Seilerei
Kienmoser (Sendlinger Str. 36), falls

Sie etwas zum Festbinden brauchen.
Kein Weg vorbei führt am seit bald
100 Jahren bestehenden Traditionshaus Radspieler (Hackenstr. 7), der
ein zeitlos elegantes Sortiment vom
Tischset über die Küchenschürze bis
zum Kaschmirpullover präsentiert.

🕢 19.30 Uhr: Münchner Abend mit Absacker

Endlich Zeit für ein gutbürgerliches
bayerisches Abendessen – etwa mit
Kalbspflanzerl und Bier im Augustiner (Neuhauser Str. 27, Eingang auch
von der Herzogspitalstraße). Und
als Kontrastprogramm für den Drink
danach: Das plüschige Oma-Szene-
Café Mozart in der Pettenkoferstr. 2,
unweit vom ⓱ Sendlinger Tor.

❺ ★★Frauenkirche

Warum?	**Münchens bedeutendster Sakralbau**
Was?	**Gotik bewundern**
Wie lange?	**Eine halbe Stunde**
Wann?	**Am Vormittag, wenn die Sonne die Chorfenster strahlen lässt**

Rund 20 000 Menschen finden in dieser Kirche Platz. Die Ausstattung entspricht der Größe und Bedeutung eines Doms, auch wenn der Ziegelbau von außen vor allem durch seine schiere Wucht beeindruckt.

Kein Haus im Stadtzentrum darf die knapp 99 m hohe Domkirche überragen. Der Südturm, zu dem ein Lift hinaufführt, ist wegen Renovierung auf unbestimmte Zeit gesperrt.

Gestiftet wurde die Frauenkirche von Herzog Sigmund, nur hatte der kein Geld, um sie auch zu bauen. Trotzdem lag am 9. Februar 1468 der Grundstein, denn während sich der Herzog mit Frauen und Löwen vergnügte und die Kirche nur gute Worte gab, sammelten die Münchner Geld und Baumaterial. Über die Isar gelangten 140 Flöße mit 2100 Stämmen in die Stadt, für das Fundament besorgte man sich Steine vom Isarufer und einige Ziegel vom Abriss der kleinen, älteren Kirche. Die Arbeiter lebten oben im Gerüst in Buden, zu teuer wäre das dauernde Absteigen für die Pausen geworden.

Auf Sünden erbaut

Dennoch ging das Geld wieder aus. Endlich sprang die Kirche ein, sie erwirkte von Papst Sixtus IV. einen acht Tage dauernden Ablass, 250 Geistliche nahmen die Beichte ab. Dieser und zwei weitere Ablässe ließen 124 000 sündenfreie, wenngleich etwas ärmere Menschen zurück. Die Freisprechung kostete pro Nase eine Woche Lebensunterhalt. Nach nur 20 Jahren Bauzeit war das Wahrzeichen Münchens fertig.

Schlichtheit und Strenge

Rote Ziegel bestimmen das Äußere. Die beiden Türme sind unterschiedlich hoch: Der Nordturm misst 98,57 m, der Südturm nur 98,45 m. Sie nehmen das Hauptportal in ihre Mitte und entwachsen ab der Traufe der Schiffe oktogonal dem quadratischen Unterbau. Über das westliche Hauptportal gelangen Sie am »Teufelstritt« (S. 44) vorbei ins fast

Die beiden Zwiebelhauben des Baus passen nicht recht ins Bild; sie wirken »welsch« (fremd), weshalb sie auch »Welsche Hauben« genannt werden. Unten links: der »Teufelstritt«, rechts das Grabmal Ludwigs IV.

schmucklose Innere. Den Kirchenraum mit seinem Sternrippengewölbe teilen 22 schlanke, achteckige Säulen in drei Schiffe. Gleich rechts im ersten Joch des Seitenschiffes prunkt das Grabdenkmal (1622) Kaiser Ludwigs des Bayern; seine Gebeine befinden sich in der Fürstengruft unter dem Chor. Schwarzer Marmor fasst die spätgotische rötliche Grabplatte ein, auf der Kaiser Ludwig neben den Herzögen Albrecht III. und Ernst zu sehen ist. Bronzefiguren der Wittelsbacher Albrecht V. im Herzogornat und Wilhelm IV. als Ritter des Goldenen Vlieses wachen mit vier Fahnenträgern über das Grab. Das Glasbild Münchner Kindl in einer der Kapellen des südlichen Seitenschiffes wurde im Jahr 1573 angefertigt.

KLEINE PAUSE
Im **Café zur Mauth** (Neuhauser Str. 2) gibt's immer frische Croissants und guten Kaffee.

✛ 210 A5 ✉ Frauenplatz 1 ☎ 089 290 08 20 ⊕ www.muenchner-dom.de   ◑ tgl. 7.30–20.30, Winter bis 20 Uhr ⚐ Marienplatz

Die Herrlich- keit des Himmels ...

... erlebbar machen soll der »Dom zu Unserer Lieben Frau«: Das Wahr- zeichen der bayerischen Metropole ist die Kathedrale des Erzbistums München und Freising.

Der im Inneren helle, lichte Bau be- sticht durch seine klare Gliederung. Beeindruckend sind allein schon die Ausmaße des 1494 geweihten drei- schiffigen Backsteinbaus mit um- laufendem Kapellenkranz: Dieser ist 109 m lang, 40 m breit und 37 m hoch. Im Eingangsbereich fällt am Boden ein Fußabdruck ins Auge: der »Teufelstritt«. Der Legende nach soll der Baumeister Jörg von Halspach mit dem Teufel einen Pakt geschlossen haben: Wenn die Kirche keine Fenster erhielte, wollte ihm der Beelzebub beim Bau helfen. Als die lichtdurchflutete Kirche fertig war, forderte der Teufel hämisch die Seele des Baumeisters. Doch der führte ihn zu jener Stelle am Ein- gang, von der aus kein einziges

Fenster zu sehen ist. Enttäuscht stampfte der Teufel auf – und hinterließ den »Teufelstritt«. Noch heute, so heißt es in München, wütet der Gottseibeiuns mit mächtigen Fallwinden um den Dom – betreten hat er die Kirche nie wieder.

❶ Prunk-Hochgrab: Das von Hans Krumper im 17. Jh. gestaltete Marmorgrab für Kaiser Ludwig den Bayern (1283–1347) zieren Bildnisse von Herzog Wilhelm IV. und Herzog Albrecht V. sowie Genien mit den kaiserlichen Insignien.

❷ Chor: In der Chorhauptkapelle befindet sich die Schutzmantelmadonna »Maria im Ährenkleid«.

❸ Scharfzandfenster: Die Glasgemälde der Chorfenster sind die einzigen, die noch aus der Erbauungszeit stammen.

❹ Sieben-Schmerzen-Kapelle: Hier befindet sich die Gnadenfigur »Mater dolorosa« aus dem 17./18. Jh.

❺ Gruft: Sie birgt die ältesten Gräber der Wittelsbacher in München.

©BAEDEKER

❻ Welsche Hauben: Aus Geldmangel konnten die charakteristischen Hauben« (welsch = fremd) erst um 1525 (36 Jahre nach Vollendung der Kirche) angebracht werden. Lukas Rottaler, ein Schüler des im Jahr 1488 gestorbenen Architekten Jörg von Halspach, orientierte sich dabei am (islamischen) Felsendom in Jerusalem.

❼ ★★ Marienplatz

Warum?	Münchens gute Stube
Was?	Glockenspiel, Architektur, Shopping und Flair
Wie lange?	Eine halbe Stunde
Wann?	Am Vormittag, das Glockenspiel spielt um 11 und 12 Uhr
Was noch?	Eine Münze in den Fischbrunnen werfen bringt Glück

Verspielt gibt sich das Neue, würdig das Alte Rathaus. Die umgebenden Bürgerhäuser beherbergen Restaurants und Geschäfte, dazwischen tummeln sich Besucher aus aller Welt.

Im Turm des Alten Rathauses ist das Spielzeugmuseum des Karikaturisten und Sammlers Ivan Steiger untergebracht.

Hier fühlen sich alle wohl: shoppende Teenies und fotografierende Touristen, feiernde Fußballfans, lärmende Straßenmusikanten und promenierende Damen. Der Marienplatz ist das unbestrittene Herz der Stadt und ihre schönste Bühne. Das Alte Rathaus schließt mit seiner spätgotischen Giebelfassade den Osten des Marienplatzes ab. Ab 1470 baute Dombaumeister Jörg von Halspach es unter Einbeziehung eines Stadttores. Der Zweite Weltkrieg hinterließ eine Ruine. Bis 1972 wurde der Bau rekonstruiert und schließlich mit einer von Verona geschenkten bronzenen *Julia* geschmückt, die Liebespaaren Glück bringen soll. Am 56 m hohen Ratsturm sind die Stadtwappen Münchens zu sehen, im Alten Ratssaal zog man im 18. Jh. die Lottozahlen.

Mit seiner fast 100 m langen Fassade beherrscht das Neue Rathaus den Marienplatz. Über 40 Jahre plante und überwachte der Grazer Architekt Georg von Hauberrisser ab 1867 den Bau. Die Fassade ist in das rechte Gebäude mit Mittelgiebel und in das linke mit dem 80 m hohen, mit dem »Münchner Kindl« geschmückten Rathausturm unterteilt. Durch die reichen Verzierungen und die durchlaufende Arkade mit den darüber liegenden Terrassen gelang es dem Architekten, dem asymmetrischen Bau optisch Einheitlichkeit

Im Spielwerkserker des Neuen Rathauses erklingt täglich ein Glockenspiel.

zu verleihen. Mit dem Lift geht es zur Aussichtsplattform in 60 m Höhe. Kleiner und Großer Ratssaal im Neuen Rathaus können bei öffentlichen Sitzungen besichtigt werden. An der Turmfassade dreht sich das Glockenspiel auf zwei Etagen. Oben feiern Wilhelm V. und Renata von Lothringen 1568 Hochzeit, darunter tanzt die Schäfflerzunft gegen die Pest an – um 11 und um 12 Uhr (März–Okt. auch um 17, Nachtspiel um 21 Uhr).

Patrona Bavariae in Gold

Das Musik-
programm des
Glockenspiels
bzw. die Walze
im Spielwerks-
erker des Neuen
Rathauses wird
sechsmal im
Jahr gewechselt.

Von der Mariensäule aus erstreckt sich das geodätische Netz Bayerns bis in die hintersten Landeswinkel. Als München 1632 von Schweden besetzt war, schwor Kurfürst Maximilian, nach deren Abzug ein Denkmal zu errichten. Im Jahr 1638 holte man die 1593 von Hubert Gerhard geschaffene goldene Himmelskönigin vom Hochaltar der Frauenkirche und stellte sie auf die korinthische Marmorsäule. Zu ihren Füßen bekämpfen geharnischte Engel die Allegorien von Pest, Hunger, Krieg und Ketzerei. Die Patrona Bavariae schwingt das Zepter und wiegt den Reichsapfel, Symbol für die Macht, die der Kurfürst aus ihren Händen erhielt.

Sollten Sie am Aschermittwoch hier sein, waschen Sie Ihren Geldbeutel am Fischbrunnen aus. Den Rest des Jahres haben Sie dann angeblich keine Geldsorgen mehr. Auch der Oberbürgermeister frönt dem 600 Jahre alten Brauch und macht das – egal, ob das Stadtsäckel gut gefüllt oder leer ist. Der Brunnen wurde im Jahr 1866 gegossen. Im Krieg ging ein Teil der Bronzen verloren, sodass beim Wiederaufbau des Brunnens 1954 nur noch wenige Originalteile verwendet werden konnten. Die Figurengruppe ruft die Erinnerung an den »Metzgersprung« wach, als die Fleischergesellen ihre Freisprechung mit einem Bad im Brunnen feierten.

KLEINE PAUSE

Vom **Café Glockenspiel** aus genießen Sie die beste Sicht auf die tanzenden Figuren am Rathausturm gegenüber.

✛ 210 A4/5 ⌖ Marienplatz

Neues Rathaus ✉ Marienplatz 8
⊕ www.muenchen.de, Kalender

öffentlicher Sitzungen unter www.ris-muenchen.de ❶ Mai–Sept. tgl. 10–19 Uhr, Okt.–April Mo–Fr 10–17 Uhr
✦ Rathausturm 4 €

❽ ★★Viktualienmarkt

Warum?	Der schönste Markt der Stadt
Was?	Buntes Markttreiben mit Biergarten und Café
Wie lange?	Ganz nach Lust und Laune
Wann?	Vormittags ist am meisten los, schön ist es den ganzen Tag
Was noch?	Die Peterskirche und ihre Aussichtsplattform

Münchens größter und ältester Lebensmittelmarkt ist morgens ein besonders reizvolles Ziel: An den Marktständen treffen sich Nachtschwärmer und Frühaufsteher. Ein Glas Prosecco, ein Weißbier oder frisch gepresste Säfte geben die nötige Bettschwere oder Kraft für den Tag.

Auf »allerhöchste Entschließung König Max' I.« verlegte der Magistrat im Jahr 1807 den Getreidemarkt, »Schrannenmarkt« genannt, vom Marienplatz auf das heutige Areal, nun kurz und bündig »Marktplatz« genannt. Als wichtigster Markt Süddeutschlands wurde der Platz mehrfach zu klein; durch Abrisse schuf man neuen Raum, auch das Heiliggeistspital, in dem die Pestepidemie von 1340 ihren Ausgang nahm, wurde abgetragen. Die Heiliggeistkirche im

Seit mehr als 200 Jahren werden hier »Viktualien« (Lebensmittel) verkauft, wozu in Bayern traditionell auch das Bier gehört.

Ob Gemüse, Wein oder mediterrane Köstlichkeiten – auf dem Viktualienmarkt findet jeder etwas.

Norden des Platzes erhielt dafür ein längeres Schiff und ihr neubarockes Innenleben.

Ein Gegengewicht zu den Großmärkten auf der grünen Wiese hat der Viktualienmarkt zu sein, sagen die Stadtväter. Und so darf beileibe nicht jeder einen der Holzstände oder eines der Steinhäuschen pachten und irgendwas in die Auslagen legen. Lang ist die Warteliste, nur »g'standene« Frauen und Männer werden zugelassen, und das Angebot soll möglichst breit sein. Schließlich will man Münchner Charme zeigen. Zwar wachsen in Oberbayern weder Carambolas noch Tamarillos, doch wer sie auf dem Viktualienmarkt in die Tüten packt, ist ein bayerisches Gewächs. Auch die im Flugzeug importierten Austern kommen mit einem bayerischen »an guad'n« (»Lassen Sie es sich schmecken«) auf den Tresen. Die Schranne, die ehemalige Markthalle, wurde 1851 errichtet und brannte 1932 ab, aber das gusseiserne Gerippe wurde gerettet. Man hat sie südlich des Viktualienmarkts wieder-errichtet und an den italienischen Gastronomiekonzern und Lebensmittelhändler Eataly (www.eataly.net) verpachtet.

Morgenstund' hat Gold im Mund

Auf einer Gesamtfläche von rund 20 000 m² räumen circa 140 Händlerinnen und Händler ab 6 Uhr morgens Lebens-mittel in die Auslagen. Wenn alles wohl arrangiert rund um den schönen Maibaum Spalier steht, ist es Zeit, sich in der Schmalznudel (S. 59) mit rundem Schmalzgebäck, den soge-nannten Ausgezogenen, zu stärken, bevor die ersten Käufer kommen und sich von der umfangreichen Auswahl tiefe Lö-cher in den Geldbeutel reißen lassen.

Früher war der Viktualienmarkt von Bächen durchzo-gen. Warum also nicht Brunnen aufstellen und mit ihnen der beliebtesten Münchner Volksschauspieler gedenken? Sechs Stück sind über den Platz verteilt und mit Statuen der Komiker und Sänger in Bronze geschmückt.

Auf der westlichen Seite des Marktes befinden sich seit 1815 in den Fundamentvorbauten der Peterskirche die Flei-scherhallen – echte Münchner nennen die darin arbeitenden Verkäufer noch immer »Petersberglmetzger«, auch wenn das »Bergl«, auf dem die Kirche steht, minimal ist. Die Peterskirche ist die älteste Pfarrkirche Münchens. 1278 bis 1294 wurde sie errichtet, im 14. Jh. brannte sie ab. Seither wurde sie mehrmals umge-baut und nach Bombenschäden im Zweiten Weltkrieg originalgetreu rekonstruiert.

Am Faschings-dienstag tanzen die Marktfrauen ab 11 Uhr auf dem Viktualien-markt.

KLEINE PAUSE

Leicht wird die kleine Pause an den **Imbiss-ständen** zur großen, versuchen Sie doch mal einen Sauerkrautsaft oder ausgepresste Karotten gemischt mit Sellerie.

✛ 210 A5 ⊠ Marienplatz ⊟ 52 Viktua-lienmarkt

Peterskirche ☎ 089 210 23 77 60 ❷ Mo–Fr 9–17.30, Sa, So 10–17.30;

Turmbesteigung Juli–Sept., Mo–Fr 9–19.30, Sa, So 10–19.30, März–Juni, Okt. Mo–Fr 9–18.30, Sa, So 10–18.30, Winter Mo–Fr 9–17.30, Sa, So 10–17.30 Uhr ⚓ Turmbesteigung 3 €

⓫ Stadtmuseum

Warum?	Ein Querschnitt durch die Geschichte Münchens
Was?	Ausstellung »Typisch München«, Moriskentänzer, historisches Stadtmodell
Wie lange?	Eine bis drei Stunden
Wann?	Jederzeit
Was noch?	Das Stadtcafé und der Laden servus.heimat

Das Museum in Marstall und Zeughaus aus dem 15. Jh. führt Sie einmal durch die Münchner Geschichte und die kulturellen Besonderheiten des »Millionendorfs«.

Das Stadtmuseum mit seinen Sammlungen sind in einem größeren Gebäudekomplex untergebracht, zu dem das ehemalige Zeughaus, der rekonstruierte frühere Marstall und ein moderner Erweiterungsbau gehören.

Das Haus gliedert sich in vier – immer mal wieder um Sonderthemen erweiterte – Dauerausstellungen: Musik, Nationalsozialismus in München, Puppentheater/Schaustellerei, Typisch München! Letztere geht in fünf historisch gegliederten Abschnitten sehr unterhaltsam der Frage nach, was seit wann und vor allem warum typisch für München ist, wobei die Ausstellungsmacher ausdrücklich »Zustimmung und Widerspruch« erwarten. Die kostbarsten Exponate des nach dem Krieg wiedererrichteten Gebäudekomplexes sind die Moriskentänzer, die im Parterre in einem eigenen Gewölbesaal ausgestellt werden. Zehn Stück existieren noch von den einst 16 Holzfiguren, die Erasmus Grasser, inspiriert von einer nordafrikanischen Tanztruppe, um 1480 im Auftrag der Stadt für das Alte Rathaus geschnitzt hat.

München im Wandel der Zeit(en)

Im Erdgeschoss zeigt ein Modell der Stadt im 16. Jh. die drangvoll aneinander geschmiegten Häuschen um die fast monströs wirkende Frauenkirche. Gemälde geben die Stadtansichten über die Jahrhunderte wieder, Fotos dokumentieren die Zerstörungen der schönsten Gebäude im letzten Krieg, aber auch die Aufbauleistung im Frieden. Mit einem Bestand von über 850 000 Fotografien gehört die Sammlung Fotografie zu den führenden ihrer Art. Ein Muss ist die um-

fangreiche Puppentheater-Ausstellung in der 2. Etage. Rund 1600 Musikinstrumente aus Afrika, Asien, Amerika und Europa sind in der 4. Etage ausgestellt. An manchen Sonntagen werden die

Ebenfalls am Sankt-Jakobs-Platz befindet sich das Ensemble des Jüdischen Zentrums mit der Neuen Jüdischen Hauptsynagoge Ohel Jakob und dem Jüdischen Museum.

Räume bei einer Matinee um 11 Uhr zu einem klingenden Museum. Die Ausstellung Nationalsozialismus in München präsentiert mit der Geschichte der »Hauptstadt der Bewegung« auch bewegende Zeugnisse des Widerstands.

KLEINE PAUSE

Ins **Stadtcafé** (S. 59) kommen neben den Museumsbesuchern Studenten, Filmemacher und Passanten auf einen Espresso.

✛ 210 A4 ✉ St.-Jakobs-Platz 1 ☎ 089 23 32 23 70 ⊕ www.muenchner-stadt museum.de ● Di–So 10–18 Uhr ⊠ Sendlinger Tor ⊠ 52 Blumenstraße ✦ 7 €

⓬ Asamkirche

Warum?	Ein außergewöhnliches Mini-Gotteshaus
Was?	Kirche als Schatzkästchen, konsequent umgesetzt
Wie lange?	So lange es Ihnen gefällt
Wann?	Morgens mit dem besten Lichteinfall

Eigentlich heißt das prachtvolle sakrale Meisterwerk ja »Johann-Nepomuk-Kirche«, doch die Münchner ehren mit dem Namen die Erbauer, die Brüder Cosmas Damian und Egid Quirin Asam.

Fürstliches Entrée: Über dem Portalgiebel des Eingangs an der Sendlinger Straße wacht die von Engeln flankierte Statue des heiligen Nepomuks.

Beide waren handwerklich universal begabt – Baumeister, Bildhauer, Maler, Stuckateure in einem. In den Jahren 1733 bis 1746 schufen und stifteten sie sich hier ein herausragendes Denkmal. Gleich links von der Kirche steht das Wohnhaus der Familie Asam, rechts das Pfarrhaus.

Von Engeln begleitet
Aus naturbelassenem Fels erwächst die schmale Kirchenfassade in schönstem Barock an der Wende zum Rokoko mit Statuetten und floralen Mustern. Das Portal ist von zwei Säulen gerahmt, seine Architektur wiederholt sich am darüber angebrachten Fenster, im Giebel darüber erkennt man die göttlichen Tugenden Glaube, Liebe, Hoffnung.

Vom Grundriss her klein und überschaubar (28 x 9 m), erweitert die Innenausstattung mit vielen dekorativen Elementen und illusionistischen Tricks das Schiff zu einem Festsaal von fürstlicher Größe. Stuck und Schnitzereien, Vergoldungen, Marmorskulpturen und Fresken lassen dem Auge keinen Halt. Die Brüder Asam haben, von mäkeligen Bauherren unbeeinflusst, alles gegeben, was ihnen ihr im Zenit stehendes künstlerisches Können eingab. Der umlaufende Balkon teilt den Hochaltar in zwei Etagen. Im unteren Bereich befindet sich der gläserne Sarkophag des hl. Nepomuk. Marmorsäulen schrauben sich in den Himmel und leiten zum Deckengemälde über, auf dem Trompe-l'Œil-Pfeiler den Saal weiter erhöhen. Unterhalb des Deckengemäldes scheint das Kreuz im freien Raum zu schweben: Manifest des Absoluten in einer Grotte des irdisch Vergänglichen.

Das Wohnhaus der Familie Asam

Im Jahr 1729 kaufte Egid Quirin das Haus, baute es 1733 um und stattete die Fassade mit reichen Stuckverzierungen aus. Die linke Seite erhielt Stuckaturen im Stil oberbayerischer Lüftlmalerei und zeigt den Aufstieg des Strebsamen in den griechisch-klassischen Himmel, wo ihn Apoll empfängt. Die rechte Seite schmücken Allegorien der Künste.

KLEINE PAUSE
Prinz Myshkin (Hackenstr. 2) lässt sich nicht auf eine Nationalitätenküche festlegen, nur eines ist sicher, alles ist vegetarisch: Misosuppe, Büffelmozzarella auf Tomatencarpaccio oder mexikanische Avocadocreme, für die gesunde Pause zwischendurch!

Barocke Pracht: Das Innere des Sakralbaus ist ein übermäßig mit Stukkaturen und Ornamenten geschmücktes Meisterwerk auf kleinstem Raum.

✝ 209 E4
✉ Sendlinger Str. 62
☎ 089 23 68 79 89
⏰ Mo–Do u. So 8–17.30, Sa 12–17.30

Uhr, keine Besichtigungen während der Gottesdienste
🚇 Sendlinger Tor

Nach Lust und Laune!

13 Synagoge & Jüdisches Museum

Die im Jahr 2006 eingeweihte Neue Jüdische Hauptsynagoge Ohel Jakob ist zusammen mit dem Jüdischen Museum und der Israelitischen Kultusgemeinde Teil des in unmittelbarer Nachbarschaft zum Münchner Stadtmuseum gelegenen Jüdischen Zentrums. Die Dauerausstellung »Stimmen_Orte_Zeiten« legt ein Schwergewicht speziell auf die Münchner Geschichte und das aktuelle Kulturleben der jüdischen Gemeinde, Besichtigungen der Synagoge sind nur mit Führung und nach Voranmeldung möglich.

✛ 210 A4 ✉ St.-Jakobs-Platz 16 ☎ 089 23 39 60 96; Anmeldung für Führungen in der Synagoge unter 089 202 40 01 00 ⊕ www.juedisches-museum-muenchen.de ◷ Di–So 10–18 Uhr ⊠ Sendlinger Tor ⌫ 62 St.-Jakobs-Platz ✦ 6 €

14 Isartor

Das Osttor der Stadtbefestigung wurde im Jahr 1314 am östlichen Ende des ehemals vom Marienplatz nach Osten abfallenden Tales in die Umwallung eingefügt. 1337 und 1499 fanden Umbauten statt, das Fries an der dem Zentrum abgewandten Seite stammt aus dem Jahr 1835. Auf Geheiß Ludwigs I. wurde damit des 1322 in der Schlacht von Ampfing siegreichen Ludwigs IV. des Bayern gedacht. Das Valentin-Karlstadt-Musäum zeigt im Südturm u. a. eine geschmolzene Schneeplastik und einen mit Pelz mundwarm gehaltenen Winterzahnstocher. So skurril bis verschroben wie ihr 1882 im Stadtteil Au geborener Schöpfer Karl Valentin sind auch die anderen Exponate. 1908 begann mit dem Monolog »Das Aquarium« Karl Valentins Komikerkarriere, 1913 stieß seine Dauerpartnerin Liesl Karlstadt dazu. Nach dem Zweiten Weltkrieg blieb der Erfolg aus. Valentin starb 1948 an einer Lungenentzündung.

✛ 210 B4 ✉ Tal 50 ☎ 089 22 32 66 ⊕ www.valentin-musaeum.de ◷ Mo, Di, Do 11.01 bis 17.29, Fr, Sa 11.01–17.59, So 10.01–17.59 Uhr ⌫ Isartor ✦ 2,99 €

15 Michaelskirche

1583 legte Wilhelm V. der Fromme den Grundstein der Jesuitenkirche St. Michael, drei Jahre später war Richtfest. 1590 brach der Turm zusammen, erst 1597 wurde die Kirche mit dem nach dem Petersdom in Rom zweitgrößten Tonnengewölbe geweiht. Die Giebelfassade mit den Ahnen des Stifters als Nischenstatuen wendet sich der Fußgängerzone zu. Zwischen den Portalen sticht St. Michael Satan nieder – eine von Hubert Gerhard im Jahr 1592 geschaffene Bronze. In der Fürstengruft westlich des Chors steht u. a. der Sarkophag des bayerischen »Märchenkönigs« Ludwig II.

✛ 209 E5 ✉ Neuhauser Str. 52 ☎ 089 231 70 60 ◷ Kirche Mo, Fr 10–19, Di 8–20.15, Mi, Do, Sa 8–19, So 7–22.15 Uhr; Gruft Mo–Do 9.30–16.30, Fr 10–16.30, Sa 9.30–14.30 Uhr ⌫ Karlsplatz ✦ Eintritt Fürstengruft 2 €

Meine geheime Terrasse

Bummel durch das Edelkaufhaus Oberpollinger, zwischen Gucci-Handtaschen, Hermès-Seidentüchern, Käthe-Kruse-Puppen & Co. Im 5. Stock dann Le Buffet, Feinkost und Essen für die Shopping Queen. Nun drehen Sie dem Rummel den Rücken, treten auf die Terrasse, und München liegt Ihnen zu Füßen. Ganz ohne Prosecco oder Sushi. Vielleicht mit einem Cappuccino. Einfach München.

Oberpollinger, Neuhauser Str. 18, Mo–Sa 10–20 Uhr, Terrasse in der 5. Etage

16 Marionettentheater

Josef Leonhard »Papa« Schmid gründete im Jahr 1858 mit Graf Franz von Pocci das Marionettentheater, 1900 zog es in das von Theodor Fischer als Musentempel errichtete, im November 2014 renoviert wieder eröffnete Gebäude – weltweit der erste feste Theaterbau für eine Puppenbühne.

✠ 209 E3 ✉ Blumenstr. 32 ☎ 089 26 57 12 🌐 www.muema-theater.de ⦿ Vorstellungen meist 15 und 20 Uhr 🚇 Sendlinger Tor ⛟ Nachmittags Erw. 10 €, Kind 9 €, abends 20/10 €

17 Sendlinger Tor

Im Jahr 1175 erhielt München einen ersten Stadtmaucrring, das schnelle Wachstum machte ab 1300 einen neuen Ring für die zweite Stadterweiterung notwendig. Um 1310 entstand das heute die Altstadt von der Isarvorstadt trennende Sendlinger Tor mit einem mittleren Torturm, zwei sechseckigen Flankentürmen und drei Durchgängen als dessen südlichem Stadtausgang. Im Jahr 1808 trug man den Torturm ab.

✠ 209 E4 🚇 Sendlinger Tor

Wohin zum ...
Essen und Trinken?

Preise für ein Essen (ohne Getränke):
€   unter 20 €
€€   20–50 €
€€€   über 50 €

RESTAURANTS

Altes Hackerhaus €–€€
Ein Wirtshaus, wie es sie früher häufiger gab, Holztäfelung macht das Sitzen in den Nischen oder im Schäfflergewölbe gemütlich. Das Essen ist deftig, der Schweinsbraten mit Knödel und Krautsalat ein Erlebnis, bestens auch die Dampfnudel mit Vanillesauce.
✢ 209 F4 ✉ Sendlinger Str. 14 ☎ 089 260 50 26 ⊕ www.hackerhaus.de ❶ 10–24 Uhr ⧆ Sendlinger Tor

Café Glockenspiel €€
Bester Blick aufs Glockenspiel des Rathauses bei mediterraner Küche oder auch nur einem Kaffee. Abends ist Essen Pflicht, aber dann schlafen die Schäffler am Glockenspiel gegenüber sowieso, nur der Nachtwächter taucht um 21 Uhr für zwei Minuten auf.
✢ 210 A4/5 ✉ Marienplatz 28 ☎ 089 26 42 56 ⊕ www.cafe-glockenspiel.de ❶ Mo–Do 9–24, Fr, Sa bis 1, So 10–19 Uhr ⧆ Marienplatz

Max Pett €
Wenn zwei überzeugte und überzeugende Veganer ein Lokal aufmachen, kann nur Gutes dabei herauskommen. Die Einrichtung bietet auch was fürs Auge, und auf der Terrasse lässt sich hervorragend veganes Eis lutschen. Die Karte ist ausgesprochen abwechslungs- und einfallsreich.
✢ 209 E4 ✉ Pettenkoferstr. 8 ☎ 089 55 86 91 19 ⊕ www.max-pett.de ❶ Mo–Fr 10–23, Sa 9–23, So 10–23 Uhr ⧆ Sendlinger Tor

Palau €€
Für den schnellen, kleinen Hunger ist das Palau genau der richtige Ort. Tapas und Bocatas (knusprige belegte Brötchen) schmecken wie in der katalanischen Heimat.
✢ 209 E3 ✉ Thalkirchner Str. 16 ☎ Tel. 0152 59 58 91 37 @ www.palau-grillbar.de ❶ tgl. mittags und abends ⧆ Sendlinger Tor

Schneider Bräuhaus €
Weißbier zu brauen, war Fürstenprivileg, 1872 löste die Familie Schneider es ab und braute als erste bürgerliche Familie selbst. Ihr Stammsitz war und ist das Weiße Bräuhaus – die Schneider-Weiße ist das vielleicht beste Weißbier der Welt – und urbayerisch das, was die Küche verlässt.
✢ 210 B4 ✉ Tal 7 ☎ 089 2 90 13 80 ⊕ www.schneider-brauhaus.de ❶ 7–0.30 Uhr ⧆ Marienplatz

Zum Augustiner €€
Es lohnt alleine schon, die verschiedenen »Säle« zu erkunden: die zünftige Bierhalle, den münchnerisch-eleganten Muschelsaal, den lauschigen Arkadenhof ... Die Küche hält sich an bewährte bayerische Rezepte, auch Vegetarisches wird aufgetischt.
✢ 209 E5 ✉ Neuhauser Str. 27 ☎ 089 23 18 32 57 ⊕ www.augustiner-restaurant.com ❶ tgl. 10–24 Uhr ⧆ Stachus

Zum goldenen Kalb €€
Fleischesser finden hier die Pforte zum (mit den besten Steaks, Burgers, Ribs und einem Holzkohlegrill ausgestatteten) Paradies.
✢ 210 A4 ✉ Utzschneiderstr. 1 ☎ 089 23 54 22 90 ⊕ www.zum-goldenen-kalb.de ❶ Mo–Sa 17–1 Uhr, Tram 16, 17, 19 Reichenbachplatz

Zum Straubinger €€
Gemütliches Lokal mit Tradition. Bayerische Klassiker von der Leberknödelsuppe über Rahmschwammerl mit Knödel bis zur Weißwurst werden drinnen oder im kleinen Biergarten serviert.
✢ 210 A4 ✉ Blumenstr. 5 ☎ 089 232 38 30 ⊕ www.zumstraubinger.de ❶ Mo–Sa 10–1, So 11–23 Uhr ⧆ 52 Blumenstraße

CAFÉS

Mozart
Die heutigen Besitzer haben in dem ehemaligen Omacafé einen Großteil der Einrichtung belassen, und so sitzt man entweder an

Holztischen oder bequem im Lehnstuhl und auf dem Sofa. Die Nähe zu den Uni-Kliniken bestimmt einen Großteil des Publikums: Ärzte, Studenten, Krankenschwestern.

⊹ 209 D4 ✉ Pettenkoferstr. 2 ☎ 089 59 41 90 ⊕ www.cafe-mozart.info ❶ 10–1, Fr/Sa bis 3 Uhr 🚇 Sendlinger Tor

Schmalznudel/Café Frischhut

Hier treffen Nachtschwärmer auf Frühaufsteher. Kaffee, eine Schmalznudel (»Ausgezogene«), Krapfen und Dampfnudeln halten die Seele beisammen. Statt Bier gibt's Prosecco und Champagner in gemütlicher Atmosphäre.

⊹ 209 F4 ✉ Prälat-Zistl-Str. 8 ☎ 089 26 82 37 ❶ Mo–Fr 7–18, Sa 5–17 Uhr 🚇 52 Viktualienmarkt

Stadtcafé

Etwas abgenutzt ist die Einrichtung inzwischen, doch das stört die vorwiegend jungen Gäste am Abend nicht (tagsüber sitzt man eh draußen). Man kommt wegen der legeren Atmosphäre, dem Cappuccino oder zum Espresso und für einen der guten Kuchen. Auch die Kleinigkeiten aus der Vitrine schmecken dem studentischen Stammpublikum und den Besuchern des Kinos im Filmmuseum. Wer sich am salopp-selbstbewussten Auftreten des Personals nicht stört, ist hier goldrichtig!

⊹ 209 F4 ✉ St.-Jakobs-Platz 1 ☎ 089 26 69 49 ⊕ www.stadtcafe-muenchen.de ❶ 10–24, Fr/Sa bis 1 Uhr 🚇 52 Blumenstraße

Turmstüberl

Wer ins Café will, muss im Valentin-Karlstadt-Musäum Eintritt zahlen; dafür nimmt er bleibende Eindrücke mit hinauf in den achteckigen Turm. Der Betreiberin des Cafés mit dem schönen Namen Bernadette Obergrußberger macht der tägliche Aufstieg samt Kuchen und Weißwürsten nichts aus, denn sie ist gestählt von ihren Wanderungen im Himalaja. Ab und an gibt es auch Veranstaltungen, jeden letzten Sonntag im Monat z. B. »Das Lied zum Sonntag« – pünktlich um 11.01 Uhr.

⊹ 210 B4 ✉ Tal 43 ☎ 089 29 37 62 ⊕ www. turmstüberl.de ❶ Mo, Di, Do 11.01–17.29, Fr, Sa bis 17.59, So 10.01–17.59 Uhr 🚇 Isartor

Wohin zum ... Einkaufen?

Zwischen Marienplatz und Glockenbachviertel treffen unterschiedliche Einkaufswelten aufeinander: Rund um den Marienplatz finden sich Kaufhäuser und Bekleidungsgeschäfte, wie es sie auch in anderen Metropolen gibt. Entlang der Sendlinger Straße sind modische Boutiquen, italienische Schuhläden und Geschäfte mit Schnickschnack zum Dekorieren und Einrichten versammelt. Der Viktualienmarkt und die umliegenden Geschäfte bilden ein Paradies für Gourmets auf kulinarischer Weltreise. Die Läden im Glockenbachviertel rund um den Gärtnerplatz sind die angesagtesten der Stadt und ändern sich so schnell wie die Moden.

ZWISCHEN MARIENPLATZ UND STACHUS

Im 1861 gegründeten Münchner Modetempel und »Kaufhaus der Sinne« Ludwig Beck (Marienplatz 11) findet sich in der 4. Etage eine der bestsortierten Musikabteilungen für Klassik, Folklore und Jazz. Das Bekleidungsgeschäft Hirmer (Kaufingerstr. 28) ist laut Eigenwerbung das größte Männermodehaus der Welt.

UM DEN VIKTUALIENMARKT

Bei Kamm Weninger (Viktualienmarkt 2) kauft die Münchnerin von Welt schon seit dem Jahr 1936 alles rund ums Haar. Etwas versteckt in der Utzschneiderstraße (Nr. 5) verkauft Schrauben-Preisinger genau das. Die Auswahl in dem 1921 gegründeten Geschäft ist ebenso phänomenal wie die Beratung.

Auf der anderen Seite des Viktualienmarktes duftet es im Kräuterhaus Lindig (Blumenstr. 15) nach exotischen Aromen. Kein Wunsch nach Heil- oder Duftpflanzen bleibt hier unerfüllt. Ein paar Schritte weiter gibt es Spezialitäten Vom Fass (Reichenbachstr. 2). Öl, Essig, Weinbrand, Grappa – alles wird frisch abgefüllt. Auf dem Markt selbst verkauft Exoten Müller Drachenfrüchte aus Vietnam und Guaven aus Kolumbien. Beim Duftschmankerl gibt's Gewürzsträuße und Mobiles aus duftenden Zutaten. Etwas streng riecht es manchmal beim Rottler; das liegt am Sauerkraut vom Fass, den eingelegten Salzgurken, dem Senfgemüse und der Riesenauswahl an Gewürzen. Auch Caseus umgeben gelegentlich heftige Duftwolken, ist er doch der Käsehändler am Markt. Poseidon (Westenriederstr. 13) ist die Feinschmeckeradresse für Fischliebhaber, die hier auch einen schnellen Fischsnack an den Stehtischen genießen können. Zwei Häuser weiter verführt Chocolate and more (Westenriederstr. 15) mit köstlichen Lauenstein-Pralinés, verheißungsvoll duftender heißer Schokolade und hübschen Souvenirs zum enthemmten Kalorienshopping. Um Aromen und Düfte geht es schließlich nochmals im Pfeifen- und Zigarrenladen von Pfeifen Huber (Tal 22). Holztäfelung und aufmerksame Beratung schaffen eine exquisite Atmosphäre.

ZWISCHEN SENDLINGER STRASSE UND GÄRTNERPLATZ

Bei Kienmoser (Sendlinger Str. 36) kauft man Seile aus Naturfasern von 1–50 mm Durchmesser in gewünschter Länge sowie Netze, Gurte und sonst alles, was eine Seilerei herstellt. Ein echtes Traditionshaus ist Radspieler (Hackenstr. 7): Hier findet die Münchnerin von Welt immer schicke Mode, Stoffe, Möbel und Accessoires. Gelegentlich wird die besagte Münchnerin aber auch übermütig: Dann kauft sie bei Noh Nee (Hans-Sachs-Str. 2) ein Dirndl aus afrikanischen Batikstoffen, einen schwingenden Rock oder ein Täschchen. Im Optimal (Kolosseumstr. 6) im Glockenbachviertel dreht sich alles um die runden Scheiben aus Vinyl.
Die vielleicht besten Pralinen Münchens verkauft das Café Götterspeise (Jahnstr. 30); wer sich mal etwas gönnen möchte, nimmt gleich die 500-g-Packung. servus.heimat (Brunnstr. 3) bietet T-Shirts mit heimatlichem Aufdruck von Gams über Breze bis Dackel, Heimatgeschirr (Flachmann mit dem Schriftzug »Heimat«) sowie die »gucki bayerische-Diashow aus der Hand« und den beliebten Hirschkopf mit Geweih für die Wand daheim (in den gängigen Farben Grün, Orange und Pink – für depressive Stunden auch in Schwarz).

Wohin zum ... Ausgehen?

Willkommen auf der »Feier-Banane«: Jener Teil der südlichen Innenstadt, der entlang der Sonnen- und der Müllerstraße einen Bogen bildet, ist die Ausgeh-Location in München. Neben Szene-Diskos und Partyvolk finden sich hier aber auch entspannte Lokale, Off-Theater und Musikbühnen.

BARS MIT ESSEN

Die Buena Vista Bar (Am Einlass 2a, Tel. 089 26 02 88 11, http://buena-vista-bar.de, 18–1, Fr/Sa bis 3 Uhr, Küche bis 24 Uhr) gibt sich kubanisch; ihr portugiesischer Besitzer reist ständig auf Castros Insel, bringt kostbare Bilder mit und hängt sie an die unverputzten Wände. Angeschlossen ist eine kleine Avantgardebühne, das Team-Theater. Vor und nach den Vorstellungen bricht der Service manchmal zusammen, dafür ist es hier sehr stimmungsvoll. Am Wochenende fährt spät abends die Salsa vom Plattenteller in die Knochen der Gäste, und in den Gängen bzw. zwischen den Tischen tanzen alle mit – genau die richtige Zeit für einen Flirt.
Das Baader Café (Baaderstr. 47, Tel. 089 201 06 38, http://baadercafe.de, So–Do 9.30–1, Fr/Sa bis 2 Uhr) ist eine der ältesten Szenekneipen im Gärtnerplatzviertel und nach wie vor eine der beliebtesten: der ideale Ort, den Abend bei Bier, Wein, knackigen Salaten oder kleinen italienischen und österreichischen Köstlichkeiten zu verbringen.

BARS

Dunkle Farben und eine schummrige Beleuchtung bestimmen die Atmosphäre in der Färber Bar (Corneliusstr. 34, Tel. 089 20 18 07 13, www.faerber-bar.de, Mi, Do 20–2, Fr, Sa 20–3 Uhr). Spirituosenauswahl und Cocktails sind ausgezeichnet. Ins Flushing Meadows (Fraunhoferstr. 32, Tel. 089 55 27 91 70, http://flushingmeadowshotel.com, tgl.

7–2, Terrasse bis 22.30 Uhr) geht, wer nicht nur gesehen werden möchte, sondern selbst auf gute Aussicht steht. Die Bar besitzt die tollste Dachterrasse der Stadt. Dazu schwenkt man bayerisch-internationale Drinks.

LIVEMUSIK

Das Strom (Lindwurmstr. 88, Tel. 089 25 20 57 11, http://strom-muc.de, Konzerte ab 21, Party ab 23 Uhr) ist einer der Clubs, der der Avantgarde der jungen Musikszene den Weg bereitet und ihr ein Forum verschafft, zum Beispiel bei der Veranstaltung »Heimatsound« mit Bands aus der Region. Aber nicht nur unbekannte Indie-, Rock-'n'-Roll- und Brit-Pop-Gruppen treten hier auf. Manchmal kommt ganz was Spezielles auf der Bühne wie die Musik von Ami Warning und ihrer Band oder Adrian Held und Tobias Rieser, den Protagonisten von Klangkarussel. Im Milla (Holzstr. 28, Tel. 089 18 92 31 01, www.milla-club.de, ab 20.30 Uhr, je nach Veranstaltung), einem anerkannten Fackelträger der livemusikbegeisterten Münchner Clubszene, stehen viele Newcomer auf der Bühne vor dem überschaubaren Zuschauerraum. Es gibt auch ein eigenes Plattenlabel: Millaphon. Wenn keine Livemusik ist, legen DJs auf.

DISKOTHEKEN

Die Münchener Partyszene ist mit der Milchbar (Sonenstr. 27, Tel. 089 45 02 88 18, http://milchundbar.de) alt geworden. Wirklich erstaunlich, dass sich das Lokal (korrekt: Milch und Bar) in den letzten knapp 20 Jahren gefühlt 100-mal neu erfunden hat, diesmal an der Feierbanane. Musik querbeet für jeden Geschmack.
Legendenstatus hat sich auch das Harry Klein (Sonnenstr. 8, Tel. 089 40 28 74 00, http://harrykleinclub.de, Mi, Do 23–5, Fr, Sa bis 7 Uhr) erworben: mit House, Minimal und Elektro sowie mit Aktionsmonaten wie »Marry Klein« – Frauenpower am DJ-Pult. Und wenn mal wieder die Jazzrausch Bigband um Roman Sladek mit ihrer weitgehend auf natürlichen Instrumenten gespielten »Techno-Blasmusik« für gute Laune sorgt, platzt der Laden aus allen Nähten.

THEATER

Das Staatstheater am Gärtnerplatz (Gärtnerpl. 3, Tel. 089 21 85 19 60; www.gaertnerplatztheater.de) geht auf eine »Actiengesellschaft« Münchner Bürger zurück, die sich hier im Jahr 1865 ihre eigene Bühne schufen. Bald pleite, musste der König das Theater retten, seitdem gehört es dem Staat. Man spielt Opern und Operetten, gibt Ballettabende und Artverwandtes.
Das Team-Theater Tankstelle (Am Einlass 2a, Tel. 089 260 43 33, www.teamtheater.de) residiert in einer ehemaligen Tankstelle und zeigt von der Szene viel beachtete moderne Stücke nationaler wie internationaler Autoren. Ins Theater im Fraunhofer (Fraunhoferstr. 9, Tel. 089 26 78 50, www.fraunhofertheater.de) geht bunt gemischtes Publikum, um die Kabarettaufführungen mit Kleinkunstcharakter zu erleben. Danach setzt man sich in der Kneipe Fraunhofer an die langen Holztische und lässt den Abend bei Bier, einem bayerischen »Schmankerl« und Diskussionen ausklingen.

KINOS

Das bereits im Jahr 1913 eröffnete Filmtheater am Sendlinger Tor (Sendlinger-Tor-Platz 11, Tel. 089 55 46 36, www.filmtheatersendlingertor.de) zeigt die neuesten Produktionen in einem glücklicherweise nicht auf Wohnzimmergröße heruntergebrochenen Saal. Wer rechtzeitig da ist, erhält einen der vier Plätze in der »Königsloge« und genießt den Film ganz exklusiv und abgehoben. Das für seine filmkonservatorische Arbeit weltbekannte Filmmuseum (St.-Jakobs-Platz 1, www.muenchner-stadtmuseum.de) im Stadtmuseum bringt u.a. Retrospektiven aus seinem Archiv, Klassiker der Filmkunst und Avantgarde aus aller Welt. Häufig sind Regisseure und andere Filmschaffende zu Gast, um mit dem Publikum zu diskutieren. Das Werkstattkino (Fraunhoferstr. 9, Tel. 089 2 60 72 50, http://werkstattkino.de) ist Münchens schrägstes, von Cineasten hoch geschätztes Filmtheater mit einem wüsten Programm von Filmen zwischen B-Picture-Horror und argentinischem Porno – sowie ganzen 60 Plätzen.

Münchner Frühlingsgefühle:
Blick vom Hofgarten auf die
Theatinerkirche.

Die nördliche Innenstadt

Rund um die Residenz präsentiert sich das Millionendorf mondän, mit Oper, eleganten Boutiquen und dem urigen Hofbräuhaus.

Seite 62–89

Erste Orientierung

Elegante Boutiquen, vornehme Restaurants und im Mittelpunkt die Residenz der bayerischen Könige: Im Edelquartier rund um Theatiner-, Residenz- und Maximilianstraße bummeln die Münchner nicht, sie promenieren. Fürs Kontrastprogramm sorgt das urbayerische Hofbräuhaus.

Im Verlauf ihrer Geschichte entwickelte sich die Stadt von einer Siedlung der Mönche über die glanzvolle Residenz der Wittelsbacher hin zu einer international hoch angesehenen Metropole des 21. Jahrhunderts. Den oft zitierten Charme eines »Millionendorfes« hat München dennoch nie ganz verloren, auch wenn es rund um die Residenz etwas mondäner zugeht und die minimalistisch-eleganten Fünf Höfe mit ihren schicken Geschäften dem ansonsten architektonisch eher konservativen Teil des Stadtzentrums ein modernes Glanzlicht aufsetzen. Generell achtet man hier doch sehr auf eine ausgewogene Balance zwischen Tradition und Moderne, nicht nur in den zahlreichen Theatern und der Oper. Der Respekt vor dem Bewährten geht so weit, dass an der Maximilianstraße potemkinsche Fassaden errichtet wurden, um die dahinter liegenden futuristischen Maximilianshöfe zu kaschieren. Schein und Sein spielen rund um die Theatinerstraße also in vielerlei Hinsicht eine besonders wichtige Rolle. Auch deshalb schlägt hier das Herz der berühmt-berüchtigten Münchner »Bussi-Gesellschaft«.

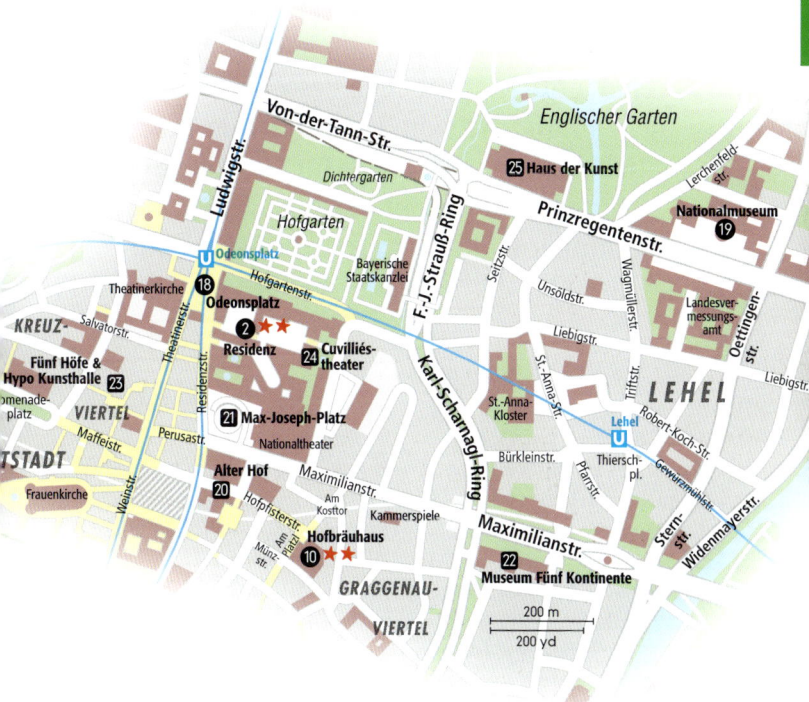

Von-der-Tann-Str.

Englischer Garten

Ludwigstr.

Dichtergarten

25 Haus der Kunst

Lerchenfeld-str.

Hofgarten

Prinzregenstr.

Nationalmuseum
19

Bayerische
Staatskanzlei

F.-J.-Strauß-Ring

Odeonsplatz

Seitzstr.

Unsöldstr.

Wagmüllerstr.

Hofgartenstr.

Theatinerkirche

Landesver-
messungs-
amt

Oettingen-str.

18 Odeonsplatz

Liebigstr.

KREUZ-

Salvatorstr.

Theatinerstr.

Residenzstr.

2 ★★

Residenz

24 Cuvilliés-
theater

Karl-Scharnagl-Ring

St.-Anna-str.

Liebigstr.

Fünf Höfe &
Hypo Kunsthalle 23

LEHEL

St.-Anna-
Kloster

Tiftstr.

Robert-Koch-Str.

omenade-
platz

VIERTEL

Maffeistr.

Perusastr.

21 Max-Joseph-Platz

Lehel
U

Thiersch-
pl.

Gewürcmühlstr.

TSTADT

Nationaltheater

Bürkleinstr.

Pfarrstr.

Weinstr.

Alter Hof

20

Maximilianstr.

Frauenkirche

Hofpfisterstr.

Am
Kosttor

Kammerspiele

Maximilianstr.

Widenmayerstr.

Stern-str.

Am Platzl

Münz-
str.

Hofbräuhaus

10 ★★

22

GRAGGENAU-

Museum Fünf Kontinente

VIERTEL

200 m

200 yd

Mein Tag
auf den Spuren der royalen Stadt

Von der mittelalterlichen Veste zur königlichen Residenz, vom Hofschranzen-Café zum bayerischen Landtag: Im Edelquartier rund um Theatiner-, Residenz- und Maximilianstraße manifestieren sich Geld und Macht historisch wie aktuell.

10 Uhr: Wo alles begann
Auch München hat klein angefangen, das zeigt der **20** Alte Hof, die mittelalterliche Herzogresidenz. Wenn Sie Manufactum-Fan sind, sollten Sie sich die Adresse für später vormerken – hier hat das »Warenhaus der guten Dinge« einen seiner Läden. Aber jetzt folgen Sie erst einmal den royalen Spuren weiter zum **21** Max-Joseph-Platz.

10.30 Uhr: Schatzkammer & Co.
Anders als an diesem elegant-übersichtlich angelegten Paradeplatz mit Denkmal (König Max I. Joseph),

Oper, Residenztheater und der Südfassade des Königsbaus, ist es in der **❷** ★★ Residenz nicht ganz einfach, sich zu orientieren: erstens, weil sich die Anlage über mehrere hundert Jahre Bauzeit in ein Labyrinth verwandelt hat, und zweitens, weil nicht alles zur gleichen Zeit (manches wegen Renovierung auch gar nicht) zugänglich ist. Es braucht also planerisches Geschick und Konzentration aufs Wesentliche, als da wären: Schatzkammer, Antiquarium und **24** Cuvilliéstheater. Oder auch die Ahnengalerie? Ihnen bleibt die Qual der Wahl, doch wir empfehlen Ihnen:

12.30 Uhr: Im Café des Kammerdieners

14.30 Uhr: Die Welt zu Gast

Englischer Garten

Goldene Bar

Ende

19 Uhr

Eisbach-welle

Restaurant Museum

Prinzregentenstr.

Ludwigstr.

12.30 Uhr

Café Tambosi

Hofgarten

18

Pfälzer Weinstube

Residenz

2 ★★

Eilles

22

Schatzkammer

Antiquarium

Residenzstr.

21

Karl-Scharnagl-Ring

LEHEL

Liebigstr.

Luipoldbrücke

15 Uhr: An der schönen blauen Isar

14.30 Uhr

Maximilianstr.

Manufactum

20 **10 Uhr**

Kammerspiele

Widenmayerstr.

Isar

15 Uhr

200 m

200 yd

Start

Maximilianeum

Maximiliansbrücke

Teilen Sie's auf zwei Besuche auf und machen Sie eine Mittagspause.

12.30 Uhr: Im Café des Kammerdieners

Scheint die Sonne (auch bei Minus-temperaturen), setzten Sie sich na-türlich wie waschechte Möchtegern-münchner sonnenbebrillt (und notfalls in Decken gewickelt) an einen der nach Süden gerichteten Tische vors Café Tambosi am Hof-garten, bestellen einen Teller Pasta und genießen den Ausblick auf den eleganten **18** Odeonsplatz. Guiseppe Tambosi, Spross von Einwanderern vom Gardasee, war Kammerdiener bei Ludwig I.; einer seiner Verwand-ten pachtete dann das Kaffeehaus. Auch die Alternative bei schlechtem Wetter, die Pfälzer Weinstuben in der Residenzstr. 1, kann mit könig-

Oben: Wo einst Kaiser residierten, laden heute im Alten Hof exquisite Läden zum Bummeln ein.
Rechts: Im Jahr 1607 geweiht wurde die Reiche Kapelle mit ihrer kostbaren Reliquiensammlung.

licher Gunst punkten. Sie residieren in den Räumen der Residenz.

13.30 Uhr: Kultur contra Shopping

Nun ist Zeit für die zweite Runde in der Residenz. Oder Sie shoppen ein bisschen. Die Residenzstraße ist ein teures, aber schönes Einkaufsrevier mit Geschäften, die früher den Hof belieferten wie Eilles (Residenzstr. 13). Seit 1873 gibt es den Laden schon; auch König Ludwig II. schätzte dessen Tee- und Kaffeesortiment.

14.30 Uhr: Die Welt zu Gast

Entlang der Maximilianstraße nach Osten gehend begegnen Sie Menschen aus aller Welt, die eines vereint: Sie schleppen schwer an den Shopping Bags von Prada & Co. Hier bummelt man nicht, man promeniert. Dieser Teil der Münchner Innenstadt ist auch das Lieblingsrevier mehr oder weniger adeliger Häupter aus den Emiraten bzw. deren Ehefrauen. Vorbei an den Kammerspielen, deren wechselnde Intendanten zu autokratischem Auftreten neigen, laufen Sie auf den Neorenaissancebau des Maximilianeums am Isar-Hochufer zu. Er ist Sitz des Bayerischen Landtags, in dem der heutige Prinzregent unter seinem Inkognito als CSU-Ministerpräsident das Sagen hat.

15 Uhr: An der schönen blauen Isar

Die Maximilianstraße endet an der Isar. Am Fluss entlang spazieren Sie nach Norden. Eine Bank für eine

10.30 Uhr

13.30 Uhr

17.30 Uhr

Shoppen in der Residenzstraße (oben), »Surfin' Munich« auf der Eisbachwelle (unten).

kleine Atempause kommt gerade recht, dann kreuzen Sie die Prinzregentenstraße mit dem ⓳ Nationalmuseum. König Maximilian II. gründete die Sammlung, um die hohe Kunst historischer Kunsthandwerkstechniken zu bewahren und als Vorbild für zeitgenössisches Handwerk auszustellen. Gotische Skulpturen, neapolitanische Krippen, Gobelins aus Feenhänden – eine Wunderwelt tut sich auf.

17.30 Uhr: Zu den Königen der Flusssurfer

Gedränge am Eisbach bei jedem Wetter: Die Surferszene beweist ihr Können an der weltberühmten Eisbachwelle. Geduldig Anstehen, Brett ins Wasser, ein kurzer Ritt – der nächste. Das ist Kult! Surf-Kings wie

der Brasilianer Adriano de Souza sind auf ihr geritten, Anfänger werden nicht geduldet. Lange genug zugeschaut? Dann geht's zum Aperitif in die Goldene Bar, an deren güldenen Tresen oder auf die Terrasse, vor der der Englische Garten im Abendlicht leuchtet – ein Geschenk des Kurfürsten Karl Theodor.

19 Uhr: Zum Dinner ins …

… Museum, und zwar wortwörtlich: »Museum« heißt nämlich das junge schicke Restaurant des Nationalmuseums, in dem Reimer Röbel ambitioniert aber nicht überteuert kocht. Ein bisschen skandinavisch, ein bisschen deutsch, etwas asiatisch und mediterran – moderne Küche mit viel Esprit und dank der Räume auch tollem Flair.

❷ ★★ Residenz

Warum?	Ein Sammelsurium kostbaren Dekors, feinster Ausstattung und unermesslicher Schätze
Was?	Schatzkammer, Antiquarium, Cuvilliéstheater und, und, und ...
Wie lange?	Von zwei Stunden bis zu einem Tag
Wann?	Beachten Sie die unterschiedlichen Öffnungszeiten der einzelnen Highlights
Was noch?	Danach ein Spaziergang durch den Hofgarten

Als »Herzkammer Bayerns« fungierte ein halbes Jahrtausend lang die am Nordoststrand der Altstadt gelegene Residenz der bayerischen Herzöge, Kurfürsten und Könige, an deren Ausbau namhafte Architekten beteiligt waren.

Im Jahr 1385 wurde den Wittelsbachern die Alte Veste – der Alte Hof (S. 82) – zu eng, und sie ließen sich die Neuveste am späteren Max-Joseph-Platz, der auch »Opernplatz« genannt wird, errichten.

Königliche Bauwut

Leo von Klenze, König Ludwigs I. Hofarchitekt, entwarf auch die sich elegant nach oben schwingende »Königin-Mutter-Treppe«.

Umbauten und Erweiterungen unter Herzog Wilhelm V. und seinem Sohn Maximilian I. machten den ursprünglich gotischen Bau im 16. Jh. zu einer Renaissanceresidenz. Hans Simon Reifenstuel aus Gmund am Tegernsee gilt als Baumeister. Peter de Witt, genannt » Candid «, war für große Teile der Innendekoration zuständig. Den letzten Umbau

verantwortete Leo von Klenze: Das ursprüngliche Renaissanceportal an der Residenzstraße mit dem Bronzeguss der Patrona Bavariae, der Muttergottes als Schutzpatronin Bayerns, war König Ludwig I. nicht repräsentativ genug. Deshalb wurde in den Jahren 1826 bis 1835 der Königsbau mit klassizistischer Schaufassade und neuem Hauptportal zum Opernplatz hin errichtet – das Vorbild des in seiner grundsätzlichen Anlage Filippo Brunelleschi zugeschriebenen Palazzo Pitti in Florenz ist unverkennbar. Die rund 130 Räumlichkeiten wurden von

den besten Künstlern und Kunsthandwerkern ihrer Epoche mit wundervollem Mobiliar, kostbaren Tapisserien und Bildern ausgestattet.

Wo's glitzert und glänzt

Vom Opernplatz gelangen Sie durch den Haupteingang des Königsbaus zum ersten Hof und zur Kasse. Die wichtigste Sammlung, die Schatzkammer, ist gleich nebenan. Mehr als 1200 Exponate herzöglicher und königlicher Insignien, sakrale Kunst und Schmuckstücke glitzern und funkeln in den Vitrinen, unter ihnen ein um das Jahr 890 entstandener goldgeschmiedeter Altaraufsatz und eine Statuette von St. Georg auf einem aus Achat und Chalzedon geschnittenen Pferdchen mit rubingeschmücktem Sattel vom Ende des

Nach der Besichtigung der Residenz mit Schatzkammer, Ahnengalerie und Brunnenhof bietet sich der Hofgarten zu einer kleinen Verschnaufpause an.

16. Jh.s. Beachten Sie auch die prächtigen Reliquiare, die einst die Hofkapellen der Residenz schmückten.

Treppauf, treppab

Zwischen dem Küchenhof hinter der Kasse und dem Brunnenhof mit dem Wittelsbacher-Brunnen liegt einer der Prachtsäle der Residenz – das Antiquarium aus dem 16. Jh. Herzog Albrecht V. brachte darin seine Antikensammlung unter, das mächtige Tonnengewölbe schmückte Friedrich Sustris mit Allegorien, Grotesken, Stadtansichten und Landschaften Bayerns. Über die Treppe gelangen Sie in die erste Etage, in den Schwarzen Saal mit seiner illusionistischen Deckenmalerei und zur Ostasiensammlung mit 500 Stücken fernöstlichen Porzellans in den Vorräumen der Kurfürstenzimmer am Brunnenhof, in denen bis 1599 die Bibliothek untergebracht war. Danach bewohnte sie der Kurprinz und spätere Kurfürst Max III. Joseph. Nächste Station: die Charlottenzimmer, die Prinzessin Charlotte Auguste, die Tochter König Max I. Josephs, als Wohnung nutzte. Heute sind sie im Stil höfischer Wohnkultur des 19. Jh.s eingerichtet.

»München ist ein Dorf, in dem Paläste stehen« (Heinrich Heine).

Was nun? Was tun?

Jetzt müssen Sie sich entscheiden, ob Sie den kurzen Rundgang unternehmen und direkt zu den Reichen Zimmern gehen oder die Besichtigung ausweiten wollen. Die Trierzimmer waren Gästeappartements und Ratszimmer. Im Kaisersaal aus dem beginnenden 17. Jh., zu seiner Zeit der prächtigste Festsaal der Residenz, sehen Sie Gobelins aus der Hand von Hans van der Biest und Deckengemälde von Peter Candid. Der Vierschimmelsaal leitet zu den Steinzimmern über, die ihren Namen wegen der prächtigen Marmorausstattung erhielten. Der Kaiser des Heiligen Römischen Reiches residierte in ihnen, wenn er in München war. In der Silberkammer ist u.a. das aus 502 Teilen bestehende Tafelservice König Max I. Josephs zu bewundern.

Ein Höhepunkt zum Schluss

Über die 1607 geweihte Reiche Kapelle, der private Gebetsraum von Maximilian I., gelangen Sie nun zu den Reichen Zimmern. Diese machen ihrem Namen alle Ehre: Kurfürst

Max Emanuel ließ sie erbauen, sein Sohn Karl Albrecht beauftragte François Cuvilliés mit der Umgestaltung im Rokokostil. Vergoldete Schnitzereien und Stuckarbeiten prunken miteinander um die Wette. Ein weiterer Höhepunkt ist das Miniaturenkabinett am Ende der Zimmerflucht. Es zeigt zierliche Gemäldeminiaturen, eingelassen in die vergoldete Holztäfelung der Wände. Über einen Durchgang erreicht man die sogenannten Päpstlichen Zimmer, den Wohnbereich der Schwiegertochter Maximilians, Kurfürstin Henriette Adelaide. In ihnen nächtigte Papst Pius VI., der als erster amtierender Stellvertreter Christi im Jahr 1782 München besuchte. Nun verlassen Sie die erste Etage und kommen zuletzt in die Ahnengalerie. In dem lang gestreckten Saal hängen 121 Porträts bayerischer Fürsten und ihrer Familien.

Das in den Jahren 1568 bis 1571 für die herzögliche Sammlung antiker Skulpturen errichte Antiquarium ist der älteste erhaltene Raum der Münchner Residenz.

KLEINE PAUSE
Lassen Sie sich verführen: Das **Café Maelu** (Theatinerstr. 32) serviert feinen Kaffee und zuckersüße Genüsse mit Macarons in allen Farben des Regenbogens (https://maelu.de).

✝ 206 B1 ✉ Residenzstr. 1 ☎ 089 29 06 71 ⊕ www.residenz-muenchen.de ◕ April–15. Okt. 9–18, sonst 10–17 Uhr, letzter Einlass jeweils 1 Stunde vorher 🚇 Odeonsplatz ✦ Residenzmuseum und Schatzkammer je 7 €, Kombikarte 11 €

Festsäle hinter Prachtfassaden

Als politischer und kultureller Mittelpunkt des Landes entwickelte sich die Münchner Residenz im Lauf der Jahrhunderte zu einer riesigen Anlage. Mit einer Grundfläche von etwa 250 x 200 m ist sie heute eine der größten ihrer Art.

❶ Festsaalbau: Den Hofgarten flankiert der klassizistische Festsaalbau, den König Ludwig I. zusammen mit Königsbau und Allerheiligen-Hofkirche durch Hofbaumeister Leo von Klenze errichten ließ.

❷ Altes Residenztheater: Als schönstes Rokokotheater in Deutschland gilt das »Cuvilliés« des Hofarchitekten François Cuvilliés d. Ä. An der Ausstattung wirkten auch Künstler wie Johann Baptist Straub mit.

❸ Brunnenhof: Der im Jahr 1610 angelegte Hof mit dem Wittelsbacherbrunnen ist als einziger diagonal zum Grundriss der Anlage ausgerichtet. Die Fassaden sind mit Scheinarchitektur bemalt.

❹ Antiquarium: Der größte profane Raum der Renaissance nördlich der Alpen dient heute u. a. als festliche Kulisse für Staatsempfänge.

❺ Schatzkammer: Klenzes Königsbau bestimmt die Front der Residenz zum Max-Joseph-Platz hin.

Die Innenräume des Traktes sind von klassizistischer Kühle geprägt.

❻ Königsbau: Glanzstücke sind u.a. das Gebetbuch Kaiser Karls des Kahlen, das Kreuzreliquiar von Kaiser Heinrich II. und die bayerische Königskrone von 1806.

7 Spiegelkabinett: Der Stuck, der den Raum einst zierte, wurde nach der Zerstörung im Zweiten Weltkrieg rekonstruiert.

8 Miniaturenkabinett: Die 129 Miniaturen, jeweils kaum größer als ein Briefbogen, wurden von deutschen, französischen und niederländischen Künstlern im 16. bis 18. Jh. geschaffen.

9 Silberkammern: Im einstigen Zimmer des Stadtrats und im Hartschiersaal wird wertvolles Silber präsentiert, darunter das umfangreiche Tafelsilber des Hauses Wittelsbach.

10 Alte Residenz: Der Bau entstand unter Kurfürst Maximilian I. in der Spätrenaissance (1611–1619). In der streng gehaltenen Front zur Residenzstraße öffnen sich zwei prächtige Portale aus Rotmarmor, flankiert von Bronzelöwen (Hubert Gerhard, um 1595), deren Nasen zu reiben Glück bringen soll.

11 Steinzimmer: Die prunkvolle Ausstattung umfasst Mobiliar, Gobelins, Gemälde sowie eine Majolikasammlung.

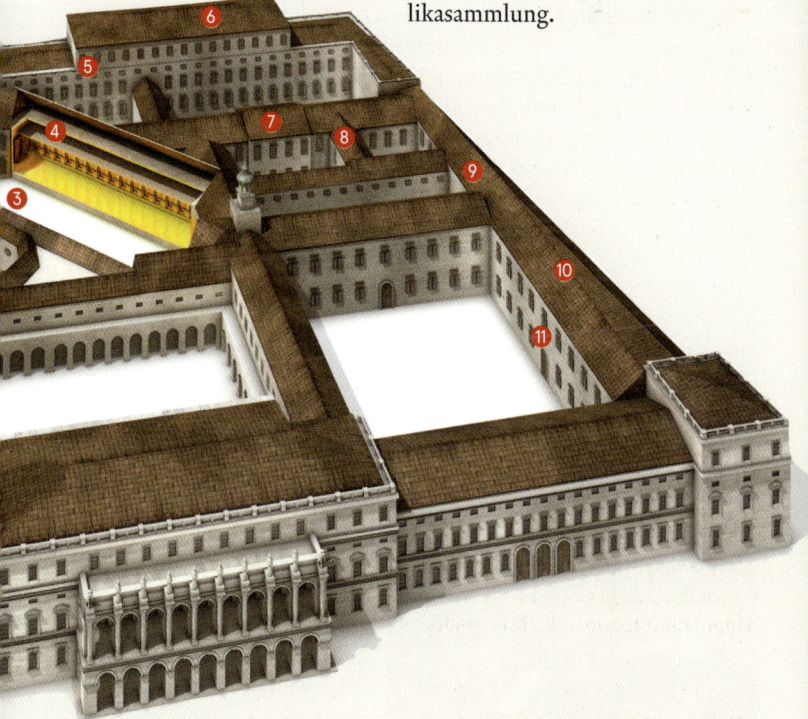

©BAEDEKER

❿ ★★ Hofbräuhaus

Warum?	Trotz vieler Touristen ein Beispiel Münchner Lebensart
Was?	Zuprosten, Biertrinken, Schunkeln, Mitsingen
Wie lange?	So lange es Spaß macht
Wann?	Tagsüber ist es ruhiger, abends tobt der Bär
Was noch?	Davor oder danach übers Platzl bummeln

Alle lieben das legendäre Gasthaus, dem sogar ein eigenes Lied gewidmet ist und in dem auch ein original-bayerischer Engel seinen Stammtisch hat.

Im 16. Jh. tranken die adeligen Damen und Herren lieber Wein als Bier. Da der importierte Rebensaft Herzog Wilhelm V. aber teures Geld kostete, ließ er 1589 das Hofbräuhaus bauen, um seinen Hofstaat mit Bier versorgen zu können. Im Jahr 1607 braute der Staat am Platzl weiter und verkaufte von dort an die Gaststätten. Erst 1828 wurden die ersten Gasträume in den Brauereigebäuden eingerichtet. 1897 öffnete der heutige Biertempel am Platzl seine Tore und wurde alsbald Legende. 6000 Liter Bier fließen täglich aus den Fässern, Maßkrug um Masskrug tragen die Bedienungen zu den Gästen.

Alles am Platz(l): Gourmetküche, Gewürze & Co.

Der kleine Platz (bayer. »Platzl«), an dem das Hofbräuhaus steht, wurde Ende des 19. Jh.s im Stil der Neorenaissance umgestaltet. Vor einiger Zeit sind die Gebäude rundum renoviert worden, wobei man sich um die Erhaltung architektonischer Details bemüht hat. Besonders gelungen ist die Restaurierung des Orlandohauses an der Nordseite des Platzes. »Platzhirsch« am Platzl ist der Fernsehkoch Alfons Schuhbeck, der hier im historischen Zentrum der Stadt mehrere Restaurants und Läden betreibt. Hauptattraktion für Touristen aber bleibt das Hofbräuhaus. Dessen großer, rustikal eingerichteter Gastraum mit seinen Holztischen

Macht einfach Spaß: gemütlich bei Volksmusik eine Maß im berühmtesten Wirtshaus der Welt zu trinken.

im Erdgeschoss heißt <u>Schwemme</u>. Hier kocht die Stimmung abends manchmal so hoch, dass man sie durchaus mit der auf dem Oktoberfest vergleichen kann. Dann lassen sich sogar die Stammtischler vom Überschwang anstecken und prosten den »Zuagroasden« zu. Wie viele Stammgäste das Hofbräuhaus hat, zeigen die als »Stammtisch« ausgewiesenen Tische, an denen sich in alter Tradition Herren- und gelegentlich auch Damenrunden einmal in der Woche treffen. Manche Stammgäste haben sogar einen eigenen Bierkrug, den sie bis zum nächsten Besuch im »Maßkrugsafe« wegsperren. Eleganter als die Schwemme sind die <u>Gaststuben</u> und der <u>Historische Festsaal</u> in der ersten und zweiten Etage. Im Festsaal spielt die Blasmusik ab 19 Uhr auf. Noch ein Tipp: Selbst viele Münchner wissen nicht, dass das Hofbräuhaus einen wunderschönen schattigen Biergarten hat!

Dicht gedrängte Bürgerhäuser, Kopfsteinpflaster und ein weltberühmter Biertempel kennzeichnen das alte München am Platzl.

Ein Prosit auf den Aloisius

Sehen Sie den »Grantler« mit der blauen Dienstmütze in der Ecke? Das ist der Engel Aloisius, als Alois Hingerl ehemals Dienstmann in München, dessen Geschichte Ludwig Thoma erzählte: Ein Schlaganfall raffte den Alois dahin, und so landete er als <u>Engel Aloisius</u> im Himmel. Kreuzunglücklich, weil's dort statt Bier nur »Manna« gab, begann er zu randalieren. Also ernannte Gott ihn zum Boten, der die himmlischen Ratschlüsse der bayerischen Regierung überbringen sollte. Doch gleich mit dem ersten Brief landete Aloisius im Hofbräuhaus – und da sitzt er noch immer, weshalb die bayerische Regierung bis heute auf göttliche Eingebung wartet.

KLEINE PAUSE

Sie sind kein Freund von Bierseligkeit? Um die Ecke sorgt ab 18 Uhr **Grapes Wine Bar** im Cortiina Hotel (Ledererstr. 8) für Kontrastprogramm – Design pur mit passenden Gästen.

✚ 210 B4 ✉ Platzl 9
☎ 089 290 13 61 00

🌐 www.hofbraeuhaus.de
🕐 9–24 Uhr 🚇 Marienplatz

ⓘ

⓲ Odeonsplatz

Warum?	Elegant, architektonisch interessant und sehr münchnerisch
Was?	Ideal fürs Posen vor schönster Kulisse
Wie lange?	Eine halbe bis zwei Stunden
Wann?	Jederzeit – abends ist es besonders romantisch
Was bleibt?	Münchens heitere Seite

Vorhang auf für Münchens schönste Bühne der Eitelkeiten: König Ludwigs I. Hofbaumeister Klenze und Gärtner besorgten die klassizistische Kulisse, ein Italiener namens Tambosi begründete die Kaffeehaustradition – und Generationen von Münchnern den Brauch, vor dem Café in der Sonne zu sitzen.

Oben: Blick über den Odeonsplatz mit Feldherrnhalle und Theatinerkirche auf die Münchner Altstadt. Unten: Boule-Spieler im gleich an den Platz angrenzenden Hofgarten.

Das Café Tambosi bietet den besten Blick auf die Feldherrnhalle, die nicht zufällig so wirkt, als hätte ihr Architekt Friedrich von Gärtner die Florentiner Loggia dei Lanzi kopiert. Im Jahr 1844 feierte man Einweihung, knapp 80 Jahre später versuchte sich Adolf Hitler hier vergeblich als Putschist. Später postierte er SS-Wachen neben der Feldherrnhalle und zwang Passanten zum Hitlergruß. Wer nicht grüßen wollte, umging die Wache durch die Viscardigasse, weshalb diese den Spitznamen »Drückebergergasserl« bekam.

Ein bisschen Isar-Florenz

Drehen die Tambosi-Gäste ihren Kopf nach rechts, fällt ihr Blick auf eines der auffälligsten Münchner Gotteshäuser: die barocke Front der Theatinerkirche, flankiert von zwei kühn gen Himmel strebenden Türmen. Gestiftet wurde St. Kajetan, wie die Stiftskirche offiziell heißt, von der Kurfürstin Henriette Adelaide von Savoyen – zum Dank dafür, dass sie endlich den ersehnten Thronfolger gebar: 1662 war es soweit, und weil sich die Kurfürstin nach hei-

matlichen Formen und Farben sehnte, engagierte sie italienische Baumeister. Zuerst kam ein Barelli, dann ein Spinelli, danach der vielerorts in München tätige Enrico Zuccalli und zuletzt Giovanni Viscardi, der vom Drückebergergasserl. Als das Gotteshaus Ende des 17. Jh.s fertig war , war die

Kurfürstin längst verstorben. In der Fürstengruft ruhen Wittelsbacher Könige samt Gattinnen und Kindern.

Winterstimmung vor der nach Florentiner Vorbild errichteten Feldherrnhalle.

Ein Park für jeden Geschmack

Ein Erbe des barocken 17. Jh.s ist auch der zur Residenz gehörende, streng geometrisch angelegte Hofgarten. Eingerahmt von der Nordfront der Residenz und eleganten Arkaden bildet er eine harmonische Ruheoase in der Innenstadt. Verändert wurde der Hofgarten häufiger – mit neuen Arkaden, neuen Wandfresken, neuen An- und Umbauten. Bereits im 19. Jh. öffnete sich der höfische Park zur Stadt: Leo von Klenze errichtete das an einen Triumphbogen erinnernde Tor zum Odeonsplatz. Anfang des 19. Jh.s wurden auch die Kastanienbäume gepflanzt.

Wo Kastanien sind, ist in München der Biergarten nicht weit – hier gehört er zum Café Tambosi und ist dementsprechend italisiert. Gelegentlich hört man von dort auch französische Rufe und Satzfetzen – sie stammen von den Boule-Spielern gleich nebenan, die seit Jahrzehnten im Hofgarten ihrem frankophilen Hobby frönen. Und wenn Ihnen die Stimmung im Park mal spanisch (oder besser: lateinamerikanisch) vorkommt, liegt das an den Tänzern im Diana-Pavillon – mal ist Tango angesagt, mal Salsa. Jeder kann mitmachen, wenn er sich traut.

KLEINE PAUSE

In der Brasserie **OskarMaria** am Salvatorplatz 1 im Literaturhaus gibt's Kaffee, Kuchen, Snacks und Zitate des bayerischen Original(genie)s Oskar Maria Graf.

✝ 206 B2 ✉ Theatinerstr. 22 ☎ 089 210 69 60 ⊕ www.theatinerkirche.de 🌑 Kirche   tgl. 7–20; Fürstengruft Mai–Okt. Mo–Sa 11.30–15 Uhr 🚇 Odeonsplatz

⑲ Nationalmuseum

Als in Nürnberg im Jahr 1852 das Germanische Museum gegründet wurde, reagierte König Maximilian II. auf diese Herausforderung der Franken mit dem Bau eines »vaterländischen« Museums in München. Heute beherbergt es eine der bedeutendsten kunst- und kulturgeschichtlichen Sammlungen Europas.

Ursprünglicher Sitz des Bayerischen Nationalmuseums war das heutige Museum Fünf Kontinente (S. 83), aber dort wurde der Platz schon bald zu eng, und so zog die Sammlung im Jahr 1900 in die neuen Räume an der Prinzregentenstraße. Gabriel von Seidl plante das Museum in Einklang mit den Exponaten: Wo Gotik ausgestellt werden sollte, wurde in gotischen Linien gebaut, Romanisches und Barockes erhielt einen ebensolchen Rahmen. Von außen wirkt das Museum deshalb recht uneinheitlich. Begeben Sie sich auf eine Entdeckungsreise und erforschen Sie Gemälde, Sakralkunst, Kunsthandwerk, Rüstungen, Waffen und Bauernstuben.

Vor dem Nationalmuseum steht ein Reiterstandbild des Prinzregenten Luitpold.

Preziosen aus Elfenbein und andere Kostbarkeiten
Zu den Glanzstücken der Sakralkunst gehören filigrane Elfenbeinreliefarbeiten wie die Reider'sche Tafel Christi Himmelfahrt (19×12 cm, 5. Jh.) und die Kreuzigung Christi

von 870 (22×10 cm) sowie gotische Skulpturen z. B. von Tilman Riemenschneider. Kostüme, Möbel, kostbare Uhren, Pokale und Wandschmuck führen das höfische Leben des Barock und Rokoko vor. Aber auch Gegenstände aus Klassizismus, Historismus und Jugendstil sowie der bürgerlichen Welt sind zu sehen. Im Untergeschoss widmet sich die Volkskundeabteilung dem profanen Leben der einfachen Leut' in früheren Zeiten mit Bauernstuben und Gegenständen des täglichen Gebrauchs.

Versäumen Sie nicht das aus Lindenholz gefertigte Modell der Stadt in der Münchner Kunstkammer des Museums, das der Straubinger Drechslermeister Jakob Sandtner für Herzog Albrecht V. um das Jahr 1570 schuf. Und wundern Sie sich nicht: Die Neubauten des 17. Jh.s der Residenz wurden nachträglich eingefügt.

Ihr Kinderlein kommet

Einer der Höhepunkte des Museums ist die von November bis Januar geöffnete Krippenausstellung. Zu verdanken ist diese schöne Sammlung dem Münchner Kommerzienrat Max Schmederer, der sie gegen Ende des 19. Jh.s aufbaute. Stimmungsvoll arrangiert, scheinen die Szenen der Verkündigung an die Hirten, der Anbetung der Könige, der Herbergssuche oder der Flucht nach Ägypten von Leben erfüllt. Besonders schön ist ein neapolitanischer Markt von mehreren Metern Länge mit 38 cm hohen Figuren: Zu sehen sind Metzger und Bäcker, Marktfrauen und Passanten, die winzigen Körbe fein geflochten, das Mauerwerk weinumrankt. Solche Straßenszenerien, die auf den »historisch korrekten« Rahmen des Morgenlandes verzichten, sind typisch für die Krippenkunst Neapels bis zum Ende des 18. Jh.s.

Ob Ritterrüstungen oder alte Krippenfiguren: Im Museum gibt es viel zu entdecken.

KLEINE PAUSE
Gleich um die Ecke gibt's im Kiosk »Fräulein Grüneis« am Eisbach Kaffee, Kuchen und vegetarische Snacks.

✝ 207 D2 ✉ Prinzregentenstr. 3 ☎ 089 211 24 01 ⊕ www.bayerisches-nationalmuseum.de ❶ Di–So 10–17,

Do bis 20 Uhr ⊠ Lehel 🚌 100 Nationalmuseum/Haus der Kunst; Tram 16 🎫 7 €, bis 18 J. Eintritt frei

Nach Lust und Laune!

20 Alter Hof

Ein überwölbter Durchgang, ein kopfsteingepflasterter Hof, ein hoher, mit Rauten geschmückter Turm: Die ehemalige Residenz bezaubert mit mittelalterlichem Flair. Im späten 12. Jh. entstand die erste Festungsanlage an der Stadtmauer, 1328 zog Ludwig IV. der Bayer als Deutscher Kaiser ein. Ende des 14. Jh.s kam dann das Aus; die neu erbaute Residenz (S. 70 f.) war repräsentativer. Der Alte Hof ist nur von außen zu besichtigen, im Inneren sind heute staatliche und kulturelle Institutionen untergebracht, ein Teil wird von Geschäften und als Wohnungen genutzt.

✝ 206 B1 ✉ Burgstr. 8 ☒ Marienplatz

21 Max-Joseph-Platz

Das Bayerische Nationaltheater (S. 89) am Max-Joseph-Platz, der nach der darin residierenden Staatsoper auch Opernplatz heißt, stiftete König Max I. Joseph 1818, doch schon fünf Jahre später wurde es ein Raub der Flammen. Leo von Klenze rekonstruierte das Theater bis 1825. In dem klassizistischen Bau gibt es prunkvolle Säle und einen herrlichen Zuschauerraum samt Königsloge. Fünf Uraufführungen von Wagner-Opern finanzierte Ludwig II. in diesem Theater. Den Vorplatz ziert ein Denkmal von Max I. Joseph. Die Straße von der Residenz nach Osten ließ Maximilian II. ab dem Jahr 1852 von Friedrich Bürklein planen. Von prächtigen Fassaden flankiert, führt sie zum Maximilianeum (S. 132) am anderen Isarufer. Heute ist die Maximilian-

Die bayerische Staatsoper am Max-Joseph-Platz mit dem Denkmal des Königs Max I. Joseph.

straße die teuerste und exklusivste Einkaufsmeile Münchens; an ihr liegen das Luxushotel Vier Jahreszeiten und die renommierten Kammerspiele sowie die schicken Maximilianshöfe.

✛ 206 B1 ☖ Odeonsplatz
⊕ www.bayerische-staatsoper.de;
Tram 19 Nationaltheater

22 Museum Fünf Kontinente

Ursprünglich als Bau für die Sammlung des Bayerischen Nationalmuseums (S. 80) errichtet, beherbergt das maurisch inspirierte Gebäude

Architektur, Kunst, Kommerz in den Fünf Höfen.

heute einen Fundus mit mehr als 150 000 Exponaten, die in den ständigen sechs Ausstellungen über Afrika, Indien, Ostasien, Nord- und Südamerika, Ozeanien sowie den islamischen Orient immer wieder neu präsentiert werden. Sonderschauen nehmen sich der Gegenwart an und beleuchten Themen wie die zeitgenössische Kunst Afrikas oder den Boxsport auf Kuba. Ein »Bazar« mit exotischem Schmuck und Kleidung sowie ein kleines Café ergänzen das Museumsprogramm.

✛ 210 C5 ✉ Maximilianstr. 42 ☎ 089 10 13
61 00 ⊕ www.museum-fuenf-kontinente.de
🕐 Di–So 9.30–17.30 Uhr ☖ Lehel; Tram 19
Maxmonument ✦ 5 €, So 1 € (Sonderausstellungen kosten extra)

23 Fünf Höfe & Hypo Kunsthalle

Nicht viele Einkaufspassagen finden den Weg in einen Reiseführer – diese schon. Denn die Verbindung von Architektur, Kunst und Kommerz ist dem Planungsbüro Herzog und de Meuron besonders gut gelungen. Über den lichtdurchfluteten Glasflächen und intimen Innenhöfen schweben die »Hängenden Gärten« der deutschen Künstlerin Tita Giese und die »Sphere« benannte Stahlkugel des Isländers Ólafur Elíasson; Cafés wie das der Kunsthalle oder des Emporio Armani-Shops laden zum Verweilen ein. In Geschäften mit eleganten Schreibwaren bis hin zu Couture aus Paris macht schon der Schaufensterbummel Spaß, und die Hypo Kunsthalle überrascht immer wieder mit hochkarätigen Themenausstellungen.

✛ 210 A5 **Fünf Höfe** ✉ Theatinerstr. 15
⊕ www.fuenfhoefe.de 🕐 Mo-Fr 10-19,
Sa 10-18 Uhr, ☖ Marienplatz, Odeonsplatz
Hypo Kunsthalle ✉ Theatinerstr. 8 ☎ Tel.
089 22 44 12 ⊕ www.kunsthalle-muc.de
🕐 tgl. 10-20 Uhr, Eintritt je nach Ausstellung ☖ Marienplatz, Odeonsplatz

Mit Lorgnon und Perücke

Zugegeben, das ist selten, und Karten dafür
zu bekommen gleicht einer Lotterie. Aber wenn
Sie zufälligerweise in München sind, wenn im
Cuvilliéstheater ein Konzert oder eine Barock-
oper aufgeführt wird, und wenn Sie voraus-
schauend planen und tatsächlich Karten ergattern, dann werden Sie sich auf den roten
Plüschstühlen oder (was für ein Glück!) in einer
der Logen fühlen wie Theaterbesucher
des 18. Jh.s. Einfach kitschig schön!

Karten und Programm bei Ticketportalen wie
www.muenchenticket.de

24 Cuvilliéstheater

Deutschlands schönstes Rokokotheater schuf François Cuvilliés 1751
zusammen mit den besten Hof-
künstlern seiner Zeit. 1781 wurde
Mozarts Idomeneo darin urauf-
geführt. Im letzten Weltkriegsjahr
1944 fiel das Theater dem Bomben-
hagel zum Opfer und wurde bis
zum Jahr 1963 originalgetreu rekonstruiert. Von dem ursprünglichen
Bau stammen heute nur noch die
Holzverzierungen der Logen.

✢ 206 B1 ✉ Residenzstr. 1 ☎ 089 29 06 71
⊕ www.residenz-muenchen.de ⊘ April bis
Juli und Mitte Sep.–Mitte Okt. Mo–Sa 14–18,
So 9–18, Aug.–Mitte Sep. tgl. 9–18, Mitte Okt.
bis März Mo–Sa 14–17, So 10–17 Uhr
Ⓢ Odeonsplatz ✦ 3,50 €

25 Haus der Kunst

Zur Einweihung des von dem Archi-
tektenpaar Troost errichteten Baus
am 18. Juli 1937 kam die ganze Füh-
rungsriege der NSDAP. Die darin
abgehaltenen Ausstellungen wid-
meten sich bis Kriegsende dem, was
die Machthaber unter »Deutscher
Kunst« verstanden: pompös die
Skulpturen, kantig die Gesichter
auf den Gemälden, blond die Haare,
blau die Augen. Heute zeigt das
Museum ohne eigene Sammlung
im Wechsel Ausstellungen der Klassischen Moderne sowie zeitgenössische Kunst. Damit soll nach Eigen-
aussage ein kritischer Kontext geschaffen werden, »um die historische Dimension des Zeitgenössi-
schen zu untersuchen, zu definieren
und zu vermitteln«.

✢ 206 C2 ✉ Prinzregentenstr. 1 ☎ 089 21
12 70 ⊕ www.hausderkunst.de ⊘ 10–20, Do
bis 22 Uhr Ⓢ Lehel Ⓑ 100 Nationalmuseum/
Haus der Kunst; Tram 16 ✦ 14 €

Musentempel: Das Haus der Kunst liegt zwischen Prinzregentenstraße und Englischem Garten.

Wohin zum …
Essen und Trinken?

Preise für ein Essen (z.B. ein Tages-/
Hausmenü, im Regelfall inkl. Getränk):

€	unter 20 €
€€	20–50 €
€€€	über 50 €

RESTAURANTS

Austernkeller €€€
Das Traditionsrestaurant ist *die* Münchner
Adresse für Liebhaber von Fisch und Mee-
resfrüchten. Die etwas plüschige Einrichtung
vergisst man schnell, wenn die Bouillabaisse
oder Irischer Angellachs auf der Zunge zer-
gehen. Aufmerksamer, flinker Service.
✛ 210 C5 ✉ Stollbergstr. 11 ☎ 089 29 87 87
⊕ www.austernkeller.de ◑ Do–Di 17–1 Uhr;
Tram 19 Kammerspiele

Conviva im Blauen Haus €€–€€€
Das Blaue Haus ist die Probebühne der
Münchner Kammerspiele. Darin lockt das
Conviva mit einem integrativen Gastrono-
mieprojekt der beschützenden coopera-
tiven Arbeitsstätten: Hier sitzt man kom-
munikationsfreundlich an langen Holztischen,
das Personal rekrutiert sich zu mehr als
50 Prozent aus Münchnern mit Handicap.
Die ausgezeichneten Gerichte sind mit fri-
schesten Zutaten bereitet. Das Conviva be-
wirtschaftet auch die Theaterkantine.
✛ 210 B4 ✉ Hildegardstr. 1 ☎ 089 23 33 69 77
⊕ www.conviva-muenchen.de ◑ Mo–Sa 11
bis 1, So 17–1 Uhr 🚇 Marienplatz; Tram 19
Kammerspiele

Dallmayr €€€
Dallmayr ist eine der ersten Adressen für
feine Lebensmittel aus aller Welt. Die Küche
des mit zwei Michelin-Sternen ausgezeichneten Restaurants wird hoch gelobt. Küchenchef Diethard Urbansky legt großen Wert
auf geradlinige, feine Speisen und verzichtet
auf modischen Schnickschnack.
✛ 210 B5 ✉ Dienerstr. 14/15 ☎ 089 213 51 00;
www.dallmayr.com ◑ Di–Sa 19–23, Sa auch
12–13.30 Uhr 🚇 Marienplatz

Hofer – der Stadtwirt €€
Hier speist man im ältesten erhaltenen Bür-
gerhaus Münchens – schon allein dessen
aufs 13. Jh. zurückgehendes Gewölbe ist den
Besuch wert. Zum kulinarischen Wohlbefin-
den tragen Weißwürste, Leberkäs' oder Ge-
röstete Knödel genauso bei wie Caprese und
Vitello tonnato – in den Sommermonaten
auch im Innenhof.
✛ 210 B4 ✉ Burgstr. 5 ☎ 089 24 21 04 44
⊕ www.hofer-der-stadtwirt.de ◑ Mo–Sa
10–24 Uhr 🚇 Marienplatz

Le Stollberg €€€
Das kleine, feine Restaurant ist noch ein Geheimtipp! In der Küche zaubert eine Meiste-
rin ihres Fachs französische Klassiker mit
modernem Touch. Ein tolles Dinner für den
besonderen Abend oder aber ein herausra-
gender Lunch – beides ist hier möglich.
✛ 210 C4 ✉ Stollbergstr. 2, Tel. 089 24 24 34 50
⊕ www.lestollberg.de ◑ Mo–Fr 11.30–14.30,
18–1, Sa. 12–1 Uhr 🚇 Isartor

Les Deux €€€
Bistro und Bar-Café unten, elegantes Sterne-
küche-Restaurant oben – die Qualität hat im
Les Deux schon ihren Preis, aber dafür wird
man auch mit einem wahren Feuerwerk an
Geschmacksnuancen verwöhnt.
✛ 210 A5 ✉ Schäfflerhof (Maffeistr. 3a)
☎ 089 710 40 73 73 ⊕ www.lesdeux-muc.de
◑ 9–1 Uhr (Restaurantküche 12–14, 18.30 bis
22 Uhr) 🚇 Marienplatz

Max Trenta €€€
Gut versteckt kuschelt sich das winzige italienische Lokal in den Hinterhof der Kammerspiele – im Sommer ein Idyll! Die Küche ig-
noriert die üblichen Standardgerichte des
Italieners um die Ecke und setzt täglich
wechselnde Kreationen wie zum Beispiel
Artischocken in Minzesud und Gemüsepo-
lenta auf die Schiefertafel. Einziger Nachteil:
Wer drinnen speist, bekommt es intensiv
mit den Aromen aus der Küche zu tun – das
mag vielleicht nicht jeder.
✛ 210 C5 ✉ Maximilianstr. 30, Rückgbd.
☎ Tel. 24 20 47 79 ⊕ www.maxtrenta.com
◑ Mo–Fr 12–22, Sa 12–18 Uhr, Tram 19
Kammerspiele

Pfälzer Residenz Weinstube €€

Seit 1950 unterhält der »Landesverband der Pfälzer in Bayern« die Weinstube in den Räumlichkeiten der Residenz – mit dem besten, was die Pfalz aufzubieten hat: Von der deftigen Brotzeit über Flammkuchen bis zum Tellerfleisch mit Meerrettich. In den Gewölben lagern 60 000 Flaschen Wein!
✝ 206 B1 ✉ Residenzstr. 1 ☎ 089 22 56 28 ⊕ www.pfaelzer weinstube.de ❶ 10.30–0.30 Uhr ⊠ Odeonsplatz

Pfistermühle €€

Die Räume sind geschichtsträchtig: Im 16. Jh. residierte hier die Hofpfisterei, die königliche Backstube. Behutsam wurden sie renoviert, und ähnlich präsentiert sich die Küche: Bayerische Tradition mit modernem Touch. Auch Vegetarier finden ein kreatives Angebot.
✝ 210 B5 ✉ Pfisterstr. 4 ☎ 089 23 70 38 65 ⊕ www.pfistermuehle.de ❶ Mo–Sa 12-24 Uhr ⊠ Marienplatz; Tram 19 Nationaltheater

Schuhbeck's in den Südtiroler Stuben €€

Die Einrichtung mit Holztäfelungen unter Stuckdecken ist elegant und bequem. Zu Recht gerühmt wird der Münchner Sternekoch für seine Kombination von bayerisch-mediterraner Tradition mit innovativen Gewürzkreationen.
✝ 210 B5 ✉ Platzl 6/8 ☎ 089 216 69 00 ⊕ www.schuhbeck.de ❶ Mo–Sa 12-14.30, ab 18 Uhr ⊠ Marienplatz

Spatenhaus €€

In den holzgetäfelten Räumlichkeiten sitzen die Gäste im Erdgeschoss in lauschigen Ecken oder an großen Tischen, im ersten Stock etwas eleganter. Bayerisch-rustikal ist die Küche mit großen Portionen, die in Windeseile serviert werden.
✝ 210 B5 ✉ Residenzstr. 12 ☎ 089 290 70 60 ⊕ www.kuffer.de ❶ 9.30–0.30 Uhr; Tram 19 Nationaltheater

Spezlwirtschaft €

Todschick wird man nicht notwendigerweise durch teures Styling. Das Erfolgsrezept hier: nicht ganz Sperrmüll, nicht ganz Antiquität, schneller, aufmerksamer Service, die »richti-

gen« Gäste und eine Karte mit bayerischer Sau als Pulled Pork, Tartar von der Wildfanggarnele, Spinatknödel und Kaasspatzn.
✝ 210 B4 ✉ Ledererstr. 3 ☎ 089 23 23 29 73 ⊕ http://spezlwirtschaft.me ❶ tgl. ab 18 Uhr ⊠ Marienplatz; Tram 19 Nationaltheater

CAFÉS

Bar Centrale

Gemütlich-holzgetäfeltes Ambiente mit bequemen Sesseln. In der angesagten Bar genießt junge Menschen und Geschäftsleute das Sehen und Gesehenwerden, bevor sie in die Clubs weiterziehen
✝ 210 B4 ✉ Ledererstr. 23 ☎ 089 22 37 62 ⊕ www.bar-centrale.com ❶ 7.30–1, So ab 9 Uhr ⊠ Marienplatz

Kreutzkamm

Das hell eingerichtete Café ist ideal für das Kaffeekränzchen älterer Damen, die an ihrem angestammten Tisch Platz nehmen und den besten Baumkuchen Münchens bestellen.
✝ 210 A5 ✉ Maffeistr. 4 ☎ 089 29 32 77 ⊕ http://shop.kreutzkamm.de ❶ Mo–Fr 8-19, Sa 9-19, So 12-18 Uhr (im Sommer So geschl.); Tram 19 Theatinerstraße

Schumann's Tagesbar

Charles Schumann ist ein stadtbekanntes Original, sein Tageslokal in den Fünf Höfen aber nicht nur deshalb, sondern wegen der wirklich guten Snacks, des hervorragenden Cappuccino und der angenehmen Atmosphäre zu empfehlen.
✝ 210 A5 ✉ Maffeistr. 6 ☎ 089 24 21 77 00 ⊕ www.schumanns.de ❶ Mo–Fr 8-21, Sa 9-19 Uhr ⊠ Marienplatz

Wohin zum ... Einkaufen?

Abgesehen von der direkten Umgebung des Hofbräuhauses ist dieser nördliche Teil der Innenstadt der feinere und teurere Shoppingbereich in München. Internationale Designer und große (Marken-)Namen finden sich hier Tür an Tür.

RUND UMS HOFBRÄUHAUS

Im **Obacht** (Ledererstr. 17) gibt es Bayerisches zu 100 Prozent »heimatgemacht«, vom Pantoffel bis zum Untersetzer aus Filz, von der »Ois Easy«-Einkaufstasche bis zum weiß-blau-karierten Stoffdackel. Wer Handschuhe braucht, ist bei **Roeckl** (Maffeistr. 1) richtig. »Ois, wos schnoad« (alles, was schneidet) – also Scheren, Messer und eine große Auswahl bayerischer Hirschermesser (mit einem Griff aus Hirschhorn) findet man im winzigen Laden von Elfriede Mertl: **Terzi Stahlwaren** (Orlandostr. 6). Fans jeglicher Couleur bietet der **Fan-Shop** (Orlandostr. 4) Trikots und Devotionalien ihrer favorisierten Fußballmannschaft. Wer ausschließlich Fanartikel »seines« Münchner Vereins sucht, betritt den Fanshop TSV 1860 gegenüber oder den FC-Bayern-Shop nebenan. **Schuhbecks Gewürzladen** (Platzl 4a) offeriert fein verpackt Pulver und Körner aus aller Welt.

AN DER MAXIMILIANSTRASSE

Entlang Münchens Flanier- und Shoppingmeile für den gut gefüllten Geldbeutel zeigen **D&G**, **Jill Sander** und **Ralph Lauren** in perfekt gestylten Schaufenstern den jeweils nächsten Trend. In der **Montblanc Boutique** (Maximilianstr. 14) erhält man alles, was die tägliche Arbeit angenehm und den Erfolg vorzeigbar macht: Füllfederhalter und weiteren Luxus aus Hamburg. **Elly Seidl** (Am Kosttor 2) ist Spezialistin für Pralinés, und das schon seit 1918! Für ausgefallene, aber auch ganz traditionelle Delikatessen steht **Dallmayr** (Dienerstr. 14/15). Die **Caravanserai** (Maximilianstr. 42) versteckt sich in den Hallen des Museums Fünf Kontinente und verkauft Orientalika, sprich Schmuck und Textilien.

ZWISCHEN MAFFEISTRASSE UND RESIDENZ

Angefangen hat **Lodenfrey** (Maffeistr. 7) mit Trachten, inzwischen ist das Geschäft Münchens führendes Haus für Designermode und die Trachtenabteilung nach wie vor eine der besten in der Stadt.

Münchens ganzer Shoppingstolz gilt den **Fünf Höfen**, in denen Modeläden wie Oska, Strenesse und Emporio Armani, der Schuhpapst Camper und die Wellness-Lounge von Beauty Spy residieren. Was die wenigsten wissen: Gut versteckt im Tiefgeschoss residiert ein **Supermarkt**, in dem es den ganzen Alltagskram zu kaufen gibt, der in die gestylte Welt »oben« nicht so recht passt. Und im **Hautnah** – Becks Parfumladen in den Fünf Höfen – verwirren Düfte, Cremetiegel und Flacons die Sinne der Kunden.

Sportliche Mode hat das Label von Willy und Sonia Bogner berühmt gemacht. Im **Bogner-Haus** (Residenzstr. 14/15) zeigt Willy Bogner die Vielseitigkeit seiner Entwürfe. Schon seit 1596 ist die Familie Meier im Schuhmachermetier, und im herrlich nostalgischen Laden von **Eduard Meier** (Brienner Str. 10) wird die gute Tradition weiter gepflegt. Auch **Kandis** (Residenzstr. 23) ist ein Münchner »Kindl«; doch das sieht man der schlicht-eleganten Mode mit leicht afrikanischem Einschlag nicht an. Naturmaterialien wie Leinen, Baumwolle und Seide werden hier zu zeitlosen Modellen für Damen und Herren verarbeitet. Im **Amai** (Neuturmstr. 2) kauft man die exotischsten Pralinen Münchens – alles frisch und deshalb nicht immer alles vorrätig, dafür gibt es aber auch immer wieder ganz unerwartete Geschmackssensationen.

Wohin zum ... Ausgehen?

BARS MIT ESSEN

Schumann's (Odeonsplatz 6–7, Tel. 089 22 90 60, www.schumanns.de, Mo-Fr 8–3, Sa/So ab 18 Uhr): Im Domizil des Grand Homme der Barszene am Odeonsplatz kann man schmackhafte Snacks und exzellente Cocktails genießen. In der **Kulisse** (Maximilianstr. 26, Tel. 089 29 47 28, www.kulisse-restaurant.de, Mo-Sa 8.30–1 Uhr, So ab 17 Uhr) treffen sich seit 50 Jahren die Schauspieler der umliegenden Theater nach getaner Arbeit und manchmal vor den Proben zum Frühstück, sonst: Shoppingpublikum für

Kaffee, Cocktail oder eine Pasta. Die **Bar Lehel** (Karl-Scharnagl-Ring 68, Tel. 089 21 11 17 60, www.lehel-bar.de, Mo–Sa 11–3 Uhr) ist tagsüber Lunch-Location, nachmittags ein Café, am früheren Abend wird ambitionierte Küche gereicht, und danach beginnt die Zeit des Clubbens. Ab und an gibt es hier auch Livemusik.

BARS

In der traditionellen American Bar **Pusser's** (Falkenturmstr. 9, Tel. 089 22 05 00, www.pussersbar.de, Mo–Sa 18–3, So 19–3 Uhr) sind die Cocktails gut geschüttelt, das Publikum ist entspannt. Eine Treppe in die Tiefe, rotes Licht, schummrige Atmo – **The Madam Bar** (Ledererstr. 21, Tel. 089 29 59 38, www.facebook.com/Madambar, Di–Sa 21–3 Uhr) war einst ein Striplokal; heute gibt's hier geniale Cocktails (ohne nackte Haut). Die älteste lateinamerikanische Bar Münchens, die **Cohibar** (Herzog-Rudolf-Str. 2, Tel. 089 22 88 02 89, www.cohibar-city.com, Mi/Do 20–2, Fr/Sa 20–4 Uhr), versteckt sich in einer kleinen Nebenstraße der Maximilianstraße. DJs sorgen regelmäßig mit Latinhouse, Salsa und Merengue für überbordende Stimmung, die nicht zuletzt auch von den ausgezeichneten »Cóceteles« beflügelt wird, die bis 21 Uhr zum Sonderpreis über die Theke wandern. **Falk's Bar** im Hotel **Bayerischer Hof** (Promenadeplatz 2–6, Tel. 089 212 09 56, www.bayerischerhof.de, 11–2 Uhr) begeistert mit üppigem Stuckdekor und relaxter Atmosphäre im 1839 eröffneten Spiegelsaal.

DISKOTHEKEN

Ganz gleich, wie viele Pachas neu eröffnen, das **P1** (Prinzregentenstr. 1, Tel. 089 21 11 1 40, http://p1-club.de, ab 22 Uhr) hält seine Spitzenstellung seit Jahrzehnten. Das mag am Geschick des Wirtes aus der Münchner Feinkost-Käfer-Dynastie liegen oder einfach daran, dass es hier wirklich ganz lässig zugeht – wenn man es denn schafft, am Türsteher vorbeizukommen. Trotz (oder wegen des) »Ibiza-Bonus« und internationaler DJs ist das **Pacha** (Maximilianspl. 5, Tel. 089 309 05

08 50, https://pacha-muenchen.de, Do ab 19, Fr, Sa ab 23 Uhr) der ewige Zweite im Disko-Ranking der Stadt. Die **Rote Sonne** (Maximiliansplatz 5, Tel. 089 55 26 33 30, http://rote-sonne.com, Do–Sa ab 22/23 Uhr) ist Münchens Techno-, House- und Elektrotempel – die besten internationalen DJs sind stolz, hier aufzulegen.

LIVEMUSIK

Der **Night Club** des Hotels **Bayerischer Hof** (Promenadeplatz 2–6, Tel. 089 212 00, www.bayerischerhof.de, 22–3 Uhr) überzeugt mit einem exzellenten Programm aus Jazz, Latin und Soul.

THEATER

Die Opern- und Ballettvorstellungen im **Bayerischen Nationaltheater** (Max-Joseph-Platz 2) sind meist schon lange vorher ausverkauft. Fragen Sie an der Theaterkasse (Marstallplatz 5, Tel. 089 21 85 19 20) nach oder versuchen Sie es online (www.staatsoper.de; hier gibt es auch eine Kartenbörse und Hinweise zu Führungen). Nebenan im **Residenztheater** (Max-Joseph-Platz 1) wird das exzellente Ensemble häufig gefeiert (Kartenvorverkauf beginnt jeweils einen Monat vor der Vorstellung, Vorverkaufskasse am Marstallplatz 5, Tel. 089 21 85 19 40 oder unter www.residenztheater.de). Auf dem Programm: Klassiker des Sprechtheaters, aber auch junge Autoren. Zwischen Tradition und Avantgarde zeigen die ebenfalls exzellenten Ensembles der **Münchner Kammerspiele** (Maximilianstr. 26, www.muenchner-kammerspiele.de) ihr Können (Tickets 14 Tage vorher, Maximilianstr. 28, Tel. 089 23 39 66 00). Leichtere Kost – Boulevard und Komödie – gibt's in der **Kleinen Komödie im Bayerischen Hof** (Promenadeplatz 6, Tel. 089 29 16 16 33, www.komoedie-muenchen.de).

KINO

Theatiner Filmkunst (Theatinerstr. 32, Tel. 089 22 31 83; www.theatiner-film.de): Cineastische Kostbarkeiten (OmU) im originalen 1950er-Jahre Ambiente.

Blick aus dem Museum Brandhorst auf das
Münchner Kunstareal in der Maxvorstadt.

Maxvorstadt & Schwabing

So viele Kunstmuseen in einem Quartier! Dazu das Flair der Schwabinger Boheme und der beliebteste Biergarten Münchens.

Seite 90–117

Erste Orientierung

Rund um die Universität, wo einst die Pflastersteine flogen, führen Studenten und Kunstbetrieb heute ein entspanntes Tête-à-tête. Das legendäre Alt-Schwabing ist eine der trendigsten Shoppingecken Münchens, und gleich nebenan lockt die grüne Oase des Englischen Gartens zu Sport und Erholung.

Kunst und Kultur konzentrieren sich im Münchner Kunstareal in drei Pinakotheken, dazu in Sammlungen moderner Kunst, expressionistischer Werke und griechischer Heroen. Da trifft es sich gut, dass das Studentenviertel rundherum voller Cafés und Kneipen ist, in denen die Studenten der hehren Kunst und Architektur ein buntes, quirliges Leben entgegensetzen. Auch Schwabings Flaniermeile, die Leopoldstraße, ist der ideale Ort des Müßiggangs: Zahllose Menschen sitzen hier in den Straßencafés und sehen dabei zu, wie hinter Sonnenbrillen versteckte Cabrio- und Geländewagenbesitzer die Straße auf und ab brausen, um nach hübschen Mädchen Ausschau zu halten. »Leopoldstraßen-Schick« nennen kritische Geister den hier vorherrschenden Hang zur Angeberei im Outfit und im Auftreten. Alt-Schwabing rund um die Münchner Freiheit ist ein klassisches Ausgehviertel: Hier gibt's die bissigsten Kabarettbühnen, die abgestürztesten Kneipen und die angesagtesten Läden; zumindest, was die Bedürfnisse der Hip-Hop-Szene angeht.

TOP 10
④ ★★ Lenbachhaus
⑥ ★★ Englischer Garten
⑨ ★★ Museum Brandhorst

Nicht verpassen!
㉖ Königsplatz
㉗ Pinakothek der Moderne
㉘ Siegestor

Nach Lust und Laune!
㉙ Alte Pinakothek
㉚ Neue Pinakothek
㉛ Staatliches Museum Ägyptischer Kunst
㉜ Ludwigstraße
㉝ Leopoldstraße
㉞ Alt-Schwabing

Krankenhaus Schwabing

Parzivalstr.

Sophie-Scholl-Gymnasium

Karl-Theodor-Str.

BIEDERSTEIN

Leopoldstr.

Rheinstr.

Belgradstr.

Bonner Platz Ⓤ

Dietlindenstr. Ⓤ

Dietlindenstr.

HIRSCHAU

SCHWABING

Ungererstr.

Schwabinger Bach

Isar

Isarring

Herzogstr.

Hohenzollern-platz Ⓤ

Münchner Freiheit Ⓤ

Feilitzschstr.

34 ⬛ **Alt-Schwabing**

Mandlstr.

Kleinhesseloher See

KLEINHESSELOHE

Hohenzollernstr.

Elisabethstr.

Leopoldstr.

Giselastraße Ⓤ

6 ⭐⭐ **Englischer Garten**

Adelheidstr.

Franz-Joseph-Str.

Kurfürstenstr.

Nordendstr.

33 ⬛ **Leopoldstraße**

Josephsplatz Ⓤ

Alter Nordfriedhof

Georgenstr.

Adalbertstr.

28 ⬛ **Siegestor**

Englischer

Chinesischer Turm

Arcisstr.

Schellingstr.

Türkenstr.

Amalienstr.

Universität Ⓤ

Monopteros

eresienstraße Ⓤ

MAX-VORSTADT

Gabelsbergerstr.

Theresienstr.

Neue Pinakothek

30 ⬛

Museum Brandhorst

Ludwig-Maximilians-Universität

Schwabinger Bach

4 ⬛ ⭐⭐ **Lenbachhaus**

Barer Str.

Alte Pinakothek

29 ⬛

9 ⬛ ⭐⭐ **Pinakothek der Moderne**

27 ⬛

Ludwigstr.

Bayerische Staatsbibliothek

Garten

Esbach

Isar

31 ⬛

Kath.-v.-Bora-Str.

Königsplatz **26** ⬛

Staatliches Museum Ägyptischer Kunst

32 ⬛ **Ludwigstraße**

Königsplatz Ⓤ

Brienner Str.

Karlstr.

Hofgarten

Prinzregentenstr.

Odeonsplatz Ⓤ

Alter Botanischer Garten

400 m
400 yd

Mein Tag
zwischen spannenden Museen und entspanntem Biergarten

Selbst Kunstfanatiker werden das Münchner »Kunstareal« ob seines vielfältigen Angebots als Härtetest empfinden: Da bleibt nur, geschickt auszuwählen und aufzuteilen. Da die Museen dicht an- und nebeneinanderstehen, können Sie diesen Rundgang nach Gusto variieren: Vielleicht besuchen Sie lieber die Alten Meister als Twombly und Beuys?

9 Uhr: Antike trifft auf den Blauen Reiter

Sorry, heute geht es etwas früher los! Auf dem ㉖ Königsplatz begegnen Sie, umgeben von Glyptothek, Antikensammlung und Propyläen, der Antiken-Verliebtheit von König Ludwig I., die Architekt Leo von Klenze zu Beginn des 19. Jh.s genial zu bedienen wusste. Zumindest zu einem Sprung in die Antikensammlung möchten wir Sie verführen – die Glyptothek gegenüber wird leider bis Ende 2020 renoviert! Doch auch antike »Kleinkunst« hat ihren Reiz: Haben Sie jemals so bezaubernde Goldgehänge gesehen? Danach die Propyläen durchschritten und ins ❹ ★★ Lenbachhaus zu den Werken der Künstlergruppe Blauer Reiter in der historischen Villa des Malerfürsten Franz von Lenbach. Nach dem Zwiegespräch mit Gabriele Münter, August Macke und Paul Klee haben

20 Uhr: Zu guter Letzt – Lachmuskel-training

Ende 20 Uhr

Münchner Freiheit

Feilitzschstr.

Lach- und Schießgesellschaft

Klein-hesseloher See

Leopoldstr.

Mandlstr.

14 Uhr: Fröhlich durchs Uni-Viertel

9 Uhr: Antike trifft auf den Blauen Reiter

Englischer 6 ★★ Garten

Chinesischer Turm

Akademiestr.

28

Königstr.

Schack-str.

14 Uhr

Hans im Glück

Theresienstr.

30

Türkenstr.

Arcisstr.

Monopteros

16.30 Uhr

Gabelsbergerstr.

nbachhaus

4 ★★ Café Ella

29

Ludwigstr.

Schwabinger Bach

Eisbach

Glyptothek

27

9 ★★ Museum Brandhorst

NS-Dokumentations-zentrum

26

Antikensammlung

9 Uhr

200 m
200 yd

16.30 Uhr: Auf- und Durchatmen im Englischen Garten

Start

Sie sich eine Pause mit Snack im Museumscafé »Ella« verdient – bis zum Mittagessen dauert es noch etwas.

11.30 Uhr: Ein Idyll mit brauner Vergangenheit

Die Sonne scheint, Studenten und Müßiggänger genießen sie auf den Stufen der pseudoantiken Bauten am Königsplatz, was für ein Idyll! Dass hier ab dem Jahr 1933 Nazis aufmarschierten und fackelschwingend einem österreichischen Gefreiten huldigten, möchten manche gerne vergessen. Damit dies nicht passiert, erinnert das NS-Dokumentationszentrum an München als »Hauptstadt der Bewegung«.

12.30 Uhr

14 Uhr

Oben: Rotunde in der Pinakothek der Moderne.
Rechts: »Coffee to sit« im Uni-Viertel.

12.30 Uhr: Stunde der Entscheidung

Arcis- und Gabelsbergerstraße bringen Sie zur Grünanlage der **29** Alten Pinakothek oder aber schräg gegenüber zum postmodernen Riegel der **27** Pinakothek der Moderne. Beide sind unbedingt sehenswert. Als Entscheidungshilfe: Die Pinakothek der Alten Meister nimmt mehrere Stunden in Anspruch, also vielleicht besser als eigenes Tagesprogramm vornehmen? Die Moderne könnten Sie flott auch in eineinhalb Stunden besichtigen, und die Exponate wie die Architektur sind einfach toll!

14 Uhr: Fröhlich durchs Uni-Viertel

Zumindest von außen sollten Sie einen Blick auf das **9** ★★ Museum  Brandhorst werfen, während Sie die Türkenstraße in Richtung Uni flanieren. Tolle, fröhliche Architektur dank der bunten Verschalung, nicht wahr? Ein paar Straßen weiter wird endlich auch der Hunger gestillt, im Hans im Glück (Türkenstr. 79): ein Münchner Gewächs, auch wenn's nicht so aussieht. Die Burger schmecken lecker zwischen den hübsch arrangierten Birkenstämmen, und es gibt hier sogar vegetarische und vegane Varianten.

15.30 Uhr: Die schöne Münchnerin, ...

... die eine Münchner Boulevardzeitung jeden Sommer wählt, wird bevorzugt in einem flotten Sportwagen vor dem **28** Siegestor fotografiert. Sie haben – noch – keinen Porsche?

16.30 Uhr

Schlendern ist Luxus – und hier beim Monopteros im Englischen Garten auch eine wahre Lust.

Vielleicht stellt Ihnen einer der hier auf- und abbrausenden Stenze (so nennt der Münchner die Möchtegern-Playboys aus der Vorstadt) seinen Flitzer zur Verfügung, und natürlich die passende Sonnenbrille.

16.30 Uhr: Auf- und Durchatmen im Englischen Garten

Durch Schack- und Königinstraße spazieren Sie zum ❻ ★★ Englischen Garten. Aufatmen in Münchens grüner Lunge – einer der größten Parkanlagen der Welt! Machen Sie Pause am Monopteros, wo fast immer noch ein paar Unverwüstliche kiffen und auf ihren Bongos trommeln, oder leihen Sie sich ein Boot, um es den Enten und Schwänen auf dem Kleinhesseloher See gleich zu tun. Vielleicht möchten Sie sich ja auch mal wie eine Prinzessin fühlen? Dann mieten Sie sich doch (mit oder ohne Prinz) eine Kutsche für eine Rundfahrt durch den Landschaftspark (www.kutschen-muenchen.de). So gegen 17.30 Uhr ist Biergartenzeit, natürlich am Chinesischen Turm mit Blasmusik, bayerischen Schmankerln und Biertrinkern aus aller Welt.

20 Uhr: Zu guter Letzt – Lachmuskeltraining

Haben Sie schon mal vorsorglich ins Programm der Lach- und Schießgesellschaft (Ursulastr. 9) gesehen und Karten bestellt? Die berühmte alte Garde des politischen Kabaretts um Sammy Drechsel und Dieter Hildebrandt hat den Stab weitergegeben, und die neuen Jungen sind saugut!

❹ ★★Lenbachhaus

Warum?	Blauer Reiter in Hülle und Fülle
Was?	Bilder von Franz Marc, Gabriele Münter, Paul Klee … und eine »Malerfürsten«-Villa
Wie lange?	Mindestens zwei Stunden
Wann?	Möglichst nicht an den Wochenenden – da ist es oft zu voll!
Was noch?	Hübsches Museumscafé und ein – Tradition und Moderne geschickt miteinander verbindender – Erweiterungsbau

Wo einst der vor allem als Porträtmaler zu hohem Ansehen gelangte Franz von Lenbach residierte, findet man heute die weltweit größte Sammlung mit Werken des »Blauen Reiter«.

In der Villa Franz von Lenbachs im Museumskomplex »Lenbachhaus Kunstbau« findet sich neben den schönsten Werken der Künstlergruppe »Der Blaue Reiter« die größte Ausstellung an Kandinsky-Gemälden in Deutschland.

Franz von Lenbach (1836–1904) machte sich Ende des 19. Jh.s einen Namen mit Porträts berühmter Persönlichkeiten. Mehrmals war er in Rom gewesen, und auf dem Zenit seines Erfolges wollte er nun auch so einen italienischen Palazzo in München haben. Gabriel von Seidl erfüllte ihm im Jahr 1891 den Wunsch. Noch heute springt das Italienische den Museumsbesucher geradezu an – Fontänen plätschern, die Hecken sind gestutzt, marmorne Bänke laden zur Rast. Das repräsentative Palais sah rauschende Künstlerfeste und prominente Besucher. Reichskanzler Bismarck gefiel es so gut, dass er sich auf dem Balkon des Palais von den Münchnern feiern ließ. Seit dem Jahr 1994 ziert der Schriftzug »You Can Imagine The Opposite« des italienischer Konzept- und Lichtkünstlers Maurizio Nannucci als zeitgenössische Neon-Installation die Fassade.

Die Geburt des »Blauen Reiters«

In der Regierungszeit des Prinzregenten Luitpold (1886–1912) war München ein vitaler Hort der Künste und der Literatur. 1909 formierten sich hier lebende Künstler zur »Neuen Künstlervereinigung München« und organisierten Ausstellungen. Als Wassily Kandinskys Gemälde Komposition V für eine Ausstellung 1911 abgelehnt wurde, tat sich Kandinsky mit Franz Marc, Gabriele Münter, Alexej Jawlensky, August Macke, Paul Klee und anderen zusammen, um eine eigene Werkschau zu veranstalten: Der »Blaue Reiter« war geboren. In ihren Ateliers in Schwabing und in Gabriele Münters Haus in Murnau entstanden Meisterwerke des Expressionismus wie Franz Marcs Der Tiger, 1912, Alexej Jawlenskys Reife, 1912 und Kandinskys Impression III (Konzert), 1911.

Im Foyer des generalsanierten und erweiterten Museumsbaus hängt Ólafur Elíassons Installation »Wirbelwerk« von der Decke herab.

Einzug beim Malerfürsten

Die Großzügigkeit zweier Damen führte schließlich die Villa des Malerfürsten und den »Blauen Reiter« zusammen: 20 Jahre nach Lenbachs Tod entschloss sich seine Witwe, das Haus und einen Teil der Werke ihres Mannes an die Stadt München zu verkaufen. Damit war im Jahr 1924 der Grundstein für die Städtische Kunstgalerie gelegt. In den Jahren 2019/2020 erwartet Sie hier eine fantastische Bilderschau, die den etwas unbekannteren »Blauen Reitern«, Marianne von Werefkin und Aleyej Jawlensky, gewidmet ist.

Frischer Wind für alte Mauern

So elegant die historische Villa Franz von Lenbachs wirkte, als Museumsgebäude war sie nicht unbedingt funktional. Deshalb wurde das Lenbachhaus bei einer umfassenden Sanierung um einen kühn-gelungenen Neubau erweitert, den das renommierte Architekturbüro Foster + Partners als golden verkleideten Kubus kongenial neben das dottergelbe Jugendstilensemble stellte. Hier befindet sich nun auch das Museumscafé und -Restaurant Ella.

Das Haus des »Malerfürsten« selbst weckt unübersehbar Erinnerungen an südliche Verhältnisse: Franz von Lenbach wollte partout in einer »italienischen Villa« wohnen.

KLEINE PAUSE

Auf der Terrasse des Café-Restaurants **Ella** (das war Kandinskys Kosename für Gabriele Münter) im Museumskomplex gibt es Kaffee und Kuchen mit Blick auf den Königsplatz.

✝ 205 D2/3 ✉ Luisenstr. 33 ☎ 089 23 33 20 00 ⊕ www.lenbachhaus.de   🕐 Mi–So 10–18, Di bis 20 Uhr 🚇 Königsplatz ✦ 10 €

Begegnung mit Beuys

Was wenige wissen: Das Lenbachhaus besitzt auch eine spannende Sammlung mit Werken von Joseph Beuys. Die erste Erwerbung aus dem Jahr 1980, das Environment »Zeige deine Wunde«, installierte der Meister noch persönlich. Es zeigt zwei Totenbahren, umgeben von verschiedenen, jeweils zweifach vorhandenen Gegenständen, die die Duplizität von Leben und Tod symbolisieren. »In diesem Konzert der Gegenstände spreche nicht ich, sondern die Dinge haben ihre eigene innere Sprache«, war Beuys' Kommentar dazu. Hören Sie's?

www.lenbachhaus.de

❻ ★★Englischer Garten

Warum?	Erholung von der städtischen Hektik
Was?	Park, See und schattige Wege
Wie lange?	Mindestens eine Stunde
Wann?	Am späten Nachmittag
Was noch?	Einkehr im Biergarten am Chinesischen Turm

Ende des 18. Jh.s angelegt und im Jahr 1808 der Öffentlichkeit übergeben, war der Englische Garten einer der ersten Volksparks Europas.

Der englische Physiker Sir Benjamin Thompson (1753–1814), in München besser bekannt als Graf von Rumford, überredete den Kurfürsten Karl Theodor, das Jagdgebiet nördlich der Residenz einem nützlichen Zweck zuzuführen, nämlich eine Veterinärstation des Militärs einzurichten. Friedrich Ludwig von Sckell (1750–1823) schuf daraus eine englische Gartenanlage. Rund 5 km lang ist der Park zwischen dem Haus der Kunst und dem Oberföhringer Stauwehr sowie ca. 1 km breit.

Schwäne, Nackerte und ein Teehaus

Drei Inseln dümpeln in dem künstlich geschaffenen Idyll des Kleinhesseloher Sees. Schwäne und Enten sehen den Münchnern im Sommer beim Bootfahren und im Winter beim Schlittschuhlaufen auf dem zugefrorenen See zu. Gartenvater Sckell erhielt hier auf einer Landzunge ein eher sprödes Denkmal, eine mit Pinienzapfen geschmückte Säule (1824 nach einem Entwurf von Klenze geschaffen). Gleich nebenan herrscht im Biergarten des eleganten Restaurants

Sonne tanken: im Biergarten am Kleinhesseloher See.

Seehaus (S. 115) Hochbetrieb, sobald sich die ersten Sonnenstrahlen zeigen. Wenn Sie den Kleinhesseloher See umrunden und dem westlichen Weg nach Süden folgen, kommen Sie vorbei am Rumfordhaus, einstmals als Offizierskasino gedacht. Unter alten Kastanien und Buchen überqueren Sie auf einem Brücklein den Entenbach

Alt und Jung, Familien und Pärchen, Hun-
debesitzer und Radfahrer, Rollerblader und
»g'standene« Bayern, elegante Damen und
Punks – alle lieben sie diese grüne Oase mit
Monopteros, Teehaus und jeder Menge
»Freifläche« im Herzen der Stadt.

und erreichen jenen Teil des Englischen Garten, der für seine
»Nackerten« berühmt ist: Am Schwabinger Bach dürfen seit
1982 die Sonnenanbeter alle Hüllen fallen lassen. Getan haben sie das auch schon vorher, aber weil's illegal war, stellten
Polizisten ihnen Bußgeldbescheide aus, was immer wieder
für lustige Szenen sorgte. Seitdem es erlaubt ist, macht's weniger Spaß – man sucht die Nackerten heute meist vergebens.

Am südlichen Ende des Englischen Gartens empfängt
das Teehaus im Sommer am Wochenende Gäste zur Teezere-
monie. Errichtet wurde es anlässlich der Olympischen Spiele
in München 1972. Nur wenige Schritte entfernt, erinnert an
der Einmündung der Königinstraße ein Stück der Berliner
Mauer an das geteilte Deutschland bis 1989. Direkt neben

dem Haus der Kunst (S. 85) springen wagemutige Surfer mit ihrem Brett in den Eisbach und tanzen auf der Stauwelle unter dem Applaus der Umstehenden.

Griechische Tempel und chinesische Pagoden

Zurück nach Norden, passieren Sie den auf einem Hügel stehenden Monopteros: ein ionisches Tempelchen (1836) und Treffpunkt der Jugend. Oft wird am Hügel Musik gemacht und gelegentlich auch nicht ganz legalen Genüssen zugesprochen. Der Chinesische Turm, bereits im Jahr 1790 als Holzpagode in den Park gestellt, ist Wahrzeichen für den beliebtesten Biergarten (S. 115) des studentischen Publikums.

Wo der Garten wild wird

Nördlich des Kleinhesseloher Sees führt eine Fußgängerbrücke über den Isarring in den nördlichen Teil des Englischen Gartens: Noch, denn zukünftig soll ein rund 390 m langer Tunnel den Stadtpark wiedervereinen, der hier durch den viel befahrenen Isarring geteilt wird. Der Baubeginn für

Münchner Savoir-vivre im Ausflugslokal Aumeister.

den Tunnel darunter wurde auf das Jahr 2023 terminiert.

Im nördlichen Teil des Parks können Sie durchaus noch Füchsen oder Rehböcken begegnen. In der Hirschau (S. 115) gibt's allerdings kein Rotwild, sondern Bier, bayerische Gerichte sowie ab und an Tanzveranstaltungen: An der Isar entlang oder über die sich vielfach verzweigenden Wege erreichen Sie schließlich das bei den Münchnern recht beliebte Ausflugslokal Aumeister (Sondermeierstraße 1, www.aumeister.de) am nördlichen Ende des Englischen Gartens.

KLEINE PAUSE
Wie wär's zwischendurch mal mit einer gemütlichen Runde **Bootfahren** auf dem idyllischen Kleinhesseloher See?

 ✚ 207 D4 Universität, Giselastraße, Münchner Freiheit

❾ ★★ Museum Brandhorst

Warum?	Eine grandiose Fülle zeitgenössischer Kunst
Was?	Picasso, Flavin, Warhol ...
Wie lange?	Mindestens eine Stunde
Wann?	Nicht am Montag – da ist geschlossen
Was noch?	Ein Leuchtturm der Museumsarchitektur

Das Ehepaar Anette und Udo Brandhorst sammelte mehr als 1000 Werke wegweisender Künstler des 20. und 21. Jh.s. Einzelne Räume ihres Museums wurden speziell für bestimmte Werke konzipiert.

Kernstück der Sammlung ist Picassos fast vollständiges buchillustratorisches Werk. Dazu gesellen sich Arbeiten von Andy Warhol, Sigmar Polke, Dan Flavin, Cy Twombly, Damien Hirst und Issac Julien. Die Stiftung ist finanziell so ausgestattet, dass weitere Neuerwerbungen einen Besuch immer wieder spannend gestalten.

Kunst am Bau: 36 000 (in 23 verschiedenen Farben glasierte) Keramik-kacheln lassen die Museumsfassade wie ein abstraktes Gemälde wirken.

Villa Kunterbunt
Beim Bau des Museums durfte das Büro Sauerbruch Hutton aus dem Vollen schöpfen und schuf eine irisierende Fassade aus Keramik, die je nach Sonneneinstrahlung und Blickwinkel gänzlich unterschiedlich wirkt. Im Inneren erstrecken sich mehr 3000 m² Ausstellungsfläche in großzügig dimensionierten Sälen auf drei Etagen.

KLEINE PAUSE
Gegenüber kann man **Ballabeni** (Theresienstr. 46) einfach nicht widerstehen – hier gibt es mit das beste Eis in der ganzen Stadt.

↑ 205 F3 ✉ Theresienstr. 35a
☎ 089 238 05 22 86
🌐 www.museum-brandhorst.de

◔ Di–So 10–18, Do bis 20 Uhr
🚌 100 Pinakotheken; Tram 27
💳 7 €, So 1 €

㉖ Königsplatz

Warum?	Einer der schönsten Plätze Münchens
Was?	Antike Statuen, sich sonnende Studenten
Wie lange?	Mindestens eine Stunde
Wann?	Am reizvollsten ist es an einem sonnigen Tag
Was noch?	Die dunkle Vergangenheit des Platzes im NS-Dokumentationszentrum
Was nehme ich mit?	Eine interessante Erkenntnis: München ist die nördlichste Stadt Griechenlands

Ein antikes Forum mitten in München? Genau: König Ludwigs I. Schwärmerei für die Antike und Leo von Klenzes architektonisches Genie schufen diesen unverwechselbaren Platz mit den Propyläen, der Glyptothek und den Antikensammlungen, an dem heute in den Sommermonaten auch gern Freiluftkonzerte und Kino-Open-Airs stattfinden.

In die Pläne des Baumeisters Leo von Klenze flossen auch Vorstellungen des Architekten Karl von Fischer ein, der den Königsplatz als Forum der Künste im Gegensatz zum »Forum der Wissenschaften« an der Ludwigstraße betrachtete. Erst fünf Jahrzehnte später waren die Bauarbeiten mit der Fertigstellung der Propyläen abgeschlossen.

In den Jahren 1933 bis 1935 wurde der Platz zur nationalsozialistischen »Akropolis Germaniae« umgestaltet. Die tempelartigen klassizistischen Bauten mutierten zur Theaterkulisse für Aufmärsche der Nationalsozialisten. Der einstige Führerbau an der Arcisstraße beherbergt die Hochschule für Musik und Theater. In dem einstigen NSDAP-Verwaltungsbau an der Katharina-von-Bora-Straße ist heute die Staatliche Graphische Sammlung untergebracht.

Ein zentraler Lern- und Erinnerungsort: das NS-Dokumentationszentrum.

Architektonischer Kontrapunkt in Zeit und Raum
An der Brienner Straße, wo in düsterster Zeit das Braune Haus

»Ich werde nicht ruhen, bis München aussieht wie Athen« (König Ludwig I. von Bayern): Blick durch die Propyläen am Königsplatz auf die Glyptothek, zu deren bedeutendsten Exponaten der 1,81 m hohe »Barberinische Faun« gehört und auf deren Stufen man auch gern einen Platz an der Sonne genießt.

stand, setzt der weiße Kubus des vom Berliner Architekturbüro Georg Scheel Wetzel entworfenen NS-Dokumentations-
zentrums einen wichtigen architektonischen Kontrapunkt
zu den wuchtigen Parteitempeln des Dritten Reichs. An his-
torischem Ort entstand ein »offener und lebendiger Ort des
Lernens, der Information, der Erinnerung, der kritischen
Auseinandersetzung und der offenen Diskussion über die
Geschichte des Nationalsozialismus«.

Besuch beim Faun

Kern der Ausstellung in der Glyptothek ist die berühmte
Sammlung antiker Kunst von Ludwig I.; für sie errichtete

Antike goes underground: Repliken antiker Plastiken in der U-Bahn-Station am Königsplatz.

Hofbaumeister Leo von Klenze in den Jahren 1816 bis 1830 die Glyptothek in Form eines ionischen Tempels. In diesem sind heute Skulpturen und Tempelreliefs ästhetisch äußerst stimmungsvoll arrangiert: Provozierend lasziv räkelt sich da der um das Jahr 220 v. Chr. entstandene Barberinische Faun, der bereits in römischer Zeit aus Griechenland nach Italien gebracht wurde – Ludwig I. erwarb sie aus der Sammlung Barberini für die Glyptothek. Kühl und in klassischen Proportionen erstarrt erscheint dagegen der Apoll von Tenea (560 v. Chr.), äußerst lebhaft und scharf gezeichnet sind wiederum die Abbilder berühmter Persönlichkeiten wie des Kaisers Augustus (30 v. Chr.).

Hinter römischem Portikus

Den korinthischen Tempel gegenüber der Glyptothek errichtete Georg Friedrich Ziebland in den Jahren 1838 bis 1848. Darin zeigen die Staatlichen Antikensammlungen Kleinplastiken und Schmuck, von archaischen Stierplastiken der Kykladenkunst (3. Jt. v. Chr.) über Gefäße aus Mykene (14. Jh. v. Chr.) bis zur Dionysos-Schale aus dem 6. Jh. v. Chr. Versäumen Sie nicht im Untergeschoss der Antikensammlung den Goldkranz aus Armento (370 v. Chr.) und das Große Diadem aus Pantikapaion (300 v. Chr.). Auch hier bilden von Ludwig I. erworbene Exponate den Kern der Ausstellung.

KLEINE PAUSE

In der obersten Etage der Technischen Universität verbindet das **Café am Vorhoelzer Forum** (Arcisstr. 21) leckeren Cappuccino und Kuchen mit Alpenblick – an schönen Tagen sieht man hier tatsächlich die Berge.

 ✝ 205 D2 ⊠ Königsplatz

Antikensammlungen und Glyptothek
✉ Königsplatz 1 und 3 🕐 Di u. Do bis So 10–17, Mi bis 20 Uhr (Antikensammlungen, Glyptothek bis Ende 2020 geschl.) 🎫 6 € (beide Häuser)

NS-Dokumentationszentrum
✉ Brienerstr. 45
☎ 089 23 36 70 00
🌐 www.ns-dokuzentrum-muenchen.de
🕐 Di–So 10–19 Uhr 🎫 5 €

㉗ Pinakothek der Moderne

Was und warum?	Ein Who is who der klassischen Moderne und Gegenwartskunst: Malerei, Grafik, Skulptur, Installation
Wie lange?	Mindestens eine Stunde
Wann?	Nicht am Montag – da ist geschlossen
Was noch?	Das wohl coolste/kühlste Café Münchens

Um die Pinakothek der Moderne wurde in München lange gekämpft, weil dem Bayerischen Staat das Geld dafür fehlte. Private Förderer sprangen ein, und heute ist München stolz auf das bei der Eröffnung größte Museumsgebäude Europas mit seiner außergewöhnlichen Architektur und gleich mehreren Sammlungen von Weltruf.

Zwölf Jahre lang dauerte es, bis der Beschluss der Staatsregierung, eine dritte Pinakothek zu errichten, 2002 endlich realisiert wurde. Der rechteckige, eine zentrale Rotunde umschließende Bau mit seinen hohen Glasfassaden und lichtdurchfluteten Räumen geht auf den Entwurf des Architekten Stephan Braunfels zurück, der sein Architekturbüro 1978 in München gegründet hat.

Außen klassisch-modern, innen (u.a.) moderne (Design-) Klassiker: die Pinakothek der Moderne.

Als Problem dabei erwies sich die fugenlos gestaltete Rotunde des Museums, in der nur zehn Jahre später erste Risse auftraten. Diese führten zur Schließung des Gebäudes und zur Auslagerung der Sammlungen in ein Provisorium. Die erforderliche Sanierung des Baus dauerte fast ein Jahr und wäre während des laufenden Betriebs nicht möglich gewesen.

Meister der (Post)-Moderne

Malerei, Plastik und neue Medien sind Themen der Sammlung Moderner Kunst im ersten und zweiten Obergeschoss. Hier finden sich Werke des Surrealismus und Expressionismus, darunter besonders eindrucksvolle Gemälde von Max Beckmann. René Magritte, Salvador Dalí und Pablo Picasso werden mit großen Werkgruppen vorgestellt. Die zweite Hälfte des 20. Jh.s vertreten Joseph Beuys, Andy Warhol und Georg Baselitz; die neuen Medien repräsentieren u. a. Videoprojektionen von Bruce Naumann.

Treppab zu den Göttern des Designs

Eine geschwungene Treppe führt von der Rotunde hinunter in den Designbereich: Hier sehen Sie, beginnend mit den Entwürfen Rudolf Thonets Mitte des 19. Jh.s über das Bauhaus bis zur Pop Art, einen ebenso bunten wie abwechslungsreichen und spannenden Überblick über die Entwicklung des Designs. Der berühmte Citroën DS 19 von 1955 ist ebenso vertreten wie Thonets klassische Stühle; Schmuckdesign von höchster Qualität können Sie in der »Danner-Rotunde« bewundern.

»Ein Haus, vier Museen«: Die Pinakothek der Moderne versammelt vier Sammlungen zu den Themen Kunst, Grafik, Architektur und Design unter einem Dach und gehört damit zu den größten Sammlungshäusern Europas.

Ein Blick für Architektur und Grafik

Deutschlands größte Sammlung für Architektur zeigt Zeichnungen und Modelle quer durch die Architekturgeschichte, angefangen bei den Bauten der Münchner Klassizisten Leo von Klenze und Friedrich von Gärtner über Le Corbusier bis hin zum Werk des im Jahr 2004 verstorbenen Otto Steidle. Viele Besucher behandeln diese Ausstellung stiefmütterlich, dabei hat sie ebenso spannende Exponate zu bieten wie die Wechselausstellungen der Graphischen Sammlung, die hier zum Beispiel Blätter aus ihrer umfangreichen Baselitz-Sammlung zeigt. Das Gesehene lassen Sie bei einem Cappuccino im (sehr) unterkühlten Museumscafé Revue passieren.

KLEINE PAUSE

Eine Münchner Institution ist die **Brasserie Tresznjewski** (Theresienstr. 72, www.tresznjewski.com). Hier haben schon Generationen von Museumsbesuchern bei einem Espresso frische Kraft getankt.

 ✝ 205 E3 ✉ Barer Str. 40 ☎ 089 23 80 53 60 ⊕ www.pinakothek-der-moderne. de ❶ Di–So 10–18, Do bis 20 Uhr 🚇 100 Pinakotheken; Tram 27 ✦ 10 €

➋➑ Siegestor

Warum?	Ein gutes Fotomotiv
Was?	Triumphbogen für Bayernkönige bzw. deren Armee
Wie lange?	Ein paar Minuten
Wann?	Bei möglichst schönem Wetter – der Selfies wegen!
Was nehme ich mit?	Die Erkenntnis: Siege werden gefeiert, Niederlagen verdrängt

Ein Triumphbogen »zum Ruhme der bayerischen Armee«
bildet den nördlichen Abschluss der Ludwigstraße. Dahinter
begann früher das flache Land; heute schließt hier das leb-
hafte Schwabing an die Prachtstraße an.

König Ludwig I. hatte dieses Tor
schon vor Augen, als er noch
Kronprinz war, aber erst ein Jahr
nach seiner Abdankung konnte es
1849 eingeweiht werden. Hofbaumeister Leo von Klenze plante es,
doch den Auftrag erhielt Friedrich von Gärtner, der dem König
eine Replik des Konstantinbogens
in Rom vorschlug. So wurde das
Tor dann auch realisiert, das den von Norden nach München
Reisenden mit majestätischer Wucht empfing. Stadtaus-
wärts gerichtet ist nicht nur die Inschrift für die bayerische
Armee, sondern auch die von Löwen gezogene Quadriga
mit der Bavaria, die im Jahr 1852 als krönender Abschluss des
Siegestores hinzugefügt wurde. Heute blickt das Stein ge-
wordene Symbol Bayerns auf die beiden umstrittenen Hoch-
haustürme des »Münchner Tors« (S. 33), die optisch den
Schwabinger Himmel über der Leopoldstraße beherrschen.

Ein Triumph-
bogen (samt
Quadriga)
für München:
das Siegestor.

KLEINE PAUSE
Das **CADU** (Café an der Uni, S. 115) stellt im Sommer Tische
und Stühle in seinen idyllischen Innenhof.

✢ 206 B4 ✉ Ludwigstraße ⚐ Universität

Nach Lust und Laune!

29 Alte Pinakothek

Die Alte Pinakothek birgt eine der bedeutendsten Gemäldesammlungen alter Meister in Deutschland. Alleine der lang gestreckte Bau, von Klenze in den Jahren 1826 bis 1836 nach klaren museumsarchitektonischen Kriterien wie dem optimalen Lichteinfall konzipiert und im Stil der Florentiner Renaissance errichtet, ist eine Sehenswürdigkeit für sich. Dank der Sammelleidenschaft der Wittelsbacher besitzt die Pinakothek viele Werke von Weltruhm, darunter Albrecht Dürers »Vier Apostel«, Albrecht Altdorfers »Alexanderschlacht« und Raffaels »Madonna Tempi«. Unbedingt sehenswert sind die Säle der Flämischen Malerei des 17. Jh.s mit Peter Paul Rubens' Medici-Zyklus.

✛ 205 E3 ✉ Barer Str. 27, Eingang Theresienstr. ☎ 089 23805216 ⊕ www.alte-pinakothek.de ❶ Di 10–20, Mi–So 10–18 Uhr ⌂ Königsplatz, Theresienstraße ⌂ 100 Pinakotheken; Tram 27 ✦ 7 €, So 1 €

30 Neue Pinakothek

Henry Moores »Große Liegende« begrüßt die Besucher vor der Neuen Pinakothek. Die Sammlung mit Gemälden und Plastiken des 19. Jh.s würdigt Künstler des 19. Jh.s wie Goya, William Turner, Manet und Cézanne genauso wie die deutschen Romantiker. Das Haus ist voraussichtlich bis 2025 wegen Renovierung geschlossen; ausgesuchte Werke werden bis dahin im Erdgeschoss der Alten Pinakothek (Ostflügel) und in der Sammlung Schack gezeigt.

✛ 205 E3 ✉ Barer Str. 29, Eingang Theresienstr. ☎ 089 23805195 ⊕ www.neue-pinakothek.de ❶ derzeit wegen Sanierung geschl. ⌂ Königsplatz, Theresienstraße ⌂ 100 Pinakotheken; Tram 27

31 Staatliches Museum Ägyptischer Kunst

Ein modernes, interaktives Haus: Das Museum besitzt keine spektakulär große Sammlung, präsentiert aber seine ausgesuchten Kostbarkeiten in weiten Hallen und mit Stelen abgeteilten Räumen sehr attraktiv. Modernste Technik bringt mit Touchscreens und Filmen alt-ägyptische Lebenswelten nahe und schafft Verbindungen zwischen Wirtschaft, Alltagskultur und den spirituellen Sphären der Götterwelt.

✛ 205 E3 ✉ Gabelsbergerstr. 35 ☎ Tel. 089 28 92 76 30 ⊕ www.smaek.de ❶ Di 10–20, Mi–So 10–18 Uhr ⌂ 100 Pinakotheken; Tram 27 ✦ 7 €

32 Ludwigstraße

Die Prachtstraße für Ludwig I. zwischen Feldherrnhalle und Siegestor entspricht nicht ganz den Vorstellungen, die Architekt Leo von Klenze sich gemacht hatte: Seine Vorgabe lautete nämlich: kein Grün und wenige, aber große Fenster! Eine gerade, klassizistische Linie sollte die

»Present Continuous«: Skulptur von Henk Visch beim Staatlichen Museum Ägyptischer Kunst.

Straße werden mit dem Siegestor im Fluchtpunkt, aber die zukünftigen Besitzer und Mieter der Palazzi wehrten sich und forderten Nachbesserung. Mit dem eleganten Rondell der Universität und der klaren Fassade der Staatsbibliothek ist die Ludwigstraße unter Bauherr Friedrich von Gärtner doch noch gelungen.

✝ 206 B2 – B4 ☗ Odeonsplatz

33 Leopoldstraße

Die Fortsetzung der Ludwigstraße nach Norden ist ihr völliges Gegenteil: Von einer Pappelallee gesäumt, uneinheitlich bebaut, der Gehsteig gepflastert mit Straßencafés, wirkt sie lebhaft und lebendig. Vor der Uni-Mensa verkaufen Studenten und Händler antiquarische Bücher, weiter nach Norden schaufensterbummeln junge und ältere Semester entlang der Boutiquen. Unübersehbar auf Schwabings Flaniermeile ist die 17 m hohe Skulptur »Walking Man« von Jonathan Borofsky vor dem Gebäude der »Münchner Rück«.

✝ 206 C5 ☗ Giselastraße

34 Alt-Schwabing

Vom Platz mit dem Namen Münchner Freiheit gelangen Sie ins Herz des »alten« Schwabing, in die Feilitzsch-, Occam- und Haimhauser Straße oder zum Wedekindplatz. Keine explizite Sehenswürdigkeit ist hier zu entdecken, sondern die besondere Atmosphäre: ein bisschen Vorstadt, viel Jugend, zahllose Kneipen, Kinos, Cafés und Diskotheken. Ein Fokus ist das Café Münchner Freiheit am gleichnamigen Platz.

✝ 202 C1 ☗ Münchner Freiheit

Wohin zum ...
Essen und Trinken?

Preise für ein Essen (z.B. ein Tages-/ Hausmenü, im Regelfall inkl. Getränk):

€	unter 20 €
€€	20–50 €
€€€	über 50 €

RESTAURANTS

Alter Simpl €
Das Lokal ist eine Institution in der Maxvorstadt und vor allem beim jungen, studentischen Publikum beliebt, denn es gibt deftige, einfache Küche wie »Fleischpflanzerl« mit Pommes oder Schweinebraten mit Krautsalat.
✝ 205 E2 ✉ Türkenstr. 57 ☎ 089 272 30 83 ⊕ www.altersimpl.de ❶ 11–3, Fr/Sa bis 4 Uhr ⊠ Universität

Atzinger €
Studentisches Publikum liebt diese Eckkneipe seit Jahrzehnten, und nicht nur, weil hier das Essen relativ günstig ist. Der Atzinger ist einfach ideal gelegen als Treffpunkt zwischen den Vorlesungen oder nach dem Seminar.
✝ 205 F3 ✉ Schellingstr. 9 ☎ 089 28 28 80 ⊕ www.eggerlokale.de ❶ 9–1 Uhr ⊠ Universität

Cyclo €€
An diesem edlen Vietnamesen ist fast alles perfekt: Einrichtung, Blumenschmuck, wunderschön arrangierte Gerichte, diskret-aufmerksamer Service. Und das Essen? Perfekt! Ob Huhn mit Zitrone und süß-saurer Sauce oder Lammeintopf – immer gibt es einen köstlichen Basmatireis mit Safran als Beilage.
✝ 205 E3 ✉ Theresienstr. 70 ☎ 089 28 80 83 90 ⊕ www.cyclo-restaurant.de ❶ Di–So 12–15, 18–24, Fr/Sa bis 1 Uhr ⊠ 100 Universität; Tram 27

Deeba €€
Abends sollten Sie besser reservieren – hier ist fast immer viel los. Das liegt an der köstlich gewürzten, stets frisch zubereiteten pakistanischen Küche, aber auch am flotten Personal, das mit Leidenschaft berät und immer gut drauf ist.
✝ 205 E3 ✉ Barerstr. 42 ☎ 089 28 34 07 ⊕ http://deeba.de ❶ So–Fr 12–14.30, 18–23 Uhr ⊠ 100 Pinakotheken; Tram 27

Geisels Werneckhof €€€
Mit Küchenchef Tohru Nakamura wurden die Sterneträume dieses Traditionshauses wahr: Er erkochte den zweiten Michelinstern. Gediegenes Ambiente, elegante Atmosphäre und eine leicht japanisch inspirierte Küche garantieren ein ganz besonderes kulinarisches Erlebnis.
✝ 206 C5 ✉ Werneckstr. 11 ☎ Tel. 089 38 87 95 68 ⊕ www.geisels-werneckhof.de ❶ Di–Sa 19–24, Sa auch 13-16.30 Uhr ⊠ Münchner Freiheit

HeimWerk €–€€
Es ist ganz einfach: Gericht auswählen, Beilagen aussuchen, Größe bestimmen (Snack? Hauptspeise?), Bestellung aufgeben und sich dann frische, regionale Küche nach Maß servieren lassen. Vor allem die Schnitzel sind fantastisch! Bezahlt wird beim Rausgehen.
✝ 202 B1 ✉ Friedrichstr. 27 ☎ Tel. 089 21 89 61 04 ⊕ www.heimwerk-restaurant.de ❶ Mo–Do 11.30–23, Fr bis 24, Sa 10–24, So 10–23 Uhr ⊠ 53, 59, Friedrichstraße

Kaisergarten €–€€
Das rustikale bayerische Lokal in der hübschen Kaiserstraße hat einen schönen kleinen Biergarten. Gekocht wird nach bayerischen und österreichischen Rezepten, doch stets mit einer modernen Note, die den Speisen die Schwere nimmt.
✝ 202 B1 ✉ Kaiserstr. 34 ☎ 089 34 02 02 03 ⊕ www.kaisergarten.com ❶ 10–1 Uhr ⊠ Münchner Freiheit

Lemar €€
Auf bequemen Polstern liegt man fast mehr als dass man sitzt und studiert die Speisekarte mit den Rezepten des zwischen dem Iran und Pakistan gelegenen Landes. Hinweise auf die Schärfe der Gerichte erlauben auch sensibleren Gourmets ein Festmahl – nur von den Pfefferschoten sollte man die Finger lassen. Passende Begleiter zu Vor- und Hauptspeise sind die Getränke auf Joghurtbasis, ein Gedicht die Nachspeisen (die

man nach den üppigen Portionen allerdings nur noch schwer unterbringt).

✛ 202 A1 ✉ Viktor-Scheffel-Str. 23
☎ 089 39 76 77 ⊕ http://lemar-restaurant.de
🕐 18–24; Tram 27 Kurfürstenplatz

Le Refuge €€

Feine provençalische Küche in einem sympathischen Bistro-Restaurant. Die wenigen, häufig wechselnden Gerichte werden frisch zubereitet und schmecken authentisch nach Südfrankreich. Gute Weinauswahl, charmanter Service.

✛ 205 F4 ✉ Neureutherstr. 8 ☎ Tel. 089 20 06 11 10 ⊕ www.le-refuge.de 🕐 Di–So 18–1 Uhr; Tram 27, 28 Nordendstraße

Osterwaldgarten €–€€

Ein idyllisches, kleines Wirtshaus in Alt-Schwabing mit hübschem Biergarten und wohlschmeckender bayerischer Küche.

✛ 203 D2 ✉ Keferstr. 12 ☎ 089 38 40 50 40
⊕ http://osterwaldgarten.de 🕐 10–1 Uhr
🚇 Münchner Freiheit

Seehaus €€–€€€

Elegant-bayerisches Ambiente und ebensolche Küche in unvergleichlicher Lage direkt am Kleinhesseloher See mit schöner Terrasse und angrenzendem Biergarten.

✛ 203 E1 ✉ Kleinhesselohe 3 ☎ 089 381 61 30 ⊕ www.kuffer.de 🕐 10–1 Uhr 🚇 Münchner Freiheit

Tantris €€€

Seit Jahren ist das Tantris mit seinem 1970er-Jahre-Interieur Münchens Gourmet-Spitzenreiter und mit zwei Sternen gekrönt. Solche Qualität hat natürlich ihren Preis, aber das Tantris ist einfach eine Klasse für sich.

✛ 202 C3 ✉ Johann-Fichte-Str. 7 ☎ 089 361 95 90 ⊕ www.tantris.de 🕐 Di–Sa 12–15, 18.30 bis 1 Uhr 🚇 Dietlindenstraße

BIERGÄRTEN

Chinesischer Turm €

In Münchens buntestem Biergarten treffen sich rund um die Holzpagode alle Nationalitäten und Altersstufen zum fröhlichen und entspannten Feiern auf 7000 Sitzplätzen.

✛ 207 D4 ✉ Englischer Garten 3 ☎ 089 38 38 7 30 ⊕ www.chinaturm.de 🕐 10–23 Uhr 🚇 Giselastraße 🚌 54 Chinesischer Turm

Hirschau €–€€

Mit 1700 Plätzen ein überschaubarer, hübscher Biergarten im ruhigen Teil des Englischen Gartens nördlich des Isarrings.

✛ 203 F1 ✉ Gyßlingstr. 15 ☎ 089 36 09 04 90
⊕ www.hirschau-muenchen.de 🕐 12–23 Uhr
🚇 Münchner Freiheit

CAFÉS

CADU/Café an der Uni

Gegenüber dem Uni-Hauptgebäude an einem ruhigen Innenhof gelegen, ist dieses Café (mit Kaffee, Kuchen und günstigen Snacks) die erste Wahl bei den Studenten.

✛ 206 B3 ✉ Ludwigstr. 24 ☎ 089 28 98 66 00 ⊕ www.cadu.de 🕐 8–1 Uhr, Sa/So ab 9 Uhr 🚇 Universität

Münchner Freiheit

Diese Torten! Diese Eisbecher! Das Café mit seinen fünf winzigen Etagen an der Münchner Freiheit ist nicht nur »der« Treff der Schwabinger, sondern auch eine kulinarische Offenbarung für alle Leckermäuler.

✛ 202 C2 ✉ Münchner Freiheit 20 ☎ 089 38 39 08 66 ⊕ https://muenchner-freiheit.de
🕐 7–21, Winter 7–18 Uhr 🚇 Münchner Freiheit

Wohin zum ... Einkaufen?

In der Maxvorstadt und in Schwabing dreht sich viel um Mode. Das Angebot richtet sich an das junge, studentische Publikum und an die modebewussten Schwabinger. Vor 10 Uhr macht hier kaum ein Laden auf.

RUND UM DIE UNIVERSITÄT

Das Antiquariat J. Kitzinger (Schellingstr. 25) ist eine Münchner Institution für Denker, Studenten, Literaten.
Bezaubernde Hüte und Mützen, viele davon handgefertigt, können Sie bei Nicki Marquart

(Türkenstr. 78) anprobieren. Dessous gibt's bei Chouchou Voyeur (Türkenstr. 45 – allein der Laden im rotplüschigen Jugendstil ist ein Erlebnis. Majola (Amalienstr. 67) verkauft im Sommer Wander- im Winter Skiklamotten. Bei Carta Pura (Schellingstr. 71), dreht sich alles um feines Papier, das in Einzelbögen, aber auch en gros verkauft wird. Kauf dich glücklich (Schellingstr. 23) verkauft tolle Klamotten kleiner Label - macht wirklich glücklich!

RUND UM DIE MÜNCHNER FREIHEIT

Beginnen Sie den Shoppingbummel im Robot (Leopoldstr. 69), einem ehemaligen Punkladen, in dem man auch heute noch die Finger am Puls der Zeit hat. Angesagte Kleidung, hippe Accessoires und die allerheißesten Turnschuhe locken die Kunden an. Auf zwei Etagen Hosen, Sweatshirts, Mäntel, Blusen von Carhartt? – Dafür müssen Sie weder nach Sidney noch nach Shanghai, sondern nur in den Laden an der Münchner Freiheit Nr. 2. Und gleich daneben gibt's bei Kickz Monaco (Feilitzstr. 1) die coolsten Sneakers. Ein paar Straßen weiter lockt Der Gewürzladen (Haimhauserstr. 6) mit Orientalischem. Im Leib und Seele (Feilitzschstr. 15) wird tragbare Mode des eigenen Labels verkauft – aber auch Stücke von noch unbekannten Sternen am Modehimmel kommen an die Stangen. Dazu gibt's Kunst an den Wänden, und Musiker dürfen ihre Compilations anbieten. Kunst & Spiel (Leopoldstr. 48) ist ein Spielzeug-, Spiele- und Kreativtempel (nicht nur) für anthroposophisch orientierte Menschen.

RUND UM DIE HOHENZOLLERNSTRASSE

Entlang der Hohenzollernstraße und in den Nebenstraßen geht's vorrangig um Mode – Strenesse, Hallhuber, COS, Buffalo und viele mehr sind hier angesiedelt, aber auch ungewöhnlichere Marken wie die mädchenhaft farbenfrohe Mode der Schwedin Gudrun Sjodén (Hohenzollernstr. 9), die schicke Öko-Konfektion von Hess Natur (Hohenzollernstr. 10) und die grau-braun-beigeschwingende Eleganz von Oska Concept (Wilhelmstr. 15). Eine eindrucksvolle Auswahl

an Tees aus aller Welt bietet Tea & More (Hohenzollernstr. 36), und bei DearGoods (Friedrichstr. 28) staunt die begeisterte Kundin, wie schick Kleidung und Accessoires aus bio, veganer und fairer Produktion sein können. Eine Schwabinger Institution ist die Strumpftante (Hohenzollernstr. 45) mit einer Riesenauswahl klassischer und ausgefallener Seidenstrümpfe, Socken und Füßlinge sowie stets freundlichem Personal. Ins Kinderzimmer (Kurfürstenstr. 55) gehen Sie besser allein, denn wenn Kinder dieses Zauberreich betreten, in dem es die schönsten Spielsachen der Welt gibt, sind Sie quasi gezwungen, ihnen etwas zu kaufen. Falls Sie noch Lust auf Gemüse oder Obst haben, bummeln Sie doch zum kleinen, aber feinen Elisabethmarkt (Elisabethplatz).

Wohin zum ... Ausgehen?

BARS MIT UND OHNE ESSEN

In der Brasserie Tresznjewski (Theresienstr. 72, Tel. 089 28 23 49, tgl. 8–1 Uhr) fühlen sich manche Gäste besonders wichtig, aber davon abgesehen ist das gemütlich eingerichtete Lokal ein angenehmer Ort, um den Abend mit einem gepflegten Pils, knackigem Salat oder Pasta zu beginnen. Im Café Reitschule in der Königinstr. 34 (Tel. 089 388 87 60, Mo–Sa 9–1, So nur bis 19 Uhr) können Sie tatsächlich den Reitern beim Trainieren zusehen. Aber die meisten kommen her, um sich an asiatischen und italienischen Snacks zu delektieren – und um zu flirten. Eine Bar im eigentlichen Sinne ist das Café im Vorhoelzer Forum (Arcisstr. 21, Lift in den 5. Stock, 9–21/22 Uhr) nicht, aber am schönsten ist es dort zur Abenddämmerung; vorausgesetzt, das Wetter ist gut, die Terrasse geöffnet und die Alpen leuchten am Horizont über den Dächern der Stadt. Bayerische Tapas gibt's in der Bapas Bar (Leopoldstr. 56 A). Ganz traditionell gibt sich die Wallace Bar (Occamstr. 2) mit Messing und Holz, grün bespannten Barhockern, gut gemixten Cocktails, feinen Weinen, Funk und Soul aus den

Boxen, gelegentlich auch DJs, die auflegen. Im Roxy in der Leopoldstr. 48 (Tel. 089 34 92 92, 8-3 Uhr) bereitet sich die Leopoldstraßenszene auf den Abend vor. Hier müssen Sie unbedingt einen Tisch im Freien ergattern, einen Riesen-Eisbecher bestellen und dann möglichst cool dreinblicken wie alle anderen ...

Billardfreunde kennen in der Maxvorstadt nur eins: ab in den Schellingsalon (Schellingstr. 54, Tel. 089 272 07 88, Do-Mo 10-1 Uhr). Hier herrscht eine derart abgestürzt-bayerische Atmosphäre, dass es fast schon wieder schön ist. Im Arts ʼnʼ Boards (Belgradstr. 9, Tel. 089 30 65 84 90, Mo-Mi 10-24, Do, Sa bis 1, So 10-16 Uhr) trifft Kulinarik auf Kunst mit wechselnden Ausstellungen und jeden zweiten Dienstag einer »Open Stage«. Lauer Sommerabend und keine Lust auf Biergarten? Dann nichts wie auf die Terrasse des Tijuana (Leopoldstr. 13, Tel. 089 33 04 07 24, 17-1, Fr/Sa bis 3 Uhr), um Tacos und einen Happy-Hour-Cocktail zu bestellen und dabei den aktuellen Jahrmarkt der Eitelkeiten zu goutieren.

Das Vorstadt Café (Türkenstr. 83, Tel. 089 272 06 99, 8-24, Fr/Sa bis 1 Uhr) ist immer voll; man kommt zum Frühstück, auf einen Mittagssnack oder um den Abend mit Rotwein und Frittata ausklingen zu lassen.

BARS UND DISKOTHEKEN

Arg klein ist das barocke Pomp (Georgenstr. 50, Tel. 089 2711889, Do-Sa 21-5 Uhr) mit seinen roten Wänden, aber der Besuch lohnt sich, denn hier sind Cocktailkönner am Werk und die DJs erstklassig. Einen Hauch großstädtisches Thailand bringt das Café Bangkok an die Leopoldstraße (Nr 49): In Ziegelgewölben in Rot gepolsterten Nischen kuscheln oder unter lässig gespannten Stoffbahnen an exotischen Drinks nippen, während der DJ Leute so langsam zum Tanzen bringt – das gefällt dem überwiegend jungen Publikum. Im Crash (Ainmillerstr. 10, Tel. 089 39 16 40, Mi 19.30-24, Do 20-1, Fr/Sa 21 bis 4 Uhr) treffen sich Altrocker mit Teens und Twens in der ältesten Disko der Stadt. Die Alte Galerie (Kaulbachstr. 75, Tel. 089 34 98 87, Do-Sa 20-3 Uhr) punktet mit immer

dem gleichen Themenabend – »Schwabing Nights« – und günstigen Preisen. Leopoldstraße und Alt-Schwabing locken Cocktailfreunde etwa mit der Vanilla Lounge (Leopoldstr. 65, Tel. 089 38 66 68 36, Mo-Fr 8-1, Sa/So bis 3 Uhr) und dem Cocktailhouse (Feilitzschstr. 25, Tel. 089 39 80 19, So bis Do 19-1, Fr/Sa bis 3 Uhr), wo die gemixten Drinks in einem angenehm mit DJ-Sounds untermalten Ambiente oder im Sommer draußen auf der Terrasse genossen werden.

THEATER

Weit über München hinaus ist die Lach- und Schießgesellschaft (Haimhauser-/Ecke Ursulastr., Tel. 089 39 19 97, www.lachund-schiess.de) bekannt. Hier regiert das politische Kabarett mit wechselndem Programm und Gastspielen. Berühmte Komiker und Kabarettisten treten gleich um die Ecke im Lustspielhaus (Occamstr. 8, Tel. 089 34 49 74, www.lustspielhaus.de) auf. In der Schauburg (Franz-Joseph-Str. 47, Tel. 089 23 33 71 61, www.schauburg.net) wird anspruchsvolles Theater für Jugendliche und Kinder gemacht. In der alten Szenekneipe Heppel & Ettlich (Feilitzschstr. 12, Tel. 089 388 78 20, www.heppel-ettlich.de) gibt's Theater, Kabarett & Co. Das Münchner Volkstheater in der Brienner Str. 50 (Tel. 089 52 35 50, www. muenchner-volkstheater.de – ab Ende 2020 an neuem Ort am Zenettiplatz) hat nichts mit bayerischer Folklore am Hut; es sei denn, sie lässt sich frech und dem Zeitgeschmack entsprechend präsentieren wie mit dem überaus erfolgreichen Stück »Geierwally«. Das Vereinsheim (Occamstr. 8, Tel. 089 33 08 86 55, ab 18 Uhr) muss man gesehen haben – wenn man auf Sixties und Seventies steht: Plastikpolster und Stahlrohre, Nierentische, Polstergruppen. Das Essen macht satt, das Angebot ist klein, dafür wird man mit Kleinkunst unterhalten.

KINO

Die Astor Film Lounge (Türkenstr. 91, Tel. 089 38 89 96 64) bietet mit drei Sälen, neuester Filmtechnik, Riesenleinwand und Ledersesseln jede Menge Film-Komfort.

Die Isar als Freizeitrevier: Slacklining an der die Innenstadt mit den Stadtteilen Bogenhausen und Haidhausen verbindenden Luitpoldbrücke.

Rechts der Isar

Bogenhausen und Haidhausen setzen feine Kontraste, ergänzt durch die übersprudelnde Ausstellungsfülle des Deutschen Museums.

Seite 118–139

Erste Orientierung

Östlich der Isar trifft das große Geld (Bogenhausen) auf alternativen Lebensstil (Haidhausen), dazu gesellt sich mit dem »Werksviertel« Münchens jüngstes Zukunftsprojekt, das Feiern, Wohnen, Arbeiten und Kunst verbinden möchte.

»Glasscherbenviertel« hießen die Wohngebiete der kleinen Leute und Arbeiter jenseits der Isar früher; eine einzige Brücke, die Ludwigsbrücke, verband sie mit der Innenstadt. Dann nahmen Bogenhausen als Sitz von Maler- und Literaturfürsten wie Franz von Stuck und Thomas Mann sowie Haidhausen als Brennpunkt von Hausbesetzern und Bioläden ganz unterschiedliche Entwicklungen, die architektonisch noch gut erkennbar sind: Hier Jugendstilfassaden, elegante Villen und feine Restaurants, dort (mittlerweile) gutbürgerliches Wohnen mit alternativem Einschlag und viele Kneipen. Deutsches Museum und Villa Stuck bilden die großen Highlights, darüber hinaus ist kreatives Bummeln mit offenen Augen für Details und Stimmungen gefragt.

Fürs Kontrastprogramm sorgt das Werksviertel hinter dem Ostbahnhof. Sieht so Münchens Zukunft aus: urban, schick, trendy? Die Stadtplaner meinen ja.

TOP 10
❶ ★★ Deutsches Museum

Nicht verpassen!
㉟ Villa Stuck

Nach Lust und Laune!
㊱ Müller'sches Volksbad
㊲ Maximilianeum
㊳ Friedensengel
㊴ Prinzregententheater
㊵ Bogenhausener Friedhof
㊶ Haidhausen
㊷ Werksviertel
㊸ Tierpark Hellabrunn

40 Bogenhausener
Friedhof

Bülowstr.

Denninger Str.

Montgelasstr.

Wehrlestr.

Richard-
Strauss-str. **U**

Ismaninger Str.

Maria-Theresia-Str.

Möhlstr.

Donaustr.

Delpstr.

Galilei-
platz

Innstr.

Röntgenstr.

Böhmerwaldplatz **U**

38 Friedensengel
Europa-
platz

Lamontstr.

Possartstr.

Richard-Strauss-Str.

Bruckenstr.

Isar

35 Prinzregentenstr.
Villa Stuck

Maximilians-

39 Prinzregenten-
theater **U** Prinzregentenplatz

Maximilianeum
(Bayerischer Landtag)
37

Ismaninger Str.

Klinikum
rechts der Isar

Einsteinstr.

*Prater-
insel*

U Einsteinstr.

400 m

400 yd

anlagen Wiener
Platz **Max-
Weber-Platz**

Grillparzerstr.

Müller'sches
Volksbad
36

Innere Wiener Str.

Kirchenstr.

Flurstr.

Kirchenstr.

43 Tierpark
Hellabrunn
←

Ludwigsbrücke

Preysingstr.

Elsässer Str.

Orleanstr.

Rosenheimer Str.

Kellerstr.

Wörthstr.

1
Deutsches
Museum

Hochstr.

41 Haidhausen

S Rosenheimer
Platz

Weißenburger
Platz

Ostbahnhof **U**

Rablstr.

Rosenheimer Str.

Orleanstr.

S Ost-
bahnhof

Franziskanerstr.

Werksviertel
42

Mein Tag

zwischen Jugendstil, Gründerzeit und Postmoderne

Ein Wagner-Opernhaus, ein exzentrischer Malerfürst, bitterarme Herbergshäuschen und urbane Vitalität auf den Fundamenten einer Kartoffelknödelfabrik gestalten diesen Tag jenseits der Isar spannend und unterhaltsam.

9 Uhr: Bogenhausens Pracht

Das bezaubernde **39** Prinzregententheater, ursprünglich im Jahr 1901 nur für die Inszenierung von Wagner-Opern eröffnet, dient heute als Bühne für diverse Gastspiele und Rote-Teppich-Veranstaltungen – der geschwungene Aufgang ist halt zu fotogen!

10 Uhr: Frühstück bei Käfer's

Zugegeben, es ist nicht Tiffany's. Aber ein Champagnerfrühstück könnten Sie auch im Bistro von Käfers Feinkostladen (Prinzregen-tenstr. 73) bestellen. Um 11 Uhr öffnet die **35** Villa Stuck schräg gegenüber: Begegnung mit einem weiteren Münchner Malerfürsten.

12.30 Uhr: Isar-Miniaturen

Am **38** Friedensengel vorbei – errichtet im Jahr 1896, um 25 Jahre Frieden nach dem Deutsch-Französischen Krieg 1870/71 zu feiern – bummeln Sie hinunter zur Isar und folgen dem Fluss gen Süden. Vorbei am **37** Maximilianeum und der lang gestreckten Praterinsel, unter der Maximiliansbrücke hindurch und

9 Uhr: Bogenhausens Pracht

Start

9 Uhr

Prinz-
regenten-
pl.

Feinkost Käfer

Prinzregentenstr.

38

35

39

Isar

Maximilians-
anlagen

12.30 Uhr: Isar–Miniaturen

12.30 Uhr

Maximiliansbrücke

37

Ende

18.30 Uhr

Praterinsel

Wiener Platz

Zusann Moden

Hofbräukeller

18.30 Uhr: Edelklamot-
ten und Biergarten

Muffat-
werk

Innere Wiener Str.

Preysinggarten

Preysingstr.

Ludwigsbrücke

36

Deutsches
Museum

Museum
Lichtspiele

Kulturzentrum
Gasteig

41

Werthstr.

Bordeauxpl.

200 m
200 yd

Orleansstr.

HAIDHAUSEN

14 Uhr

Rosenheimer
Platz

Orleansplatz

Rosenheimer Str.

Ostbahnhof

Orleansstr.

Friedenstr.

42

14 Uhr: Technikmuseum auf
Pfählen

auf dem schmalen Steg zwischen Isar und Auer Mühlbach entlang genießen Sie Wasser und Grün. Kurz das Muffatwerk umrundet – Münchens ehemaliges Jugendstil-Elektrizitätswerk mit Geschäftsführervilla, dann ist es Zeit für eine kleine Pause: Bei schönem Wetter im ökozertifizierten Biergarten am Muffatwerk (www.muffatwerk.de) oder wenige Schritte weiter im Café im **36** Müllerschen Volksbad. Dabei bietet sich die Gelegenheit, den prunkvollen Eingangsbereich des sehr

Oben: In seinem Aufbau erinnert das Maximilianeum an die englische Gotik, aber seine Zierformen, Rundbogen, Säulchen und büstengefüllten Nischen zeugen vom Einfluss der Renaissance.

schönen Jugendstilbads mit seinem markanten Turm zu bewundern.

14 Uhr: Technikmuseum auf Pfählen

Ihren Besuch des ❶ ★★ Deutschen Museums sehen Sie für einen anderen Tag vor. Architektonisch versuchte Gabriel von Seidl, das Thema Technik durch klare Linien und Formen aufzunehmen. Das durch Pfähle im Schwemmgrund der Isar verankerte Museum zählte Anfang des 20. Jh.s zu den größten Eisenbetonbauten Deutschlands. Die Museum Lichtspiele (Lilienstr. 2) existieren seit 1910. Erinnern Sie sich an den Film »The Rocky Horror Picture Show«? Seit 1977 läuft das musikalische Spektakel hier ohne Unterbrechung jeden Freitag und Samstag um 23 Uhr in einem eigens dafür dekorierten Kinosaal.

14.30 Uhr: Kommt Ihnen hier etwas französisch vor?

Die Preysingstraße führt hinein in das Franzosenviertel, wie  Haidhausen wegen der vielen französisch benannten Straßen und seiner frankophilen Restaurants gerne genannt wird. Gründerzeithäuser flankieren die Straßen, nur ganz am Ende der Preysingstraße sind noch ein paar Herbergshäuschen erhalten, in denen früher die Ziegelarbeiter lebten, eng an eng in eine niedrige Stube gezwängt. Schräg gegenüber, an einem Tisch vor dem Gasthof Preysinggarten (Preysingstr. 69), haben Sie bei einer Holunderschorle einen schönen Blick darauf.

Links: beim Deutschen Museum. Oben: Bistro im »Franzosenviertel«. Unten: am Wiener Platz.

16.30 Uhr: Kartoffelknödel und Philharmoniker

Zugegeben, der Weg unter dem Ostbahnhof hindurch und über frisch bebautes oder noch zu bebauendes Industriegelände ist nicht attraktiv, aber er führt in Münchens Zukunft: Ursprünglich befanden sich hier die Pfanni-Werke (das sind die mit den Fertigknödeln). Nach deren Wegzug entstand in den leerstehenden Hallen des Areals der Kunstpark Ost. Dann beschlossen Pfanni- Erben und Stadt, das Gelände zu bebauen. Projekt: **42** Werksviertel. Tenor: Moderne Architektur trifft auf ehemalige Industriegebäude mit Charme. Sprich: Luxuswohnungen, Büro-Lofts, Event-Locations und Münchens neue Philharmonie. Ergebnis: Gentrifizierung.

18.30 Uhr: Edelklamotten und Biergarten

Letzte Station dieses Tages ist der Wiener Platz, auf dem tagsüber ein beliebter Markt abgehalten wird. Bis heute wirkt er fast kleinstädtisch, wäre da nicht der schicke Laden von Zuzann Moden (Wiener Platz 8) mit Kleidung und Accessoires toller kleiner Designer. Der Hofbräukeller wurde am Ende des 19. Jhs. im Neorenaissancestil erbaut. An heißen Tagen sind die Plätze im Biergarten ganz hinten, über dem Isarhang ein Tipp: Vom Fluss steigt kühle Luft nach oben. So kann der Tag ganz entspannt ausklingen – womöglich sogar bis um 23 Uhr im Museumskino die Rocky Horror Picture Show startet. Und falls es regnet: Auch drinnen ist es urgemütlich.

❶ ★★Deutsches Museum

Warum?	Das größte Technikmuseum der Welt
Was?	Flugzeuge, Sternenhimmel, chemische Experimente, Oldtimer ….
Wie lange?	Je nach Kondition: drei Stunden oder auch ein ganzer Tag
Wann?	Möglichst früh – es schließt bereits um 17 Uhr
Was noch?	Ab 2020 ein tolles Dachterrassencafé
Was bleibt?	Die Erkenntnis: Das war nicht mein letzter Besuch!

Bis zu 1,5 Mio. Besucher pro Jahr sprechen für sich: Das Deutsche Museum ist mit rund 28 000 Exponaten eines der führenden Museen seiner Art weltweit und macht auf spannende Weise Naturwissenschaft und Technik erlebbar.

Seit über 100 Jahren veranschaulicht das Deutsche Museum die Entwicklung der Naturwissenschaften und Technik, und regelmäßig kommen neue Ausstellungen hinzu. Oskar von Miller, der Gründer des Museums, hatte sich von Anfang an das Thema Interaktivität auf die Fahnen geschrieben, auch wenn es das Wort damals noch gar nicht gab: Ein Technikmuseum zum Anfassen, das obendrein Spaß macht – so lautete sein damals völlig neuartiges Konzept.

Allein auf der Museumsinsel stehen den Besuchern rund 25 000 Quadratmeter Ausstellungsfläche zur Verfügung. Um alles zu besichtigen, müss(t)en 9 km Wege zurückgelegt werden.

Ohne Berührungsängte

Am 70. Geburtstag von Millers wurde der Bau im Jahr 1925 an seinem heutigen Standort auf der Isarinsel eingeweiht. Die Feierlichkeiten nutzte der gerade erst gegründete Bayerische Rundfunk symbolträchtig zur Einführung einer da-

mals nahezu unglaublichen Neuerung: der ersten Liveübertragung im Radio! Den 65 m hohen Turm des Museums, in dem übrigens in Foucault'scher Tradition ein Pendel die Erdrotation sichtbar macht, sah von Miller als ein Münchner Wahrzeichen; von seiner Aussichtsplattform blickt man über die Stadt und die Isarauen bis zur Alpenkette. Nach dem Krieg, als 80 Prozent der Gebäudesubstanz und 20 Prozent der Exponate beschädigt oder zerstört waren, verlagerte sich der Schwerpunkt, den Forschungstendenzen folgend, auf die Naturwissenschaften. Seit den 1990er-Jahren zeigt man auch gegenüber den schöngeistigen Bereichen keine Berührungsängste, sondern sucht sogar den Kontakt zur Kunst. Teile der Sammlung wurden ausgelagert: Die Flugwerft Schleißheim konzentriert sich auf die Historie der Fliegerei, das Verkehrszentrum in den historischen Hallen auf der Schwanthaler Höhe widmet sich allen Aspekten der Mobilität.

Auf Knopfdruck: »Bitte berühren«

Von Millers konzeptionelle Vorstellungen prägen noch heute die Ausstellung. »Bitte berühren« heißt das Motto: Auf Knopfdruck spielen verkleinerte Wellen Gezeiten und demonstrieren damit die Sandverfrachtung, eine riesige Modelleisenbahn beweist, dass sich Züge auch an Fahrpläne halten können. Im Projektionsplanetarium jagt ein monströser computergesteuerter Roboter Sterne und Planeten über den Mini-Himmel, im Bergwerk schieben verschmutzte Kumpel schwere Loren, und maßstabsgetreue Modelle illustrieren die Entwicklung von Brücken- und Straßenbau. Vom begehbaren Schiffsdeck mit Sonnenstühlen fällt der Blick bei Möwengeschrei

Probieren geht über Studieren: Pendelversuch »Der elastische Stoß«.

auf Helgoland, Dioramen lassen an den ersten Flugversuchen der Gebrüder Wright teilnehmen, und der Seenotrettungskreuzer »Theodor Heuss« liegt im Freigelände auf dem Trockenen. Vieles ist für Jung und Alt spannend; andere Abteilungen, beispielsweise der Werkzugbau oder die Drucktechnik, wenden sich an speziell Interessierte.

Den modernen Entwicklungen trägt die Auseinandersetzung mit zukunftsträchtigen Wissenschaftsbereichen wie Pharmazie und Medizintechnik Rechnung. Die bereits im Jahr 2002 eröffnete Abteilung Gentechnik war da eine konsequente Folge. Dort kann man sogar durch eine »begehbare Zelle« spazieren.

Wie der Traum vom Fliegen wahr wurde – auch davon erzählt das Deutsche Museum.

Zu den weiteren Attraktionen gehören eine Nachbildung der Altamira-Höhle in Spanien mit ihren prähistorischen Zeichnungen, Musikinstrumente von der Äolsharfe bis zur Zither, ein Modell der Raumstation »Spacelab« in Originalgröße. Täglich um 11, 14 und 16 Uhr entfesseln die Mitarbeiter in der Hochspannungsanlage im Erdgeschoss ein Gewitter, dessen Blitzeinschläge ein Freiwilliger in der metallummantelten Kugel des Faraday'schen Käfigs unversehrt überlebt: (Hoch-)Spannung pur! Kein Wunder, dass dieses erfolgreiche Museumskonzept schon oftmals kopiert wurde.

Zukunftsinitiative Deutsches Museum

Sowohl das Gebäude als auch viele Abteilungen sind in die Jahre gekommen, tiefgreifende Maßnahmen zur Sanierung der maroden Bausubstanz wurden nötig. Auch die teils vor Jahrzehnten konzipierten Ausstellungen bedürfen einer weitgehenden Modernisierung bzw. Anpassung an neue Forschungserkenntnisse und museumspädagogische Anforderungen – das grundlegende Facelifting wird etwa bis 2025 dauern, da der Museumsbetrieb unterdessen weitergeht.

KLEINE PAUSE

Ein **Selbstbedienungsrestaurant,** ein **Imbiss,** das **Internetcafé** im 3. Stock, das **Café Zentrum** und ein **Café in der Luftfahrtgalerie** – die Verpflegung im Museum ist gesichert. Ein weiteres **Café** ist im **Museumsshop** zu finden.

⌖ 210 B/C 3 Museumsinsel 1 ☎ 089 21791 ⊕ www.deutsches-museum.de ◑ 9–17 Uhr 🚊 Isartor; Tram 17 Deut-

sches Museum 💰 14 €, Kombiticket Deutsches Museum Flugwerft+Verkehrszentrum 21 €

㉟ Villa Stuck

Warum?	Gesamtkunstwerk in Jugendstil
Was?	Dekor, Mobiliar, Gemälde, Skulpturen, Architektur
Wie lange?	Eine Stunde
Wann?	Nicht zu früh – öffnet erst um 11 Uhr
Was noch?	Faszinierende Ausstellungen zeitgenössischer Kunst

Franz von Stuck (1863–1928) ist nicht zuletzt für sein zu vielfältigsten Interpretionen anregendes Werk »Die Sünde« (1893) berühmt, das man in seiner Villa ebenso bewundern kann wie die historischen Wohnräume und attraktive Wechselausstellungen im ehemaligen Atelierflügel.

Klassizistische Formen, Mosaiken, Gemälde, selbst entworfenes Mobiliar, Teppiche und Accessoires im Schnörkellook der damaligen Zeit – von Anfang an war die in den Jahren 1897/1898 errichtete Villa Stuck als Gesamtkunstwerk konzipiert. In den historischen Räumen fällt das Bild »Der Wächter des Paradieses« auf, Stucks erster Erfolg als Maler. Unübersehbar ist zudem das wegen seiner erotischen Ausstrahlung einst heftig umstrittene Bild »Die Sünde« aus dem Jahr 1893; ein weiblicher Halbakt mit Schlange, den Kunsthistoriker als »symbolistisch-diabolisches Gegenbild« zur Mona Lisa gedeutet haben. Aus dem golden gerahmten Bild sticht ein blasser, durch dunklen Stoff nur teilweise verhüllter Frauenkörper heraus, für den Anna Maria Brandmaier Modell gestanden haben soll, die Mutter von Stucks Tochter Mary.

An der Fassade des Haupthauses sind die Bezüge zur Antike unverkennbar.

Ein Hauch von Pompeji und ein Himmel voller Sterne
Imposant ist auch die Wandbemalung in den historischen Räumen: Farbton, stilistische Elemente und nicht zuletzt die Figuren erinnern an die Dekoration römischer Villen, wie sie in Pompeji gefunden wurden. Auffallend ist zudem das Deckengemälde im direkt an den Empfangssalon anschließenden Musiksalon: Der gemalte Sternen-

Ein Edelmix aus klassizistischen Elementen und verspieltem Jugendstil dominiert das ehemalige Wohn- und Atelierhaus des Malerfürsten. Die modern gestalteten Ausstellungsräume befinden sich im Ost-flügel der Villa Stuck. Im hübschen Gartencafé kann man die verschiedenen Eindrücke Revue passieren lassen.

himmel zeigt eine Planetenkonstellation, wie sie in der Augustnacht des Jahres 1895 am Himmel stand, als Stucks Tochter Mary gezeugt wurde.

KLEINE PAUSE

Im Künstlergarten des **Cafés der Villa Stuck** (Tel. 089 45 55 51 66) sitzt man angenehm ruhig und lauschig, abseits vom Verkehr der Prinzregentenstraße und mit Blick auf Kunst-installationen. Es gibt hausgemachte Suppen und Kuchen.

✚ 211 E5 ✉ Prinzregentenstr. 60
☎ 089 455 55 10 ⊕ www.villastuck.de
◐ Di–So 11–18, erster Freitag im Monat

bis 22 Uhr ⊠ Max-Weber-Platz,
Prinzregentenplatz ⊟ 100; Tram 16
Friedensengel ✦ 9 €

Nach Lust und Laune!

36 Müller'sches Volksbad

Die Anlage des Ingenieurs Karl Müller gilt als eines der schönsten Jugendstilbäder weltweit. In der in den Jahren 1879 bis 1901 »hauptsächlich für das unbemittelte Volk« erbauten Badeanstalt spiegeln sich orientalische und römische Bädertraditionen, kunstvoll überhöht mit Stuck, Goldreliefs, dekorativen Geländern und Schnörkeln im Stil der damaligen Zeit. Ein Blick auf das eindrucksvolle Innere ist nur im Rahmen eines Badebesuchs möglich – aber Schwitzbad, Dampfbad, finnische Sauna, Solarien, Massagen und das letzte Münchner Wannen- und Brausebad versprechen ein Rundum-Wohlfühl-Erlebnis (siehe »Magischer Moment«, rechte Seite). Übrigens: Der wuchtige Klotz schräg gegenüber heißt Gasteig und ist Sitz diverser Kulturinstitutionen. Der in die Jahre gekommene Bau wird bis mindestens 2025 runderneuert.

✛ 210/211 C/D3 ✉ Rosenheimer Str. 1
☎ 089 23 615 050 ⊕ www.swm.de ⊙ Di
bis So 7.30–23, Mo bis 17 Uhr; Tram 16
Deutsches Museum ✦ 4,80 €

37 Maximilianeum

Es war die Idee Maximilians II., »auf der Isarhöhe … einen großen Nationalbau« zur »Hebung des monarchischen nationalen Volksgeistes« zu errichten. Der monarchische Volksgeist ist entgegen anderslautenden Aussagen auch in Bayern längst verschwunden, der symmetrische Prachtbau mit seinen offenen Arkaden aber bildet bis heute den optischen Abschluss der exklusiven Maximilianstraße. Seit 1949 tagt im Maximilianeum Bayerns Parlament. Besucher können nach Vorlage von Personalausweis oder Pass beim Pförtner während der Sitzungsperiode das parlamentarische Geschehen verfolgen. Ein Flügel ist den Maximilianeums-Stipendiaten vorbehalten: Bayerische Abiturienten mit der Traumnote 1,0 bekommen hier die Möglichkeit, nach bestandener Aufnahmeprüfung bei freier Kost und Logis ihr Studium zu absolvieren.

✛ 211 D4 ✉ Max-Planck-Str. 1
☎ 089 412 60 ⊕ www.bayern.landtag.de
⊠ Max-Weber-Platz; Tram 16 Maximilianeum ✦ frei

38 Friedensengel

Nike, die Siegesgöttin, war das Vorbild für den goldenen Friedensengel, der seit 1899 über der Isar an den Vorfrieden von Versailles 1871 erinnert. Ursprünglich sollte hier Richard Wagners Münchner Opernhaus stehen. Ludwig II. gab es in Auftrag, Gottfried Semper arbeitete an den Plänen, doch die Münchner protestierten. Wagner musste die Stadt verlassen und ging nach Bayreuth.

✛ 207 E1 ✉ Europaplatz 1 ⊠ 100 Friedensengel

Entspannen wie die Römer

Durch den prunkvollen Eingangsbereich des Müller'schen Volksbads geht's hinein in dieses Jugendstiljuwel. Hier gibt es auch ein irisch-römisches Schwitzbad mit Tepidarium, Tauchbecken, Ruheräumen – pure Nostalgie. Mieten Sie eine Privatkabine mit Betttuch, das man bei Bedarf lässig wie eine Toga um den Körper drapieren kann. Dann schwitzen, entspannen, lustwandeln, schwimmen und ruhen Sie in diesem wunderbaren Ambiente, solange es Ihnen gefällt!

Müller'sches Volksbad/Sauna, tgl. 9–23 Uhr, Di 9–23 und Fr 9–15 Uhr nur Damen, 4 Std. 18,50 € (inkl. Schwimmbad), Ruhekabine u. Betttuch 4,40 €

39 Prinzregententheater

Ein Festspielhaus nur für die Opern Richard Wagners – diese Idee griff knapp 40 Jahre nach Gottfried Semper Ernst von Possart wieder auf. So entstand in den Jahren 1900/01 das Prinzregententheater. 1964 wurde es für baufällig erklärt – erst im Jahr 1996 konnte man es nach einer umfassenden Restaurierung mit einer Wagner-Oper neu eröffnen. Seither finden hier Konzerte etwa des renommierten Münchner Kammerorchesters (MKO) und Lesungen statt.

✝ 207 F1 ✉ Prinzregentenplatz 12 ☎ 089 2185 1970 ⊕ www.prinzregenten theater.de ⊠ Prinzregentenplatz

40 Bogenhausener Friedhof

Besuch bei der Prominenz, wenn auch der toten: Im Schatten der Bogenhausener Kirche wollten sie begraben sein, die Berühmtheiten. Unter einem roten Herz ruht die Schauspielerin Liesl Karlstadt, unter einem geglätteten Steinblock der Regisseur Rainer Werner Fassbinder, außerdem fanden unter efeuumrankten Bäumen und hübschen Grabkreuzen auch Erich Kästner, Walter Sedlmayr, der von den Nationalsozialisten hingerichtete Pater Alfred Delp, Annette Kolb, Helmut Dietl und Bernd Eichinger ihre letzte Ruhestätte. Genauso sehenswert wie der romantische Gottesacker ist die Kirche St. Georg, eine Dorfkirche in prächtigem Rokoko, in der sich die großen Künstler der Zeit wie Johann Baptist Straub und Ignaz Günter verewigt haben.

✝ 207 E3 ✉ Bogenhausener Kirchplatz 1 ❶ tgl. bis zum Einbruch der Dunkelheit; Tram 17 Sternwartstraße

41 Haidhausen

In Haidhausen lebt heute eine bunte Bevölkerung, denn viele sind schon zugezogen, als die Mieten noch erschwinglich waren. Wie es im 18. und 19. Jh. hier aussah, zeigen die historischen Häuschen vor allem im Herbergenviertel, wo der Kriechbaumhof (Preysingstr. 71) und das Herbergenmuseum im Üblackerhäusl (Preysingstr. 58, Tel. 089 480 76 79, Mi/Do 17–19, Fr, So 10–12 Uhr) von den äußerst beengten und oft hygienisch zweifelhaften Wohnumständen der Arbeiter erzählen. Ergänzend beleuchtet das Haidhausen-Museum (Kirchenstr. 24, Tel. 089 448 52 92, Mo–Mi 16–18, So 14–18 Uhr) mit wechselnden Ausstellungen Kultur und Sozialgeschichte des Viertels. Die Alte Haidhauser Kirche (Kirchenstr.) war früher Mittelpunkt des Dorfes Haidhausen, und am Wiener Platz ist die dörfliche Stimmung noch zu spüren.

✝ 211 E3 ✉ zwischen Rosenheimer Str., Orleansstr. und Einsteinstr. ⊠ Rosenheimer Platz, Max-Weber-Platz

42 Werksviertel

Wo früher tagsüber Kartoffelknödel vom Band rollten und nachts Europas Jugend feierte, entsteht nun hinter dem Ostbahnhof ein innovatives Stadtquartier mit Restaurants, Wohnungen, Büros, Galerien und einer Boulderhalle: Mittelpunkt des neuen Werksviertels soll ein futuristisches Konzerthaus von Cukrowicz Nachbaur Architekten werden. Bis zum voraussichtlichen Baubeginn 2021 nimmt hier das Hi-Sky München – das größte transportable Riesenrad der Welt – Passagiere mit auf eine aussichtsreiche Tour in bis zu 78 m Höhe. Dabei erspähen sie sicher auch die Schafherde, die die Blumenwiese auf dem Dach des Kreativ-Space WERK 3 abweidet. Abends liefern Event-Locations wie Tonhalle, Nachtkantine oder WhiteBox den urbanen Sound. Eine Gebrauchsanweisung gibt's nicht. Das Werksviertel will entdeckt werden (Veranstaltungen: siehe Website)!

✚211 F1 Rosenheimer Str./ Friedensstr. ⊕ www.werksviertel.de 🚇 Ostbahnhof

43 Tierpark Hellabrunn

Ein gutes Stück die Isar flussaufwärts (und besser per U-Bahn) erreichen Sie den idyllisch in den Isarauen angelegten Münchner Zoo. Sein Konzept, die Tiere nach ihren Herkunftsregionen zu präsentieren, machte ihn zum ersten Geozoo Europas. Auf dem 40 ha großen Gelände leben über 700 Tierarten in naturnahen Anlagen, darunter auch so spektakuläre wie das Dschungelzelt und die neu renovierte Elefanten-»Villa«.

✚ 208 südl. B1 ✉ Tierparkstr. 30 ☎ Tel. 089 62 50 80 ⊕ www.hellabrunn. de 🕐 Okt.–März 9–17, sonst 9–18 Uhr 🚇 Thalkirchen 💰 15 €

Stadt im Wandel oder Die Ruhe vor dem Sturm (im neu entstehenden Münchner Werksviertel).

Wohin zum ...
Essen und Trinken?

Preise für ein Essen (z.B. ein Tages-/
Hausmenü, im Regelfall inkl. Getränk):

€   unter 20 €
€€   20–50 €
€€€   über 50 €

RESTAURANTS

Atelier Gourmet €€–€€€
Klein und fein, hell und modern ... und vor
allem klasse! Fisch und Meeresfrüchte dominieren die reichhaltige Speisekarte. Ein
Tipp: Das Menü bestellen, das es in mehreren Ausbaustufen gibt.
† 211 D2 ✉ Rablstr. 37 ☎ 089 48 72 20
⊕ http://ateliergourmet.de ❶ Mo–Sa 18 bis
1 Uhr ⧖ Rosenheimer Platz

Augustiner Haidhausen €
Eine solche Gaststätte darf natürlich auch in
Haidhausen nicht fehlen: Man sitzt an langen,
dunklen Tischen, trinkt, ratscht und isst
»Bayerisches, Mexikanisches und Internationales«. Frühstück für Langschläfer gibt es
bis 16 Uhr. Je später der Abend, desto dämm-
riger das Licht, desto lauter die Musik ... Im
Sommer sitzt man draußen vor dem Lokal.
Kreditkarten werden hier nicht akzeptiert.
† 211 E3 ✉ Wörthstr. 34 ☎ 089 62 28 62 15
⊕ http://haidhauser-augustiner.de ❶ 10 bis
1 Uhr ⧖ Ostbahnhof

BLITZ Restaurant €€
Mexikanische Küche für Vegetarier und das
in absolut kultigem Ambiente – geht das? Im
BLITZ ja, die Leute stehen Schlange, um einen
Tisch im Restaurant mit den bunten Wand-
bildern und Möbeln zu ergattern. Und das
Essen schmeckt!
† 211 C3 ✉ Museumsinsel 1 ☎ 089 380 12 65
60 ⊕ www.blitz-restaurant.de ❶ Di–Sa 18-1
Uhr; Tram 17 Deutsches Museum

Bogenhausener Hof €€€
In diesem (unter Denkmalschutz stehenden)
Haus kommt verfeinerte bayerische Küche
auf den Tisch, begleitet von edlen Weinen.

Im idyllischen Sommergarten mit der ausladenden Kastanie erinnert nichts mehr daran,
dass hier in den 1950er-Jahren regelmäßig
der »Münchner Zamperlmarkt« (Hunde-
markt) abgehalten wurde.
† 207 F2/3 ✉ Ismaninger Str. 85 ☎ 089 98
55 86 ⊕ http://bogenhauser-hof.de ❶ Mo–Sa
12–16/18–1 Uhr; Tram 17 Sternwartstraße

Käfer Schänke €€€
»Wer gerne isst, der lächelt« – so lautet die
Küchenphilosophie in diesem stilvollen Restaurant. Und es gibt wahrlich viel zu lächeln
bei der mediterranen Küche in den kleinen,
privaten Stuben. Als Klassiker gilt die »Käfer-
Ente«, aber hier ist alles vom Feinsten.
† 207 F1 ✉ Prinzregentenplatz 73 ☎ 089 416
82 47 ⊕ www.feinkost-kaefer.de/schaenke
❶ Mo–Sa 11.30–1 Uhr ⧖ Prinzregentenplatz

Keko €€
Türkische Küche in der Au mit Blick auf die
Mariahilfkirche – im Keko finden Morgen-
und Abendland nicht nur geographisch,
sondern auch kulinarisch wie selbstver-
ständlich zusammen. Die Atmosphäre ist
entspannt, die Küche gut und einfallsreich,
die Kellner sind stets hilfsbereit.
† 210 B2 ✉ Mariahilfstr. 24 ☎ 089 65 99 69
⊕ www.keko-restaurant.com ❶ tgl. 17–1 Uhr,
Tram 18 Mariahilfplatz

Lisboa Bar €€
Im ältesten portugiesischen Lokal Münchens
– Café, Bar und Restaurant in einem – sollten
Sie Fisch essen. Gelegentlich gibt's Livemusik,
mal schwermütigen Fado, mal mitreißende
brasilianische Rhythmen – zu Letzterem
passen die Cocktails besser. Am Wochenende kann es schon mal sehr voll werden,
wenn ab 22 Uhr lateinamerikanische DJs
zum Tanzen animieren.
† 211 F3 ✉ Breisacher Str. 22 ☎ 089 448
22 74 ⊕ www.lisboa-bar.de ❶ 17–1 Uhr
⧖ Ostbahnhof

No Mi Ya €–€€
Hirschgeweih und japanische Schrift, das
passt doch zusammen – Sushi und Weißbier
auch! Das Lokal schafft den Spagat zwischen
Bayern und Japan problemlos. »No Mi Ya«

heißt übersetzt nichts anderes als »Trinklokal«, dabei sollte man hier unbedingt etwas essen – Sashimi etwa oder Sushi an der kleinen Sushi-Theke. Alles ist relativ erschwinglich, die Atmosphäre im kleinen Gastraum entspannt, Tische im Freien gibt es auch.
✛ 211 E3 ✉ Wörthstr. 7 ☎ 089 448 40 95 ⊕ www.nomiya.de ◑ 18–1 Uhr; Tram 19 Wörthstraße

Polka Bar & Lokal €€
Winzig und eng, oft auch recht laut ist es im Polka, das auch im Berliner Ortsteil Prenzlauer Berg stehen könnte. Aber die Küche! Einfach köstlich, originell, vielseitig. Unbedingt Vorspeisen zum Teilen bestellen! In der Bar gibt's ab und zu Livemusik.
✛ 211 E2 ✉ Pariser Str. 38 ☎ 089 89 06 83 91 ⊕ www.polka-polka.de ◑ Mo–Sa 18–24 Uhr ⊠ Ostbahnhof

Ritzi €€–€€€
Exzellentes im edel-vornehmen Ambiente mit Art-déco-Anklängen: Hier gibt's Frühstück, Mittagssnacks und Business Lunch, Kaffee und Kuchen sowie exquisites Dinner mit euro-asiatischer Ausrichtung. Für den Brunch am Sonntag ab 10.30 Uhr sollten Sie reservieren. Und danach geht's zum Spaziergang ins Isar-Grün direkt vor der Haustüre.
✛ 211 E4 ✉ Maria-Theresia-Str. 2 A ☎ 089 470 10 10 ⊕ https://hotel-ritzi.de/restaurant/ ◑ 6.30–1 Uhr ⊠ Max-Weber-Platz

Rue des Halles €€€
Feine französische Küche serviert Bernard Le Port in seinem etablierten Restaurant. Das Innere prägt eine angenehm einfache Lokal-auf-dem-Montmartre-Stimmung. Billig ist es nicht, aber bei der Speisekarte kann es trotzdem nicht bei einem Gang bleiben – man gönnt sich ja sonst nichts ...
✛ 211 E3 ✉ Steinstr. 18 ☎ 089 48 56 75 ⊕ www.ruedeshalles.de ◑ Di–So 18–1 Uhr; Tram 17 Wiener Platz

Unionsbräu €€
Eine der großen bayerischen Traditionsgaststätten mit dunklen Holztischen und -bänken, karierten Tischdecken und guter bayerischer Kost, zu der neuerdings auch Burger

(früher: Fleischpflanzerl) und Spareribs zählen. Zu den Riesenportionen stellt die Kellnerin eine angenehm süffig schmeckende Halbe Löwenbräu auf den Tisch.
✛ 211 E4 ✉ Einsteinstr. 42 ☎ 089 41 10 98 49 ⊕ http://unionsbraeu-muenchen.de ◑ Di–Sa 17–24, So 11–23 Uhr ⊠ Max-Weber-Platz

Zum Kloster €
Das nette Restaurant ist eine beliebte Institution bei den Haidhausern und garantiert Schickimicki-frei. Im Sommer sitzen Sie draußen an der verkehrsberuhigten Straße.
✛ 211 E3 ✉ Preysingstr. 77 ☎ 089 447 05 64 ⊕ www.gasthof-kloster.de ◑ Mo–Sa 10–1, So 17–24 Uhr; Tram 19 Wörthstraße

BIERGÄRTEN

Hofbräukeller €–€€
Unter breiten Holzbalken und ausladenden Gewölbedecken trinkt man hier im Winter sein Bier. Schöner ist's aber im Sommer im Biergarten dahinter, wenn sich unter den Kastanien Schickimicki-Volk und alteingesessene Haidhauser die Holzbänke teilen. Allerdings wird's dann auch schnell sehr eng. Und zum Lachen gehen Sie am besten in den Keller: ins Valentin-Karlstadt-Theater, wo man dem schrägen Humor in alten und neuen Stücken huldigt.
✛ 211 D4 ✉ Innere Wiener Str. 19 ☎ 089 459 92 50 ⊕ www.hofbraeukeller.de ◑ 10–24 Uhr; Tram 17 Wiener Platz

Paulaner am Nockherberg €€
Dieses Lokal ist der Nabel der Bierwelt, zumindest während Münchens Fünfter Jahreszeit, der Starkbierzeit vor der Karwoche. Dann erreicht die Trachtendichte hier fast Oktoberfestniveau, und der malzige Salvator wirkt so anziehend, dass die Wirte für den von Kastanienbäumen beschatteten Biergarten und den nach einem Brand neu erstandenen Festsaal sogar Eintritt verlangen! Zum hochprozentigen Bier gibt's zünftige Musi und Kräftig-Deftiges aus der Küche.
✛ 210 C1 ✉ Hochstr. 77 ☎ 089 459 91 30 ⊕ https://paulaner-nockherberg.com ◑ Wirtshaus 10–1 Uhr, Biergarten 12–24 Uhr; Tram 15, 18, 25 Ostfriedhof

CAFÉS

Café Müller'sches Volksbad
Die Gäste sitzen entweder in der glas-überdachten Säulenhalle des Müller'schen Volksbads oder im Garten vor dessen dekorativem Eingang. Wenn Sie nicht baden wollen, können Sie hier eine Kleinigkeit zu sich nehmen, um wenigstens ein bisschen Jugendstil zu genießen.
☩ 210/211 C/D3 ✉ Rosenheimer Str. 1
☎ 089 44 43 92 50 ◔ 10–24 Uhr; Tram 17 Deutsches Museum

Farmer & Lou
Frühstück, Kaffee, Kuchen, alles regional und zum Teil selbstgemacht, dazu eine fröhlich-bunte Einrichtung und ein sehr freundlicher Service!
211 F3 ✉ Breisacher Str. 6 ☎ Tel. 089 380 12 65 60 ◔ Mo–Fr 8–18 Uhr ⌂ Ostbahnhof

Johannis-Café
Lassen Sie sich bloß nicht von der orangefarbenen Blumentapete am Eingang abschrecken, auch nicht vom biederen Innenleben: Hier treffen sich die Insider der Nacht zum Absacker, dazu noch eine Brotzeit, und dann ins Bett!
☩ 211 E4 ✉ Johannisplatz 15 ☎ 089 480 12 40 ◔ ab 11 Uhr bis spät, Di geschl.; Tram 17 Wiener Platz

Wohin zum … Einkaufen?

MÄRKTE

Der größte Open-Air-Markt Münchens ist die traditionelle Auer Dult. Auf der Maidult (bis zum 1. Mai), der Jakobidult (ab 25. Juli) und der Herbstdult (ab 3. Oktobersonntag) bersten die Verkaufsstände jeweils eine Woche lang vor Nostalgie. Aber machen Sie sich keine Illusionen – Antiquitätenschnäppchen sind auf dem großen Platz zu Füßen der Auer Kirche am Mariahilfplatz kaum mehr zu machen. Die tägliche Versorgung stellen die kleinen Buden des Markts am

Auer Dult: Viel Rummel auf dem Rummel.

Wiener Platz sicher, wo auch die Feinschmecker gut bedient werden. Im Advent bietet der Haidhauser Christkindlmarkt (Weißenburger Platz) einen ruhigeren Gegenpol zum Mega-Weihnachtsmarkt auf dem Marienplatz.

HAIDHAUSEN

Rad gefällig? Parzival.bike (Breisacherstr. 15) hat so einige im Angebot, mit denen Sie außerhalb von Haidhausen garantiert auffallen; im Viertel selbst dreht keiner den Kopf, wenn man im Liegen auf zwei oder drei Rädern die Straße entlangkommt oder auf dem Tandem zu zweit in die Pedale tritt. Nur ein paar Häuser weiter verkauft Lebascha (Breisacher Str. 12) seit 1978 Naturkost – er war der erste Bio-Laden in München! Berühmt ist vor allem Lebaschas wohl sortiertes Lakritz-Regal.
Le Bazar de Cuisine (Balanstr. 8) offeriert Hübsches für die Küche zwischen Design und Nostalgie. Wer gern in alten Platten und CDs wühlt, sollte sich ins große Angebot im M2 (Rosenheimer Str. 77) vertiefen. Flotte Mütter samt ihren Töchtern finden trendig-peppige Mode führender Labels in der Boutique Venus (Wörthstr. 1). Hübsche Kinderkleidung neu und secondhand – bietet

Rapunzel (Preysingstr. 67). Individuellen Schmuck – Reifen, Ringe, Ohrschmuck, Ketten, Broschen – entdeckt man im Ventil (Steinstr. 17). Probieren dürfen die Kunden des Paris36 (Pariser Str. 36). Aber man sollte es nicht übertreiben, denn das Sortiment an exzellenten Weinen und Hochprozentigem steigt schnell zu Kopf. Übrigens: feine Öle und Essige gibt's auch.

BOGENHAUSEN

Bei Feinkost Käfer (Prinzregentenstr. 73) ist das Wort »Feinkost« noch wörtlich zu verstehen – und das Angebot verlockend gut!

Wohin zum ... Ausgehen?

Im Tanzcafé Maratonga (Innere Wiener Str., Tel. 089 48 84 25) schwingen die »Junggebliebenen« das Tanzbein, von 14 bis 1 Uhr. Wo der Auer Mühlbach einst die mächtigen Turbinen des ersten Dampfkraftheizwerks (1894) antrieb, gibt heute die moderne Musik mit all ihren Facetten in der Muffathalle (Zellstr. 4, Tel. 089 45 87 50 10, www.muffathalle.de) den Ton an. In der einstigen Turbinenhalle mit ihrer guten Akustik treten Stars der »Weltmusik« auf, tummeln sich Rapper und Indie-Bands, präsentiert sich die Tanz-Avantgarde und auch so mancher Autor von Weltliteratur. Im Café nebenan werden derweil hippe Partys gefeiert. Unter dem denkmalgeschützten Schornstein kommen im Biergarten leichte mediterrane Speisen, ökologische Fleischspezialitäten, Fisch und Vegetarisches auf den Tisch. Klein, aber fein ist der Club Ampere (Adresse und Web wie Muffathalle). Hier bekommen auch unbekanntere Bands und Künstler eine Chance. Die Haidhauser Salsa, Kizomba- und Swing-Szene trifft sich jeden Di und Sa abends im Circulo (Rosenheimer Str. 139, www.circulo.de) zur Party. Los geht's etwa um 22 Uhr, aber schon ab 21 Uhr werden Noviz(inn)en die Grundschritte beigebracht, sodass man richtig mitmischen kann, wenn die Party eingeläutet wird. Einer der besten

Jazzclubs Europas ist die Unterfahrt (Einsteinstr. 42, Tel. 089 448 27 94, 19.30–1 Uhr, www.unterfahrt.de). In den ehemaligen Bierkellern kommt ein abwechslungsreiches internationales Programm auf die Bühne.

KNEIPEN, BARS, CLUBS

Die klassische Kneipe ist am Aussterben, jedes Lokal serviert zumindest Barfood, fast alle führen den Untertitel »Café Bar Restaurant«. Das Pub Molly Malone's (Kellerstr. 21, Tel. 089 688 75 10, Mo-So 17–1 Uhr) hingegen pflegt noch die Tradition, hier trifft sich die irische Community zu Guinness, Kilkenny und irischem Whiskey. Ausgefallen präsentiert sich auch das Maria Passagne (Steinstr. 42, Tel. 089 48 61 67, Mo-Sa 19–1 Uhr), allerdings muss man erst klingeln, bevor Einlass gewährt wird in den kleinen, mit Afrikanippes dekorierten Club. Die Gentrifizierung des Viertels aufhalten kann der Wirt des Zum Roten Knopf (Steinstr. 63, Tel. 089 95 45 59 38, Mo-Do 17.30–2, Fr, Sa bis 3 Uhr) sicher nicht, aber die eher an eine Boazn erinnernde Bar mit Holztäfelung und DJ-Pult ist sicher weit entfernt von Münchens Bussi-Bussi-Szene. Aufgelegt wird alles außer Schlager. Bunt gemischt ist auch das Publikum der Polka Bar (Pariser Str. 38, www.polka-polka.de, Do-Sa 21–3 Uhr). Man braucht etwas Stehvermögen (es gibt nur wenige Sitzplätze), aber wenn DJs auflegen oder Bands spielen, tanzt man ja ohnehin. Eine ganz besondere Art des Clubbings ist die Stadtfahrt mit der Cocktail-Tram (meist jeden 1. Sa im Monat, Tel. 0179 790 00 86, www.cocktail-tram.de), die am Orleansplatz startet und durch die Stadt mäandert. Fahrtbeginn ist 19 Uhr, das Ganze dauert vier Stunden, und DJ Tinnitus (sic!) sorgt für gute Stimmung.

KINOS

In den Museums-Lichtspielen (Lilienstr. 2, www.museum-lichtspiele.de) laufen anspruchsvolle Hollywoodfilme und ausgefallenere Streifen, meist in der Originalfassung. Im Rio (Rosenheimer Str. 46, www.riopalast.de) läuft ein ähnliches Programm – aber bevorzugt in synchronisierten Fassungen.

Lustwandeln im Park von Schloss Nymphenburg, dem Geburtsort des »Märchenkönigs« Ludwig II.

Der Westen

Spektakuläres im Grün: modern im Olympiapark, monarchisch im Schloss Nymphenburg. Und dazwischen das quirlig-lebhafte Neuhausen.

Seite 140–161

Erste Orientierung

Das große Sport-, Freizeit- und Kultur-
angebot, die schönen Gründerzeithäuser
und feinen Restaurants machen die Stadt-
viertel im Westen zur bevorzugten Wohn-
gegend der betuchteren Münchner. Fürs
Kontrastprogramm sorgt das traditionelle
Arbeiterrevier Schwanthaler Höhe mit
seinen multikulturellen Bewohnern.

Die grünen Hügel und silbrig glän-
zenden Dächer der Sportstätten im
weltberühmten Olympiapark locken
täglich Hunderte von Sportbegeister-
ten und Spaziergängern an. Das gut-
bürgerliche Neuhausen birgt mit der
modernen Herz-Jesu-Kirche ein auf-
sehenerregendes Monument zeit-
genössischer sakraler Architektur,
und in Nymphenburg erinnern Wit-
telsbacher-Schloss und -Park an jene
Zeiten, als die Münchner noch ge-
krönten Häuptern zujubelten.

Vor allem Nymphenburg und
Neuhausen haben in den vergange-
nen Jahren einen enormen Zuwachs
an Renommee erlebt und avancier-
ten zu einem beliebten, allerdings
auch recht teuren Wohnviertel.
Hierher kommen die Münchner
aber auch zum Ausgehen auf leicht
gehobenem Niveau. Im Westend
kann man richtiges Multikulti-Flair
genießen. Stehkneipen und rusti-

kale Lokale geben hier den Ton an,
es riecht nach den Düften des Ori-
ents, aus den Hinterhöfen klingt
die Musik des Balkan. Noch bunter
wird es dann jedes Jahr im Herbst,
wenn das Oktoberfest auf der
Theresienwiese seine Pforten öffnet.

TOP 10
3 ★★ Schloss Nymphenburg

Nicht verpassen!
44 Olympiapark
45 Herz-Jesu-Kirche

Nach Lust und Laune!
46 BMW-Welt und -Museum
47 Sea Life
48 Olympisches Dorf
49 Ost-West-Friedenskirche
50 Kinder- und Jugendmuseum
51 Bavaria
52 Deutsches Museum Verkehrszentrum

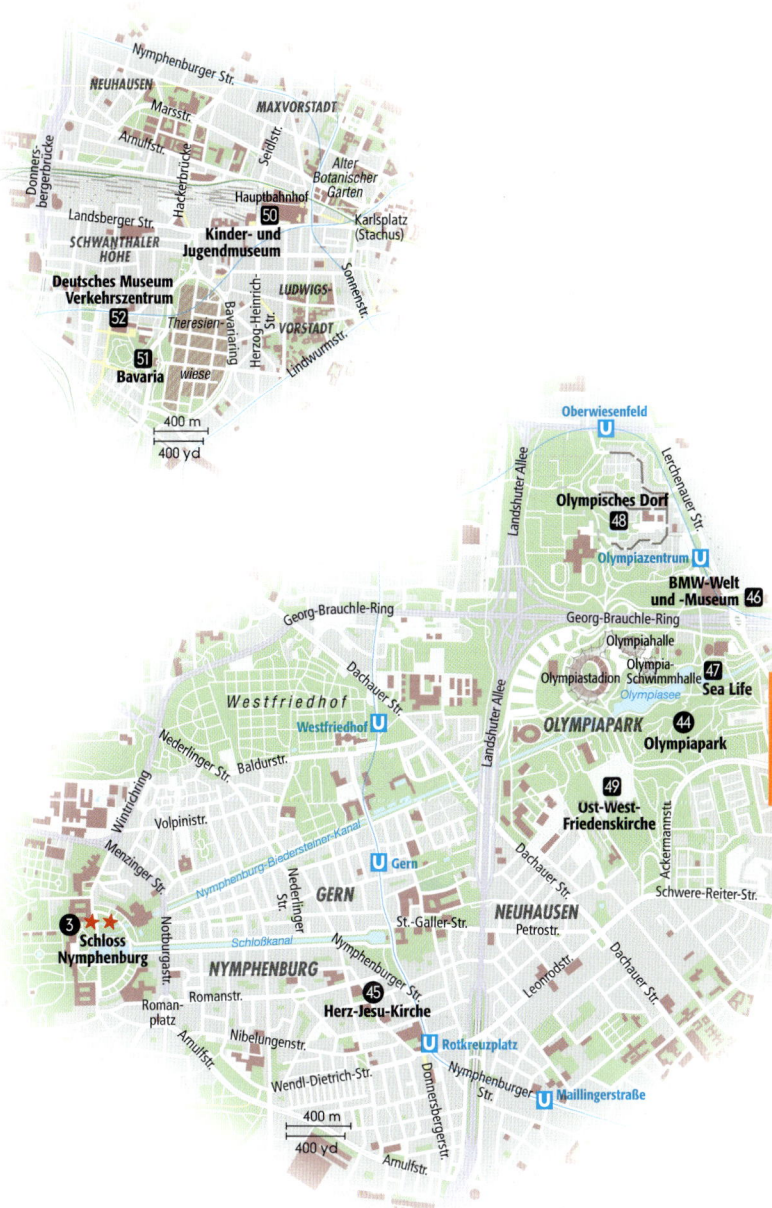

NEUHAUSEN

Nymphenburger Str.

Marsstr.

MAXVORSTADT

Seidlstr.

Alter
Botanischer
Garten

Arnulfstr.

Donners-
bergerbrücke

Hackerbrücke

Hauptbahnhof

Karlsplatz
(Stachus)

Landsberger Str.

50
**Kinder- und
Jugendmuseum**

SCHWANTHALER
HÖHE

LUDWIGS-

Sonnenstr.

**Deutsches Museum
Verkehrszentrum**

52

Bavariaring

VORSTADT

Theresienstr.

Herzog-Heinrich-
Str.

51
Bavaria

wiese

Lindwurmstr.

400 m

400 yd

Oberwiesenfeld
U

Landshuter Allee

Lerchenauer Str.

Olympisches Dorf
48

Olympiazentrum U

**BMW-Welt
und -Museum 46**

Georg-Brauchle-Ring

Georg-Brauchle-Ring

Olympiahalle

Dachauer Str.

47

Olympia-
Schwimmhalle

Olympiastadion

Sea Life

Westfriedhof

Westfriedhof U

Olympiasee

OLYMPIAPARK

44
Olympiapark

Nederlinger Str.

Baldurstr.

Landshuter Allee

Wintrichring

Volpinistr.

49

**Ost-West-
Friedenskirche**

Ackermannstr.

Menzinger Str.

Nymphenburg-Biedersteiner-Kanal

U Gern

GERN

Dachauer Str.

Schwere-Reiter-Str.

Nederlinger
Str.

Schloßkanal

St.-Galler-Str.

NEUHAUSEN

Petrostr.

Leonrodstr.

Dachauer Str.

3
**Schloss
Nymphenburg**

Notburgastr.

NYMPHENBURG

Nymphenburger Str.

Romanstr.

Roman-
platz

45
Herz-Jesu-Kirche

Arnulfstr.

Nibelungenstr.

U Rotkreuzplatz

Wendl-Dietrich-Str.

Nymphenburger
Str.

U Maillingerstraße

Donnersbergerstr.

Arnulfstr.

400 m

400 yd

Mein Tag

zwischen Regenwäldern, Himalaya und Barockgarten

Statt Shopping steht heute viel Grün auf dem Programm – mal akkurat gepflegt, mal scheinbar wild und mal barock. Dabei gibt es viel zu sehen – und viel zu laufen. Aber wir machen auch gemütliche Pausen!

9.30 Uhr: Lustwandeln unter Palmen

Start am Botanischen Garten, der nordöstlich unmittelbar an den Park von ❸ ★★Schloss Nymphenburg anschließt: Gleich links vom Eingang geht's in exotische Gefilde: Das Palmenhaus vom Jahr 1910 und die angrenzenden Gewächshäuser bergen Pflanzen aller Klimazonen und Kontinente. Besonders spektakulär ist es, wenn die exotischen Seerosen im Victoriahaus ihre Blüten entfalten; im Winter schlüpfen im Wasserpflanzenhaus Hunderte von Schmetterlingen. Im Orchideenhaus kommt man sich angesichts der zur Schau gestellten Schönheiten vor wie bei Germany's next Top Model.

10.30 Uhr: Wenn im Frühjahr die Tulpen blühn

Den Gewächshäusern gegenüber kleidet sich der Schmuckhof je nach Jahreszeit mit einem wahren Feuerwerk von Frühlings-, Sommer- oder Herbstblüten. Von den Gärtnern so kunst- wie liebevoll zu verspielten Mustern und Formen gepflanzt, umrahmt die bunte Pracht ein Wasserbecken, über dessen Seerosen anmutig die Libellen tanzen.

9.30 Uhr: Lustwandeln unter Palmen

13.30 Uhr: Auf verschlungenen Wegen durch den Park

Start
9.30 Uhr

Botanischer
Alpinum
Orchideenhaus
Café
Palmenhaus
Garten
Victoriahaus

Schlosspark

Pagodenburg

Magdalenenklause

Schloss
Nymphenburg

13.30 Uhr

Schlosscafé

3 ★★

Großen
Parterre

Amalienburg

Badenburger
See

Badenburg

14.30 Uhr

Nymphenburg

Menzinger Str.

Nördliche Auffahrtsallee
Schloßkanal
Südliche Auffahrtsallee

GERN

Ende

17.30 Uhr

Ruffini

Grünwaldpark

45

Ruffinistr.

Romanstr.

Romanplatz

NYMPHENBURG

Renatastr.

Schlossgartenkanal

400 m
400 yd

14.30 Uhr: Der Aha-Effekt

17.30 Uhr: Himmlisches Defilee und kulinarische Genossen

11 Uhr: Vom Himalaya in die Farnschlucht

Nach Südwesten durchqueren Sie das Arboretum mit mächtigen alten Bäumen aus verschiedenen Kontinenten – selbst eine Sequoia ist dabei. Im Alpinum über dem Großen Teich kraxeln Sie zwischen Julischen Alpen und Himalaya herum – rein pflanzentechnisch, versteht sich. Am Bach entlang spazieren Sie auch noch durch eine schattige Schlucht – das Reich der Farne und Rhododendren. Wenn die in den Monaten April/Mai blühen, bieten sie ein atemberaubendes Farben-Spektakel.

12.30 Uhr: Pause bei einem Haferl Kaffee

Durch den Rhododendronhain geht's nordwärts in Richtung Café im duftenden Rosengarten. Mit Blick auf die Königinnen der Blütenwelt schmeckt ein Apfelstrudel zum Kaffee besonders gut. Südlich des Cafés öffnet sich ein Tor zum angrenzenden Nymphenburger Schlosspark: Den ursprünglich streng geometrisch konzipierten französischen Barockgarten baute Ferdinand von Sckell der Mode der Zeit folgend ab 1800 nach dem Vorbild eines englischen Landschaftsgartens um. Sie

Es grünt so grün – im Botanischen Garten (oben) genauso wie im Nymphenburger Park (rechts mit Apollo-Tempel, Amalienburg, Großem Parterre).

betreten eine Art Waldlandschaft mit geschickt platzierten Natur- und Architekturhighlights.

13.30 Uhr: Auf verschlunge- nen Wegen durch den Park

Eines dieser Architekturhighlights im Nymphenburger Park ist die Magdalenenklause mit ihrem un- verputztem, dekorativ bröckelndem Mauerwerk. Im betont schlicht ein- gerichteten Innern verkörpert die Einsiedelei unter hohen Bäumen das Kontrastprogramm zum höfi- schen Luxus. Den repräsentiert die Pagodenburg westwärts durch Wald am Ufer des Pagodenburger Sees: Eine orientalische Villa mit Lack- schirmen, weiß-blauen Kacheln, sei- denbespannten Wänden und stili- sierten China-Drachenlampen.

14.30 Uhr: Der Aha-Effekt

Nach Westen hin laufen Sie nun auf eine große Wiese zu: Sie sehen nichts? Eben, genau das ist es: große Gartenbaukunst! Hier wurde die Schlossmauer so abgesenkt, dass der fürstliche Promeneur seinen Blick weit schweifen lassen konnte. Aha! Davor geht's nach links zur Großen Kaskade, die das Wasser für den Park in den zentralen Mittel- kanal einspeist und verteilt. Zum Beispiel zur Badenburg, Max Ema- nuels luxuriösem Hallenbad.

15 Uhr: Wo der kleine Ludwig spielte

Auch das Wassernetz gestaltete Sckell neu: Er führte mäandernde Bächlein durch seine artifizielle Waldlandschaft. So wie im Kron-

15 Uhr

17.30 Uhr

prinzengarten mit Hexenhaus – recht beliebt bei Münchner Kindern, weil man im Bach wunderbar plantschen kann. Nicht weit entfernt schmückt die hübsche Amalienburg mit Salon, Spiegelsaal und Fasanenzimmer eine kleine Lichtung.

16 Uhr: Pause im Palmenhaus

Das Große Parterre ist der verbliebene Rest der ursprünglichen Gartenanlage. Genießen Sie das grandiose Zusammenspiel von Fontäne, Statuen und der Schauseite des Nymphenburger Schlosses! Alles ist hier auf Sichtachsen ausgerichtet: vom Schloss zur Kaskade. Wenige Schritte weiter gelangen Sie zum Café im Palmenhaus. Zeit für einen Imbiss zwischen blühenden Rabatten oder drinnen unter Palmen.

17.30 Uhr: Himmlisches Defilee und kulinarische Genossen

Auf das Schloss zugehend, nehmen Sie das Defilee der Himmlischen ab: Entlang des Mittelgangs des Großen Parterre sind Statuen von Apollo und Venus, Jupiter und Ceres, Pluto und Proserpina versammelt; dazwischen blühen Tulpen, Narzissen, Primeln oder Rosen im Wechsel der Jahreszeiten. Der Kanal setzt sich hinter dem Schloss fort und verläuft nach Osten. An der wunderbar-modernen ㊺ Herz-Jesu-Kirche vorbei erwartet Sie ein Anachronismus der Münchner Gastroszene zum Abendessen: das Ruffini. 1978 als selbstverwalteter Betrieb gegründet, wird es bis heute von 28 Gesellschaftern geführt. Zum Abendessen servieren sie feinste mediterrane Küche in Bio-Qualität.

❸ ★★Schloss Nymphenburg

Warum?	Besichtigung und Erholung, Kunst und Natur
Was?	Ein Prunkschloss, ein herrlicher Park, ein Kutschenmuseum
Wie lange?	Ganz nach Belieben
Wann?	Unbedingt bei schönem Wetter
Was bleibt?	Der Eindruck: O wie schön ist Nymphenburg!

Wenn es den Kurfürsten zu heiß wurde oder wenn sie erschöpft waren vom Regieren, flüchteten sie in ihre Sommerresidenz nicht weit vor den Toren der Stadt, wo das Schloss Nymphenburg südliches Flair verströmte.

Zur Geburt des Sohnes Maximilian Emanuel schenkte Kurfürst Ferdinand Maria 1663 seiner Frau Henriette Adelaide die Schwaige Kemnath, die zur »Urzelle« von Schloss Nymphenburg wurde.

Die Crème de la Crème der europäischen Baumeisterszene hatte die Schlossanlage zunächst im Stil des Barock, später des Rokoko gestaltet. Nach den Italienern Agostino Barelli, Enrico Zuccalli und Antonio Viscardi trieben die Münchner Baumeister Joseph Effner, François Cuvilliés d. Ä. und später Johann Baptist Zimmermann unter Max II. Emanuel (bis 1726), Karl Albrecht (bis 1745) und Maximilian III. Joseph (bis 1777) den Ausbau voran. So entstand eine weitläufige symmetrische Schlossanlage, die bis zum Ende der Monarchie im Jahr 1918 als Sommerresidenz der Wittelsbache diente.

Göttlicher Müßiggang und eine irdische Schönheitsgalerie

Pracht und Prunk im Rokokostil dominieren auch das Innere. Stuck, Fresken, Gold, Gobelins, Gemälde, wohin man auch blickt. Am eindrucksvollsten ist der zentrale Steinerne Saal, über dem sich Johann Baptist Zimmermanns Riesenfresko wölbt. Da frönen olympische Götter von Venus bis Apoll dem Müßiggang, während – eine allegorische Anspielung auf »Nymphenburg« – Nymphen der Naturgöttin Flora huldigen. Züchtig und keusch und fast ein wenig zu naiv blicken die Damen der Schönheitsgalerie Ludwigs I. dem Betrachter entgegen. Ab dem Jahr 1823 malte der Hofmaler Joseph Stieler die hübschen Damen aus allen Gesellschaftsschichten. Darunter auch Maria Dolores Elisa Gilbert in Puffärmeln und hoch geschlossenem Spitzenkragen, besser bekannt als Lola Montez.

An der Westseite des nach italienischen Vorbildern errichteteten »Lusthauß Nymphenburg« öffnet sich der Blick zum Park. Das Deckengemälde des festlichen Steinernen Saals zeigt den olympischen Götterhimmel.

Königliche Parkpromenade

Im Jahr 1715 wurde der Gartenarchitekt Dominique Girard für die Anlage des Schlossparks verpflichtet. Als gegen Ende des 18. Jh.s der Adel das Volk nicht mehr auf Distanz halten konnte, übergab Kurfürst Karl Theodor 1792 den Barockpark der Öffentlichkeit. Allerdings wollte man auch weiterhin up to date sein, weshalb Ludwig von Sckell die Parkanlage ab dem Jahr 1804 zu einem englischen Landschaftsgarten umgestaltete.

Für Feierlichkeiten, als Repräsentationsobjekte oder als Rückzugsmöglichkeiten wurden schon Anfang des 18. Jh.s mehrere Dependancen in Auftrag gegeben und »geplant zufällig« über den Schlosspark verteilt. Die Gartenschlösser Amalienburg, Badenburg (mit »Hallenbad«) und die ganz

ostasiatisch gehaltene Pagodenburg zeigen Prunk en minia-
ture. Vor allem das von Cuvilliés in den Jahren 1734 bis 1739
erbaute Jagdschlösschen für Kurfürstin Amalie ist ein wah-
res Rokokoprachtstück von beispielloser Eleganz und Leich-
tigkeit. Dagegen sollte die Magdalenenklause als künstlich
geschaffene Ruine ganz im Sinn der Romantik die Suche
nach Weltabgeschiedenheit verkörpern.

Kutschen und Porzellan

Links: im
Audienzzimmer
des Schlosses.
Rechts:
Prunkkutsche
im Marstall-
museum.

Mobilität war schon den Kurfürsten ein hoher Wert. Allerdings haben die meisten Prunkkutschen im Marstallmuseum
im Südtrakt des Schlosses keine hohe Kilometerleistung
hinter sich, sie dienten hauptsächlich dem Repräsentieren.
Den Höhepunkt bildet die Krönungskarosse, die 1742 bei

der Inthronisation von Karl
Albrecht als Kaiser Karl VII.
über Frankfurts Pflaster
holperte. Noch filigranere
Handwerkskunst zeigt das
Museum Nymphenburger
Porzellan. Künstler wie
Dominikus Aurliczek und
Franz Anton Bustelli, der
erste Modellmeister der
hiesigen Porzellanmanufaktur, hatten die Münchner Porzel-
lankunst im 18. Jh. zu einer ersten Hochblüte gebracht.

In voller Blüte

Im Norden des Nymphenburger Parks entführen Gewächshäuser in den Dschungel und in die Wüste – das Freigelände
präsentiert die Vielfalt der einheimischen Flora (Neuer Botanischer Garten, Menzinger Str. 65, www.botmuc.de)

KLEINE PAUSE

Im **Schlosscafé im Palmenhaus** genießen Sie unter einem
riesigen Ludwig II. in Öl und unter Palmen – oder im Sommer im Freien – Kaffee und Kuchen.

 ✛ 212 A3 ✉ Schloss Nymphenburg
☎ 089 17 90 80 ⊕ www.schloesser.
bayern.de ❶ 9–18, Winter bis 16 Uhr

(Parkschlösschen Mitte Okt.–März
geschl.); Tram 12 Schloss Nymphenburg
💰 11,50 € (Mitte Okt.–März 8,50 €)

Mit dem Gondoliere auf dem Nymphenburger Kanal

Früher war das gang und gäbe: Die höfische Gesellschaft schaukelte auf Prunkbooten auf dem Nymphenburger Kanal herum und spielte Venedig. Wäre das etwas für Sie? Dann besprechen Sie mit dem Gondoliere am Mittelkanal, wann die nächste Fahrt stattfindet, und reservieren sich einen Platz. Auf der original venezianischen Gondel den Kanal bis zur Kaskade und wieder zurück zu schippern, das hat was. Seidenschirmchen und Puderperücke nicht vergessen!

Reservierung direkt vor Ort oder unter Tel. 0175 6 00 04 68, www.gondel-nymphenburg.de, Ostern bis Mitte Okt. tgl. 11–18 Uhr, Dauer 30 Min., 15 €

44 Olympiapark

Was für eine Karriere: Exerziergelände, Zeppelinlandeplatz, Halde für Bombenschutt und dann, 1972, Schauplatz der XX. Olympischen Sommerspiele mit einer einzigartigen Zeltdacharchitektur!

Heute ist der Olympiapark eines der größten innerstädtischen Erholungsgebiete: Am Olympiaberg treffen sich im Winter Skifahrer und Snowboarder – auch zum Einkehrschwung in der Original-Skihütte! Inlineskater sausen um den Olympiasee, Jogger keuchen bergauf, Kinder lassen Drachen steigen oder fahren Schlitten; das Schwimmstadion ist ein beliebtes öffentliches Schwimmbad. Der Theatron-Musiksommer präsentiert auf der Bühne am See fetzige Newcomer-Bands und internationale Gruppen. Und beim Sommer-Tollwood jenseits des Olympiabergs geben sich im Juni Musiker, Kleinkünstler und die alternative Szene ein Stelldichein.

Im Olympiastadion verfolgten während der Olympiade 1972 80 000 begeisterte Zuschauer die Wettkämpfe,

Auferstanden aus Ruinen

Überragt wird das Areal vom fast 290 m hohen Olympiaturm. Von der Aussichtsplattform in 190 m Höhe ist der Blick phänomenal; vor allem, wenn der Föhn die Bergkette der Alpen täuschend nah an Münchens Stadtgrenze holt.

Ein ähnlicher Rundumblick aus nur 52 m Höhe bietet sich vom Olympiaberg, unter den älteren Münchnern immer noch als »Schuttberg« bekannt, denn nichts anderes als der Schutt des im Zweiten Weltkrieg bombar-

dierten und in großen Teilen zerstörten München verbirgt
sich unter den Hügeln des Olympiaparks.

Ein architektonischer Geniestreich

Das Olympiastadion, die Große und die Kleine Olympiahalle
sowie die Olympiaschwimmhalle wurden 1968–1972 nach
Plänen der Architekten Behnisch & Partner errichtet. Das
spektakuläre Zeltdach, das Stadion und Hallen überspannt,
entwickelte der Architekt Frei Otto: ein 75 000 m² großes
Stahlnetz, das an zwölf bis zu 81 m hohen Masten hängt und
mit Acrylglas gedeckt ist.

Die XX. Olympischen Spiele

All das entstand für die XX. Olympischen Sommerspiele
1972, die als »heiter« gefeiert wurden und doch so grausam
endeten. Am 5. September 1972 überfiel ein palästinensi-
sches Terrorkommando die israelische Männermannschaft,
ermordete zwei Sportler und erreichte in quälenden Ver-
handlungen, dass Entführer und Geiseln nach Fürstenfeld-
bruck gebracht wurden, wo eine Befreiungsaktion im Blut-

Auf der
»Zeltdach-
Tour« können
Schwindelfreie,
gesichert mit
Karabiner und
Seil, das Olym-
piastadion von
oben betrach-
ten und mit
dem Flying Fox
abfahren.

Im Uhrzeigersinn von ganz oben: Blick von der Aussichtsplattform des Olympiaturms auf die weitläufige Parkanlage, Joggerin am Olympiaberg, Zeltstadt beim Sommertollwood.

bad endete. Lange Zeit war ein Gedenkstein vor dem Haus in der Connollystr. Nr. 31 die einzige Erinnerung an diese Ereignisse; 2017 wurde ein Mahnmal eingeweiht, das der zwölf Opfer gedenkt und das schreckliche Geschehen in einem halbstündigen Film thematisiert (Kolehmainenweg 11).

KLEINE PAUSE
Im **Drehrestaurant** im Olympiaturm gibt es mittags leichte Bistroküche mit der besten Aussicht über die Stadt und das Umland.

 ✛ 200 B3 ☎ 089 306 70; Olympiaturm 089 30 66 85 85; Olympiastadion 089 30 67 27 07 ⊕ www.olympiapark.de ❶ Olympiaturm 9–24 Uhr; Olympiastadion Mai–Aug. 9–20, März, April, Sept., Okt. 11–16 Uhr ◪ Olympiazentrum ➹ Olympiastadion 3,50 €, Olympiaturm 9 €

④⑤ Herz-Jesu-Kirche

Warum?	Einer der spektakulärsten Sakralbauten Münchens
Was?	Zwei ineinander verschachtelte Kuben bilden einen grandiosen Kirchenraum
Wie lange?	Wie es Ihnen gefällt
Wann?	Wenn die Sonne scheint, leuchtet der Glaskubus besonders schön
Was noch?	Den Kreuzweg erkunden

Die größten Kirchentüren der Welt laden ein, weit geöffnet, zumindest wenn das Wetter stimmt … Der Aufschwung der modernen Architektur in München hat auch den Kirchenbau erreicht: Die Herz-Jesu-Kirche in Neuhausen setzt neue Maßstäbe.

Nachdem ein Feuer 1994 die alte Herz-Jesu-Kirche an der Lachnerstraße völlig zerstört hatte, bot sich an gleicher Stelle die Gelegenheit für einen Kirchenneubau. Die Gemeinde wünschte ein modernes Gotteshaus, ungewöhnlich, wegweisend, offen. Der Kirchenraum solle konzeptionell einheitlich, wie es in der Ausschreibung hieß, »Klarheit, Ruhe und Geborgenheit ausstrahlen. Besonderes Augenmerk ist der Lichtführung zu widmen, die die Feierlichkeit des Raumes steigern und den Altar als Mittelpunkt herausheben soll«. Das Architekturbüro Allmann/Sattler/Wappner erhielt den Zuschlag. Die im Jahr 2000 geweihte Kirche besteht, vereinfacht gesprochen, aus zwei Kuben, die gleichsam übereinandergestülpt wurden. Die Wand des inneren »Würfels« machen Lamellenwände aus Ahornholz aus, die äußere Raumhülle aus Glas wirkt wie über den inneren Schrein gesetzt. Mithilfe der Lamellen und des Glases führen die Architekten geschickt Lichtregie.

Gespiegeltes Blau: zum Ruhme Gottes.

Verschlüsselte Botschaften
Zwischen den beiden Würfeln verläuft ein hoher Wandelgang mit einem modernen Kreuzweg.

Im Eingangsbereich fällt das Kruzifix auf – eines der wenigen Objekte, die den Brand von 1994 überstanden haben. Die Passion Christi nehmen die 14 m hohen Portalflügel ikonografisch auf: Der Künstler Alexander Beleschenko hat den Text aus dem Johannesevangelium, der von der Öffnung der Seite Jesu mit der Lanze berichtet, in einen speziell für die Tore entwickelten Code aus Nägeln umgewandelt – Geheimschrift also, Dechiffrierung unmöglich!

Passion als Kunstinstallation

Im Kirchenraum führen die Fünf Wunden das Thema Leidensgeschichte fort: Fünf kleine Fenster im Boden symbolisieren die Wundmale Jesu. Zentraler Blickfang und Höhepunkt der konzeptionellen Ausrichtung des Gotteshauses auf die Passion ist der Kreuzvorhang hinter dem Altar. Das Metallgewebe lässt durch unterschiedliche Webtechniken und durch verschiedene Dichte in der doppelt gearbeiteten Struktur ein Kreuz deutlich gegenüber dem Rest des Vorhangs hervortreten – ein Effekt, den Kunstlicht

Lamellenwände aus Ahornholz bestimmen das lichte Innere der Kirche.

am Abend noch intensiviert. Der Kreuzvorhang nimmt also, ähnlich wie das halb durchscheinende Portal aus blauen Glastäfelchen, die Leitlinie des gesamten Kirchenbaus auf: mithilfe von Licht das Leiden Christi darzustellen.

Was jenseits aller architektonischen und konzeptionellen Programmatik die Kirche bemerkenswert macht, ist die exzellente Akustik. Unter Münchens Hobbychören hat es sich bereits herumgesprochen, dass selbst zarte Stimmchen nirgends schöner klingen als hier.

KLEINE PAUSE

Verfeinerte italienische Küche bietet das Restaurant **Romans** (Romanstr. 1) in der Nähe der Herz-Jesu-Kirche. Eine Portion Nudeln oder ein Risotto – und weiter geht's.

 ✝ 204 westl. A3 ✉ Lachnerstr. 8 ☎ 089 130 67 50 🕐 8–19 Uhr
🌐 www.erzbistum-muenchen.de 🚩 Rotkreuzplatz

Nach Lust und Laune!

Die BMW-Welt ist ein futuristisch anmutendes Erlebniszentrum rund um die automobile Welt.

46 BMW-Welt und -Museum

Als erstes sticht die Architektur des BMW-Auslieferungszentrums ins Auge. Die Übergabe des neuen Fahrzeugs an den Käufer wird in dem auffälligen Bau der Architekten Wolf D. Prix und Coop Himmelb(l)au als feierliches Event zelebriert. Entsprechend edel ist das Drumherum: die Ausstellung »Markenwelt«, die Gastronomie, das Veranstaltungsprogramm mit Musik und Show. Erstaunlicherweise ist die BMW-Welt die am häufigsten besuchte Attraktion in Bayern. Das BMW-Museum nebenan zeigt die bekanntesten und ausgefallensten Automobile, Motorräder und Motoren aus der mehr als hundertjährigen Firmengeschichte.

✚ 200 C5 ✉ Am Olympiapark 1 ☎ 089 125 01 60 01 ⊕ www.bmw-welt. com ❶ BMW-Welt Mo-Sa 7.30–24, So 9–24, Museum + Shop Di-So 10-18 Uhr ⚏ Olympiazentrum ✦ Museum 10 €

47 Sea Life

Faszination Unterwasserwelt: Das Erlebnisaquarium auf dem Olympiagelände begeistert Besucher mit 33 Becken, in denen u.a. über 20 verschiedene Haiarten ihre Kreise drehen. Großen Wert legt man auf die Themen Umwelt- und Artenschutz.

✚ 200 C4 ✉ Willi-Daume-Platz 1 ☎ 089 45 00 00 ⊕ www.visitsealife. com ❶ Mo-Fr 10-17, Sa, So bis 18 Uhr, ⚏ Olympiazentrum ✦ 18,50 € (online nur 9,95 €)

48 Olympisches Dorf

Hier wohnten im Sommer 1972 für ein paar Wochen Sportler aus aller Welt, in den Hochhäusern genauso wie in den kleinen Bungalows. Die Mehrzahl der ehemaligen Sportlerunterkünfte wurde schon längst zu Eigentumswohnungen umfunktioniert. Aber die Zimmer in einem der Hochhäuser sowie die Bungalows lindern das Wohnungsproblem für Studenten in München. Und die lassen ihrer Kreativität freien Lauf, wie ein Bummel durch die Gässchen der Bungalowanlage zeigt: Viele Häuschen sind fantasievoll bemalt, mal windet sich Nessie über die Hausfront, mal spitzen Giraffen ihre Köpfe aus dem Efeu. Allerdings blättern überall Putz und Farbe, aber vielleicht gehört das ja zum leicht anarchisch anmutenden Touch dieser kleinen Siedlung.

✛ 200 B5 ⚏ Olympiazentrum

Studentenbungalow im Olympischen Dorf.

49 Ost-West-Friedenskirche

Das skurrile russisch-orthodoxe Kirchlein aus Zivilisationsmüll wie Schokoladenpapier und Blechdosen südwestlich des Olympiabergs und sein Erbauer, der russische Einsiedler Väterchen Timofej, genießen unter eingesessenen Münchnern fast so etwas wie Kultstatus. Timofej hat hier nicht nur seit 1952 über Jahrzehnte autark gelebt und Eremitage wie Kirche errichtet, er hat auch der Bürokratie die Stirn geboten: Als auf »seinem Areal« das olympische Reiterstadion entstehen sollte, trotzte er – mit Unterstützung der Münchner – dem Räumungsbefehl, und das Stadion wurde schließlich im fernen Riem erbaut! Im Jahr 2004 ist Timofej, um dessen angeblich weit über 100 Lebensjahre sich endlose Spekulationen ranken, im Altersheim gestorben.

✛ 200 B3 ◷ bei schönem Wetter 10–16 Uhr ⚏ Olympiazentrum

50 Kinder- und Jugendmuseum

Die Kinder neugierig zu machen, sie zum Staunen, Mitmachen, Lernen und Verstehen zu bringen – das hat sich das Museum in einem Seitentrakt des Hauptbahnhofs zum Ziel gesetzt. Dementsprechend breit präsentiert sich das Spektrum an Kinder- und Jugendthemen: Mal können die Kleinen Riesenseifenblasen machen – eine ziemlich schmierige Sauerei, aber schön! –, mal dürfen sie die Wunderwelt der

Immer ein guter Treffpunkt: die Bavaria auf der Theresienwiese.

Chemie erforschen, mal gehen die Ausstellungsmacher das Tabuthema Tod kindgerecht an.

✝ 204 C1 ✉ Arnulfstr. 3 ☎ 089 54 04
64 40 ⊕ www.kindermuseum-muen
chen.de ◗ Di–Fr 14–17, Sa/So und
Schulferien 10–17 Uhr ⚑ Hauptbahnhof ✈ 5,50 €

51 Bavaria

Wollten Sie schon immer mal einen Blick in das Innenleben einer Frau werfen? In Ludwig von Schwanthalers 1560 Zentner schwerer, 18 m hoher, aus Bronze gegossener Matrone können Sie gar über 130 Stufen bis in den Kopf vordringen! Mit Eichenkranz und Schwert wacht die Symbolfigur Bayerns zusammen mit dem ehernen Löwen über die Theresienwiese und im Herbst über den Trubel des Oktoberfests. Hinter der Bavaria erinnert Klenzes dorische Ruhmeshalle von 1834 mit zwei Gedenktafeln und 97 Büsten an 114 herausragende bayerische Persönlichkeiten (sowie mit einer weiteren Büste an den Stifter Ludwig I.).

✝ 208 B3 ✉ Theresienhöhe 16
☎ 089 29 06 71 ◗ April–15.Okt. 9–18
Uhr, während des Oktoberfestes bis
20 Uhr ⚑ Theresienwiese ✈ 3,50 €

52 Deutsches Museum Verkehrszentrum

Dem Thema Verkehr und Mobilität widmet sich dieser Ableger des Deutschen Museums in den drei denkmalgeschützten Hallen auf der Münchner Theresienhöhe. Technologie, Geschichte und Zukunftsperspektiven des Verkehrs stehen im Mittelpunkt. Halle I demonstriert »Chaos und Ordnung des Stadtverkehrs«. Halle II beschäftigt sich mit dem Thema Reisen – von den verschiedensten Verkehrsmitteln bis hin zu den problematischen Folgen schier unbegrenzter Mobilität. Von Kutschen über Dampflokomotiven bis hin zum Transrapid reicht der Bogen, den die Ausstellung in der Halle III schlägt.

✝ 208 A3 ✉ Theresienhöhe 14 a
☎ 089 500 80 67 62 ⊕ www.deutsches-
museum.de/verkehrszentrum/
◗ 9–17 Uhr ⚑ Schwanthaler Höhe ✈ 7 €

Wohin zum ...
Essen und Trinken?

Preise für ein Essen (z.B. ein Tages-/ Hausmenü, im Regelfall inkl. Getränk):

€   unter 20 €
€€   20–50 €
€€€ über 50 €

RESTAURANTS

Broeding €€€
Es gibt nur ein täglich wechselndes Menü, aber das ist vom Feinsten: Frische, Kreativität und Stil vereinen sich hier zu einem wahren Hochgenuss.
✛ 212 östlich C1 ✉ Schulstr. 9 ☎ 089 16 42 38 ⊕ www.broeding.de ❶ Mo–Sa ab 18 Uhr ⊠ Rotkreuzplatz

Ewiges Licht €
Wer hierherkommt, wird mehr als satt – und das auch noch bei durchaus guter Qualität. Auf der Karte zum Beispiel: Aufgeschmelzte Brez'nsuppe mit Fleischeinlage und Schnittlauchgarnierung, Bauernsülze mit Zwiebelbratkartoffeln und Remoulade sowie ein Saures Lüngerl, das es fast nirgends mehr gibt.
✛ 212 östlich C1 ✉ Wälsungerstr. 1 ☎ 089 18 92 13 80 ❶ Mo–Fr 11–24, Sa ab 16, So 10 bis 22 Uhr; Tram 16 Steubenplatz

Marais Soir €€€
Im Dunkeln ist's gut munkeln – aber auch gut essen? Hier schon, das Marais Soir pflegt französische Kochkunst auf hohem Niveau und serviert, wenn der Gast es möchte, in einem ziemlich dunklen Raum, den nur eine »Mondscheibe« an der Wand erhellt. Ein Lokal für den besonderen Abend!
✛ 208 A5 ✉ Schwanthalerstr. 131 ❶ 089 62 83 86 62 ⊕ www.marais-soir.de ❶ Mo–Sa 18 bis 1 Uhr ⊠ Schwanthalerhöhe

Osteria Mugolone €€–€€€
Hier kommen mediterran und toskanisch inspirierte Eigenkreationen auf den Tisch. Die Speisekarte wechselt täglich, verwendet werden nur Zutaten von höchster (ökologischer) Qualität. Zuvorkommender Service.
✛ 204 A3 ✉ Maillingerstr. 12 ☎ 089 12 73 98 36 ⊕ www.osteria-mugolone.de ❶ Mo–Fr 11.30 bis 15/18–24, Sa 18–24 Uhr ⊠ Maillingerstraße

Ruffini €–€€
Das Ruffini (siehe »Mein Tag ...«, S. 147) ist ein Münchner Klassiker (seit 1978). Auf beste Qualität wird geachtet, das Fleisch ist rein biologisch. Der kulinarische Schwerpunkt liegt auf Italien. Die Speisekarte spricht auch Vegetarier an. Mit Weinseminaren, Livemusik und Lesungen betreibt man Kulturpflege, im Sommer gibt es eine Terrasse.
✛ 212 östlich C3 ✉ Orffstr. 22 ☎ 089 16 11 60 ⊕ www.ruffini.de ❶ Di–So 10–24 Uhr ⊠ Rotkreuzplatz

Volkart Tapas Bar €€
Ein kleiner Abstecher nach Spanien gefällig? Tapas, Paella, Cocktails, Weine, Musik, ja selbst Küchenpersonal und Kellner sind Botschafter ihrer spanischen oder lateinamerikanischen Heimat. Das Essen ist lecker und die Stimmung locker und entspannend wie eine Sangria auf Ibiza.
✛ 204 westl. A5 ✉ Volkartstr. 15 ☎ 089 21 96 98 83, Mo–Sa 17–24 Uhr ⊕ www.volk-art.com ⊠ Rotkreuzplatz

EISCAFÉ

Sarcletti
Berühmt für das vielleicht beste Eis der Stadt: Die Sarclettis eröffneten schon im Jahr 1879 eine erste Eisdiele an der Isar.
✛ 212 östlich C2 ✉ Nymphenburger Str. 155 ☎ 089 15 53 14 ⊕ www.sarcletti.de ❶ 9–21/ 23.30 Uhr ⊠ Rotkreuzplatz

BIERGÄRTEN

Augustinerkeller €–€€
Unter den riesigen, teils über 100 Jahre alten Kastanien verstreicht die Zeit schnell bei einer Brotzeit aus der »Schmankerlngasse« und einer Maß aus dem Holzfass. Bei schlechtem Wetter gibt's bayerisch-deftige Gerichte auch im historischen Bierkeller.
✛ 204 B2 ✉ Arnulfstr. 52 ☎ 089 59 43 93 ⊕ www.augustinerkeller.de ❶ 11.30–24 Uhr; Tram 16, 17 Hopfenstraße

Hirschgarten €

Der Biergarten ist einer der beliebtesten (und größten) in München. Immer noch ein Geheimtipp: das Magdalenenfest Mitte Juli, eine kleine »Dult« (Jahrmarkt) gleich beim Biergarten.

⌖ 212 C1 ✉ Hirschgarten 1 ☎ 089 17 25 91
● 11–24 Uhr ◻ 51 Hirschgartenallee; Tram 12 Romanplatz

Löwenbräukeller €–€€

Das riesige Wirtshaus mit dem Türmchen und dem Biergarten am Stiglmaierplatz ist nicht zu verfehlen. Im Bräustüberl servieren gestandene Kellnerinnen Deftiges.

⌖ 204 C3 ✉ Nymphenburger Str. 3 ☎ 089 54 72 66 90 ⊕ www.loewenbraeukeller.com
● 10–24 Uhr ◻ Stiglmaierplatz

Taxisgarten €

Im Schatten von hohen Eschen und Kastanien versorgen Sie sich nach guter alter Biergartenmanier in Selbstbedienung mit den typischen Biergarten-»Schmankerln« (Fleisch aus der betriebseigenen Metzgerei). Dazu gibt's eine kühle Maß – so lässt sich's aushalten!

⌖ 212 östlich C3 ✉ Taxisstr. 12 ☎ 089 15 68 27 ⊕ www.taxisgarten.de ● 10–22.30 Uhr ◻ Gern

Wohin zum ... Einkaufen?

Himmelblau (Nymphenburger Str. 179) wie der Name des Ladens ist auch die Türe, die in ein kunterbuntes Reich von Töpfen, Accessoires, Praktischem, Dekorativem und Überflüssigem führt. Da werden Sie garantiert etwas finden! Ob der Lieblings Laden (Nymphenburger Str. 178) auch ihr Lieblingsladen wird? Hier gibt es ebenfalls verschiedenste Accessoires, Dekoartikel, Taschen und Kleidung zum Stöbern, nur alles etwas eleganter. Wein, und zwar vom Feinsten, vor allem aus Frankreich und Italien, findet man bei Vin-Wein-Vino (Nördliche Auffahrtsallee 66); vom Besitzer wird man kompetent beraten. Ein paar Häuser weiter findet man in Flügels Spiel & Holzwerkstatt (Nördliche Auffahrtsallee 62) farbenfrohe Mitbringsel

aus Holz. Wer 14 800 Euro für einen Standbrunnen übrig hat, dem sei die Porzellan Manufaktur Nymphenburg (Nördliches Schlossrondell 8) empfohlen. Man kann sich aber auch für eine Servierplatte für 29 500 Euro entscheiden ... oder für einen bayerischen Löwen ab 29 Euro ...

Wohin zum ... Ausgehen?

DISKOTHEKEN, CLUBS

In der »Container-Stadt« des Backstage (Reitknechtstr. 6, Tel. 089 126 61 00, www.backstage.eu, 19–4 Uhr) bestimmt gitarrenlastiger Rock von Punk bis Ska den Mix aus Konzerten und DJ-Musik. Der Oldie unter Münchens Partyhallen ist die Nachtgalerie (Landsberger Str. 185, Tel. 089 59 98 96 40, www.nachtgalerie.de, Fr/Sa und jeden 1. Do/Monat 22–5 Uhr). Der Clubkultur in allen Variationen widmet sich auch das Feierwerk (Hansastr. 39, Tel. 089 72 48 80, www.feierwerk.de). DJs und Live-Acts spulen das ganze Programm ab: Independent, Elektro, Drum 'n' Bass, Techno, Goa. Allerdings ist in Kranhalle, Hansa 39 und Orangehouse vor 22.30 Uhr noch kaum etwas los. Wer mit dem Bus kommt, kann noch im Bahnhof zum Neuraum (Arnulfstr. 17, Tel. 089 38 1 53 89 99), www.neu raum.de, Fr/Sa ab 22.30) in den Untergrund gehen – mit der größten LED-Wand der Stadt fürs »Visual-Jockey-Programm«.

THEATER & KLASSISCHE MUSIK

Avantgarde-Theater mit internationalen Gastspielen hat sich das Pathos München ins Programm geschrieben (Dachauer Str. 110 D, www.pathosmuenchen.de). Die Nymphenburger Schlosskonzerte im Hubertussaal versprechen ein ganz besonderes Musikerlebnis (www.schloss-nymphenburg.de). Das Blutenburg-Theater (Blutenburgstr. 35, Tel. 089 123 43 00, www.blutenburg-theater.de) hat sich auf die dramaturgische Umsetzung von Kriminalstücken spezialisiert.

Sonnenuntergang bei St. Heinrich am Starnberger
See – ein ganz besonderer Moment.

Ausflüge

Raus aus der Stadt – und hin zu idyllischen Seen, dem Museum eines eigenwilligen Künstlers und zu bayerischer Schlösserpracht.

Seite 162–175

Natur & Kultur

Auch jenseits der bayerischen Hauptstadt
gibt es noch viel zu entdecken.

Im Süden der Stadt erwartet Sie Münchens »Badewanne«, der
Starnberger See, mit glühenden Alpengipfeln und dem Museum
eines grandiosen Exzentrikers. Im Norden promenieren Sie
durchs bayerische Versailles, Schloss Schleißheim, und bewundern die »Tante Ju« bei Start und Landung – oder gar einen
Zeppelin. Etwas weiter weg: König Ludwigs Traumschlösser
Neuschwanstein und Linderhof.

Starnberger See

Warum?	»Sisi« war auch schon da
Was?	Pack die Badehose ein!
Wie lange?	Einen ganzen Tag
Wann?	Wenn die Sonne lacht, zeigt sich der vor einer grandiosen Alpenkulisse gelegene See von seiner schönsten Seite
Was noch?	Expressionisten, Wallfahrer und das Andechser Gefühl

Hier verbrachten schon die Wittelsbacher Könige ihre Sommer. Heute leben vor allem Prominente und Groß- industrielle am Seeufer. Wer sich das nicht leisten kann, fährt einfach von München her an den See: juchhe!

Für die Münchner ist der 56 km² große, lang gestreckte See vor allem eines: ihre liebste Badewanne. An seinem Ufer locken drei große »Erholungsgebiete« mit Liegewiesen, Würst- chenbuden, Eisverkäufern und Getränkeständen: Kempfen- hausen im Nordosten und Ambach im Südosten sowie ganz nostalgisch die Liegewiesen im Schlosspark Possenhofen, wo einst eine werdende Kaiserin ihren zahmen Hirsch spazieren führte. Natürlich gibt's auch noch viele andere Badestellen am See – jeder Münchner hat da seinen Geheimtipp.

An der 46 km langen Uferlinie des Starnber- ger Sees findet jeder seinen individuellen »Einstieg« wie hier in Percha.

Wo der König ins Wasser ging: bei Berg am Nordostufer des Sees.

Der Starnberger See ist aber auch ein Schicksalsgewässer für alle bayerischen Monarchisten. Denn hier, genauer gesagt bei der Gemeinde Berg am Nordostufer des Sees, ging am 13. Juni 1886 König Ludwig II. in die Fluten und ertrank unter rätselhaften Umständen. Ein schlichtes Holzkreuz im Wasser und eine neoromanische Votivkapelle erinnern an den unglücklichen Monarchen. Seine Cousine und Freundin Elisabeth, genannt »Sisi«, die spätere Kaiserin von Österreich, wuchs gegenüber von Berg am Westufer in Possenhofen auf und verbrachte fast jeden Sommer in einem Feriendomizil nebenan in Feldafing. Auf der vorgelagerten Roseninsel sollen die beiden Königskinder heftig geturtelt haben ...

Auf Sisis Spuren

Possenhofen erreichen Sie auf der Regionalstraße von Starnberg nach Tutzing. Schloss Possenhofen ist zwar in Privatbesitz, aber vom öffentlich zugänglichen Schlosspark aus können Sie einen Blick auf das Anwesen mit seinen vier Ecktürmen werfen.

Die Roseninsel

Südlich von Feldafing erwarb König Maximilian II. von Bayern im Jahr 1848 ein Seegrundstück und beauftragte den Gartenarchitekten Joseph von Lenné mit der Anlage eines Schlossparks. Das Schloss selbst wurde allerdings nie gebaut; nur auf der vorgelagerten Roseninsel entstand eine kleine, »Casino« genannte Villa inmitten duftender Rosengärten. Maximilians Sohn Ludwig II. liebte diesen Ort und verbrachte viel Zeit auf dem Eiland. Wenn Sie ihm nacheifern und im Sommer die Rosen bewundern möchten, dann setzten Sie doch vom Schlosspark mit den traditionellen »Plätten«, den flachen, vom Bootsführer gestakten Lastkähnen, über. Die Fahrt dauert nur wenige Minuten, denn die einzige Insel des Sees liegt nur knapp 200 Meter von der Feldafinger Bucht entfernt. Das historisch Bedeutendste ist hier unter dem Wasser verborgen: die Reste einer steinzeitlichen Pfahlbautensiedlung, die als UNESCO-Welterbe zum universellen kulturellen Erbe der Menschheit gehört.

Das Museum der Phantasie

Südlich von Tutzing liegt in Bernried das Museum von Lothar Günther Buchheim (1918–2007). Der Autor des Weltbestsellers »Das Boot« war ein knorriger, unbequemer und oft auch ziemlich harsch auftretender Charakter. Doch in seinem nach jahrzehntelangem Ringen und Streit realisierten Museum zeigt sich der Künstler und Sammler von einer ganz anderen, heiteren Seite. Denn die berühmte Sammlung expressionistischer Kunst ist nicht das einzige Highlight des Museums. Da gibt's außerdem eine wunderbare Ausstellung von Hinterglasbildern, herrliche Kollagen aus herbstlichen Blättern von Buchheims Frau Ditti, nepalesische Stupas und afrikanische Skulpturen zu bewundern. Explizit wollte Buchheim nicht den Hauptwegen, sondern den »Wiesenpfaden der Kunst« folgen. Und so findet sich neben Kunst und Exotischem auch Kitsch und traditionell Bayerisches.

Günter Behnisch, der Architekt der Münchner Olympiabauten, schuf für das Buchheim Museum einen lang gestreckten, teils in den Hang hineingebauten Bau, der in einem 12 m über dem See schwebenden Steg endet.

Buchheims Expressionisten

Schwerpunkt der Sammlung sind Werke der Künstlervereinigung »Die Brücke« (1905–1913), der Ernst Ludwig Kirchner, Erich Heckel, Max Pechstein sowie als temporäre Mitglieder

Emil Nolde und Otto Mueller angehörten. Otto Dix, den Buchheim zur zweiten Expressionistengeneration zählt, ist mit einer großen Werkschau vertreten, ebenso Lovis Corinth als Vorläufer dieser spannenden Kunstepoche.

Schon von Weitem sichtbar thront Bayerns ältester Wallfahrtsort, das Kloster Andechs, auf dem gut 700 m hohen »Heiligen Berg«.

Kloster Andechs

Schöngeistiges (nicht nur) für Schöngeister findet man auch im Benediktinerkloster Andechs, ca. 20 km westlich von Starnberg nahe dem Ostufer des Ammersees entfernt. Seit der Gründung im Jahr 1455 brauen die Mönche hier oben das »Andechser Bier«. Eine Tour zum Starnberger oder zum benachbarten Ammersee wird also in den meisten Fällen im Bräustüberl von Andechs oder in dem schönen schattigen Biergarten enden. Doch bevor Sie sich dort den leiblichen Genüssen hingeben, lohnt ein Besuch der in den Jahren 1423 bis 1427 ursprünglich gotisch errichteten Wallfahrtskirche. Deren Inneres verwandelte Johann Baptist Zimmermann bis zum Jahr 1755 in einen beschwingten, üppig mit Stuck verzierten Rokoko(t)raum.

KLEINE PAUSE

Die Gastwirtschaft in Feldafing, in der Sisi zur Sommerfrische abzusteigen pflegte, heißt heute **Golfhotel Kaiserin Elisabeth** (Tutzinger Str. 2–6, 82340 Feldafing, Tel. 08157 930 90, www.kaiserin-elisabeth.de). Gönnen Sie sich ein Kännchen Kaffee auf der schönen Hotelterrasse.

Museum der Phantasie
✉ Am Hirschgarten 1, 82347 Bernried
☎ 08158 997 00 ⊕ www.buchheim museum.de ● April–Okt. Di–So 10–18 Uhr; Nov.–März Di–So 10–17 Uhr
🚉 S6 Tutzing, dann 🚌 9614 Buchheim-Museum; ♦ 9,50 €, Schiff+Museum 23,50 €

Kloster Andechs und Bierstüberl
✉ Bergstr. 2, 82346 Andechs
☎ 08152 37 60 ⊕ www.andechs.de
● 10–20 Uhr, Gaststätte bis 22.30 Uhr

🚉 S6 Starnberg, dann 🚌 951 Kloster Andechs (Bus fährt selten, am besten vorher nach den Zeiten erkundigen!); 🚉 S8 nach Herrsching, dann Wanderung ca. 4 km durchs Kiental

Anfahrt Starnberger See: Rund 20 km südwestlich von München; A 95 bis Starnberg, anschließend weiter auf Regionalstraßen um den See; S-Bahn-Verbindung S 6 von München nach Starnberg, Possenhofen, Feldafing und Tutzing

Neuschwanstein & Linderhof

Warum?	Das muss man mit eigenen Augen gesehen haben!
Was?	Traumschlösser vor märchenhafter Kulisse
Wie lange?	Einen ganzen Tag
Wann?	Nicht ohne vorher online Tickets reserviert zu haben
Was bleibt?	König Ludwig wusste schon, wo es am schönsten ist ...

Träume werden wahr – zumindest für Könige. Mit dem Bau der Schlösser Neuschwanstein und Linderhof erfüllte sich Ludwig II. seine sehnsuchtsvollen Fantasien und bescherte Bayern eine seiner zugkräftigsten Attraktionen.

Hoch auf einem Felsen thronend, zu Füßen der von dichten Wäldern umstandene Alpsee, gegenüber das romantische Schloss Hohenschwangau, das Ganze eingerahmt von den majestätischen Ammergauer Bergen – eine schönere Bühne hätte König Ludwig II. für sein Schloss Neuschwanstein nicht finden können. Als München den Wagnerverehrer brüskierte und Ludwig die Finanzierung eines Festspielhauses verwei-

Perfekte Inszenierung: Neuschwanstein erhebt sich oberhalb von Hohenschwangau vor einer herrlichen Alpenkulisse.

gerte, zog sich der König im Jahr 1867 enttäuscht ins väterliche Schloss Hohenschwangau zurück und fand prompt ein tröstendes Projekt: die »Neue Burg«, in der die mittelalterliche Sagenwelt aus Richard Wagners Opern zum Leben erweckt werden sollte.

Am 5. September 1869 legte man den Grundstein, doch wirklich vollendet wurde das Schloss nie: Wegen der immer wieder geänderten Pläne dauerte es 15 Jahre, bis Ludwig zumindest einziehen konnte; zwei Jahre später starb der König, und der Bau wurde eingestellt. Sein Ende gestaltete sich tragisch: Am 12. Juni 1886 überreichte man Ludwig II. in seinem Schlafzimmer auf Neuschwanstein die Unmündigkeitserklärung. Zusammen mit seinem Psychiater, der dieses Attest verfasst hatte, reiste Ludwig II. zwangsweise nach Schloss Berg. Einen Tag darauf ertranken beide im Starnberger See.

Von Helden und Schwänen

Etwas Kondition sollten Sie für den Besuch Neuschwansteins schon haben: Zu Fuß geht's zunächst etwa 30 Minuten bergauf bis zum Schlosshof; drinnen sind 300 Stufen zu bewältigen. Romantisch erreichen Sie das Schloss mit einer Pferdekutsche (Bergauffahrt pro Person 6 €).

Auf den ersten Blick sieht Neuschwanstein mit seinen weißen Türmchen und Zinnen wie eine perfekte, von Walt Disney kreierte Fantasieburg aus. Tatsächlich war es Ludwigs Märchenschloss, das dem Erfinder von Mickey & Co. als Vorbild diente. Der junge König hatte sich schon als Kind für die mittelalterliche Sagenwelt interessiert. In den Gestalten mythischer Helden wie dem Gralskönig Parzival, im Ritter Lohengrin und dem Dichter Tannhäuser fand er eigene Ideale wieder. Deshalb ließ er Neuschwanstein »im echten Stil der alten deutschen Ritterburgen« ausstatten: Jeder Raum wurde einer anderen Sagengestalt gewidmet und entsprechend eingerichtet. So ist sein Wohnzimmer vollständig mit Szenen aus der Lohengrin-Sage ausgemalt. Des Königs Arbeitszimmer schmücken Motive aus Wagners »Tannhäuser und der Sängerkrieg auf Wartburg «. Der Sängersaal steht ganz im Zeichen des ersten Teils der Lohengrinsage um Parzival und den Heiligen Gral. Und da sich Ludwig II. als König von Gottes Gnaden fühlte, ließ er den Thronsaal im Stil einer byzantinischen Kirche dekorieren. Der nie aufgestellte Thron sollte den Platz des Altars einnehmen.

So unterschiedlich die einzelnen Räume sind – das Motiv des Schwans begegnet Ihnen überall. Für den König symbolisierte es Reinheit. Den vielen Schwan-Abbildungen und -Skulp-

Schloss Linderhof ist das kleinste der drei Königs-schlösser Ludwigs II. und das einzige, das noch zu seinen Lebzeiten vollendet wurde.

turen verdankt Neuschwanstein seinen Namen. Bekommen hat es diesen allerdings erst nach Ludwigs Tod 1886. Bis dahin hieß es »Neue Burg Hohenschwangau«.

Ein Mini-Versailles

Verschiedene Projekte erwog der junge König, um das Jagdhaus seines Vaters im Graswangtal bei der oberbayerischen Gemeinde Ettal in ein repräsentatives Schloss zu verwandeln. Schließlich entschied er sich für die kleinste Lösung: Linderhof ist mehr eine Villa denn ein Schloss, umgeben von einer wunderbaren Gartenanlage. Hier wollte Ludwig nicht repräsentieren, sondern in seinen Sagen und Mythen versinken. Ein Barockgarten mit akkurater Symmetrie, verspielten Kaskaden und Fontänen sowie ein englischer Landschaftspark sorgten, malerisch in Szene gesetzt, für des Königs Entspannung. Im Jahr 1878 war das neobarocke Palais vollendet. Linderhof schwelgt im Prunk von Barock- und Rokokodekuration, die im 1874 von Jean de la Paix geschaffenen Spiegelsaal ihren Höhepunkt findet. Gold und Blau bilden den Rahmen für das geschliffene Glas. Hofgartenbaumeister Carl von Effner zeichnete für die Außenanlage verantwortlich, die 1880 vollendet wurde und mit Treppen und Wasserbecken, Springbrunnen und Hecken das Schlösschen einrahmt. Bereits 1876 errichteten die Handwerker den Maurischen Kiosk, einen mit ornamentalem Stuck verzierten Bau samt goldener Kuppel, im Inneren mit farbigen Glaslampen, maurischen Sitzgruppen und einem weißen Marmorbrunnen geschmückt.

An Wagners Opern wiederum erinnert Tannhäusers Venus-Grotte (bis 2022 geschlossen), eine künstliche Tropfsteinhöhle mit See, auf dem Ludwig in einem goldenen Muschelboot herumfahren konnte. Im Marokkanischen Haus verbrachte der König als orientalischer Herrscher kostümiert und umgeben von ebenso gekleidetem Personal die Tage. Die Hundinghütte schließlich entführte den versponnenen Monarchen in die Wagner-Oper »Walküre« aus dem Nibelungenzyklus.

KLEINE PAUSE

Ein Abstecher ins **Bio-Café Baumgarten** (Magnusplatz 6, 87629 Füssen, Tel. 08362 989 97 50, https://cafe-baumgarten.de) verwöhnt den knurrenden Magen mit leckeren Kuchen, Crêpes und feinem Kaffee.

Schloss Neuschwanstein
Eintrittskarten für Neuschwanstein gibt's ausschließlich beim Ticketcenter in Hohenschwangau. Auf ihnen ist die Uhrzeit vermerkt, zu der die Führung beginnt. In den Monaten Juli bis September muss mit erheblichen Wartezeiten gerechnet werden.
✉ Ticketcenter, Alpseestr. 12, 87645 Hohenschwangau ☎ 08362 93 08 30; www.neuschwanstein.de ⊕ www.hohenschwangau.de/ticketcenter
🕐 April–Mitte Okt. tgl. 9–18, Kasse 7.30 bis 17, Mitte Okt.–März tgl. 10–16, Kasse 8.30–15 Uhr 🎟 13 €
Anfahrt Neuschwanstein: A 95 bis Dreieck Starnberg, dann B 2 bis Weilheim, B 472 bis Schongau und B 17 nach Füssen und Hohenschwangau

(rund 110 km); mit der Deutschen Bahn bis Füssen, weiter mit Bus 9651 nach Hohenschwangau
Von Neuschwanstein nach Linderhof: Die kürzeste Strecke (ca. 50 km) führt über Füssen und jenseits der österreichischen Grenze entlang nach Ettal.

Schloss Linderhof
✉ Linderhof 12, 82488 Ettal ☎ 0882 920 30 ⊕ www.schlosslinderhof.de
🕐 April–Mitte Okt. tgl. 9–18, Mitte Okt. bis März tgl. 10–16.30 Uhr 🎟 8,50 €
Anfahrt Linderhof: A 95 bis Dreieck Starnberg, dann B 2 bis Oberau, B 23 nach Ettal, von dort ausgeschildert (ca. 90 km); mit der Deutschen Bahn nach Oberammergau (Umsteigen in Murnau), dann weiter mit Bus 9622 bis Linderhof

Schloss Schleißheim

Warum?	So nah und doch (weil oftmals übersehen) so fern
Was?	Barocke Pracht in Schloss und Garten
Wie lange?	Ganz nach Lust und Laune
Wann?	Nicht am Montag – da ist geschlossen

In der weitläufigen Schlossanlage Schleißheim mit ihren prunkvollen Sälen, den Gemäldesammlungen und dem wunderbaren Barockgarten bilden Architektur und Natur ein Gesamtkunstwerk.

Anlass für den Bau der Schlossanlage Schleißheim war keine Prunksucht, sondern die Sehnsucht nach Abgeschiedenheit und Ruhe: Ende des 16. Jh.s dankte Herzog Wilhelm V. zugunsten seines Sohnes ab und ließ beim Dörfchen Schleißheim eine schlichte Eremitage errichten, in der er sich künftig der Meditation und dem Gebet widmen wollte. Sein Sohn Maximilian I. war da von ganz anderem Naturell: Ab 1617 baute er des Vaters Klause prächtig um zum Alten Schloss mit Wirtschaftshof und Torturm. Und keine 80 Jahre nach dessen Vollendung nahm sein Nachfolger, der »Blaue Kurfürst«, das herrliche Barockensemble des Neuen Schlosses gegenüber in Angriff.

Ein bayerisches Versailles

Max II. Emanuel fühlte sich im Jahr 1688 nach dem Sieg über die Türken vor Belgrad auf dem Höhepunkt seiner absolutistischen Macht, und dies wollte er für alle sichtbar demonstrieren. Schon zuvor hatte er seinem Hofbaumeister Enrico Zuccalli den Auftrag für das Jagdschlösschen Lustheim erteilt, das in gehöriger Entfernung vom Alten Schloss auf einer künstlichen Insel errichtet wurde, mit zwei Appartements für die kurfürstlichen Eheleute und einem großen zentralen Saal mit illusionisti-

Schloss Lustheim entstand anlässlich der Vermählung des Kurfürsten Max Emanuel im Juni 1685 mit der österreichischen Kaisertochter Maria Antonia.

schem Deckenfresko. 1702 begann Zuccalli das Neue Schloss nach dem Vorbild von Versailles, 1719 setzte Joseph Effner seine Arbeit fort, und allmählich nahm auch der von Zuccalli geplante Barockgarten Gestalt an. Heute ist er einer der wenigen noch im Original erhaltenen Barockgärten Deutschlands.

Romantik mit Fackeln und Musik

Ein lauer Sommerabend, Türen und Fenster des festlich erleuchteten Schlosses stehen weit offen, Fackeln erhellen den Barockgarten, in dem elegant gekleidete Paare promenieren – nein, das ist keine Fantasie! Die Sommerkonzerte mit weltberühmten Interpreten im Festsaal des Schlosses Schleißheim

Kaiserlich sollte das Neue Schloss Schleißheim wirken, denn auf die Kaiserwürde hoffte (vergeblich) sein Auftraggeber, der Kurfürst Max Emanuel.

(Informationen auf der Website der Schlossverwaltung) gehören zu den schönsten Musikveranstaltungen Münchens. Aber auch ohne diesen konzertanten Rahmen wird Schleißheim Sie mit seinen eleganten, üppig, aber nicht überladen geschmückten Sälen und Treppenaufgängen verzaubern.

Wenn Sie sich für die Malerei des Barock interessieren, finden Sie hier auch noch eine bedeutende Sammlung mit Werken italienischer, holländischer und flämischer Maler des 17. Jh.s. Und vergessen Sie zum Abschluss auch nicht, Lustheim mit seiner schönen Ausstellung Meißener Porzellans einen Besuch abzustatten.

Was fliegt denn da?

An schönen Sommertagen kreist manchmal ein Zeppelin oder die »Tante Ju« (eine Junkers JU 52) über Oberschleißheim. Rundflüge über München starten und landen auf dem alten, 1912 in Dienst genommenen Flughafen der »Königlich bayerischen Fliegertruppe« gleich neben der Schlossanlage. In den teils noch von 1919 stammenden Hallen sowie den modernen Erweiterungsbauten zeigt das Deutsche Museum seine Ausstellung über die Geschichte der Luft- und Raumfahrt. Zudem können Sie in einer »Gläsernen Werkstatt« von einer Galerie aus zusehen, wie Flugzeuge gewartet bzw. restauriert werden.

»Schleißheimer Advent«: Vor der Kulisse der historischen Flugwerft findet jährlich auch ein stimmungsvoller Weihnachtsmarkt mit abwechslungsreichem Rahmenprogramm statt.

KLEINE PAUSE

Ob drinnen in der Stube oder draußen im Biergarten – ein Kaiserschmarrn in der **Schlosswirtschaft** schmeckt (Maximilianshof 2, www.schlosswirtschaft-oberschleissheim.com).

Schlossanlage Schleißheim
✉ Max-Emanuel-Platz 1, 85764 Oberschleißheim ☎ 089 315 87 20
⊕ www.schloesser-schleissheim.de
❶ Altes und Neues Schloss Schleißheim, Schloss Lustheim April–Sept. Di–So 9–18, Okt.–März Di–So 10–16 Uhr
✦ 8 € (Kombiticket)

Flugwerft
✉ Effnerstr. 18, Oberschleißheim ☎ 089 315 71 40 ⊕ www.deutsches-museum.de/flugwerft/ ❶ 9–17 Uhr ✦ 7 €
Rundflüge mit der JU 52 www.dachsel.de; Zeppelin https://zeppelin-nt.de
Anfahrt: 12 km nördl. vom Münchner Stadtzentrum; S 1 Oberschleißheim

Münchner Fliehkräfte: Kettenkarussell auf der dreimal jährlich stattfindenden Auer Dult.

Spaziergänge & Touren

Ob zu Fuß oder mit dem Rad durch die bayerische Haupt- stadt: Besser kann man Mün- chen nicht kennenlernen.

Seite 176–185

Durchs Glockenbachviertel zum Viktualienmarkt

Was?	Spaziergang
Länge	3 km
Dauer	1,5–2 Stunden
Start	Sendlinger Tor (🚇 Sendlinger Tor) ✛ 209 E4
Ziel	Viktualienmarkt (🚇 Marienplatz) ✛ 210 A4

Mischung aus Jugendstilkneipe und rustikalem Kaffeehaus: das »Faun« im Glockenbachviertel.

Nach Schwabing und Haidhausen hat die »Szene« auch das ursprüngliche Arbeiter- und spätere Schwulenrevier Glockenbachviertel für sich entdeckt. Dieser Spaziergang führt Sie durch einen der lebhaftesten Stadtteile Münchens, vorbei an hübsch restaurierten Häusern, schrillen Kneipen, originellen Läden und avantgardistischen Galerien bis zum Viktualienmarkt. Starten Sie nicht zu früh, denn am späten Nachmittag blüht das Leben hier erst so richtig auf.

1–2

Vor dem alten Stadttor am Sendlinger-Tor-Platz stehend, gehen Sie nach rechts, die Blumenstraße entlang, und biegen dann nach wenigen Schritten rechts in die Pestalozzistraße ein. Ihr folgen Sie nach Süden zum Stephansplatz mit der schlichten Kirche St. Stephan aus dem 17. Jh. Daneben finden Sie den Alten Südlichen Friedhof, ursprünglich Begräbnisstätte der armen Leute, dann zum Prominentenfriedhof avanciert. Seit dem Jahr 1944 finden hier keine Bestattungen mehr statt. Die Angestellten der umliegenden Büros verbringen in der ruhigen, grünen Oase die Mittagspause oder drehen hier friedlich ihre Joggingrunden.

2–3

Gleich am Eingang können Sie sich auf einem Plan orientieren, wer hier alles begraben wurde. Wählen Sie den mittleren Weg durch den Friedhof zum Grab des romantischen Malers Carl Spitzweg. Dabei passieren Sie auch die Grabstätte des Architekten Friedrich Bürklein. In den Arkaden im neuen, quadratischen Teil ruhen u. a. die Architekten Leo von Klenze und Friedrich von Gärtner sowie der Schöpfer der Bavaria, der Bildhauer Ludwig von Schwanthaler. Lassen Sie sich Zeit zum Bummeln: Auf diese Weise entdecken Sie wunderschöne Grabsteine, darunter einige aus der Zeit des Jugendstils. Im Durchgang zwischen altem und neuem Teil verlassen Sie den Friedhof nach links und überqueren den Westermühlbach auf einer Brücke.

3–4

Der namengebende Bach des Glockenbachviertels fließt heute, an der Pestalozzistraße 35 vom Westermühlbach abzweigend, unterirdisch bis zur Blumenstraße.

Der Platz vor Ihnen heißt Am Glockenbach, doch der Bach ist längst unter einer Grünanlage verschwunden. Früher wurden hier allerlei Waren mit Flößen angelandet, Mehl z. B. oder Holz, das man für die Glockengießerei benötigte, die neben anderen frühindustriellen Betrieben in Isarnähe angesiedelt war. Die Gründerzeithäuser rund um den Platz und in den Straßen der Nachbarschaft waren Mietskasernen für Arbeiter. Das Viertel war immer ein wenig verrufen, entwickelte sich in den 1960er-Jahren zur Münchner Twist- und Rock-'n'-Roll-Hochburg und in den 1970er-Jahren zu einem Dorado der Schwulenszene. Kneipen, Saunen, aber auch die ersten LGBT-Initiativen siedelten sich an. Bald kamen die Alternativen und Kreativen in den Glockenbach – heute beklagen die Bewohner eine extreme Gentrifizierung.

4–5

Wunderbar restaurierte Gründerzeitfassaden, dazwischen Häuser, an denen deutlich der Zahn der Zeit nagt, vor allem aber Kneipen, Läden, Galerien – in der Jahnstraße, der Hans-Sachs-Straße oder in den Seitenstraßen lohnt es sich, auf Entdeckungsreise zu gehen: afrikanisch inspirierte Klamotten aus dem Noh Nee (Hans-Sachs-Str. 2), ein Espresso bei Maria (Klenzestr. 97) oder leckeres Eis von Jessas gleich nebenan? Oder doch lieber Schokolade trinken in der Götterspeise?

5–6

Biegen Sie in die Ickstattstraße nach rechts ein, folgen Sie ihr bis zur Baaderstraße, wo Sie sich links halten, und Sie stehen an der Isar. Überqueren Sie die Fraunhoferstraße, um in die Reichenbachstraße zu gelangen, die schnurgerade auf den Gärtnerplatz zuführt.

Im Zeichen des Regenbogens: Münchens Glockenbachviertel am Christopher Street Day.

Hier gibt's Antiquitäten und Möbel der 1950er-Jahre, Retroklamotten und Szenebäckereien wie das Crème (siehe »Kleine Pause«, unten) mit den wahrscheinlich besten Croissants der Stadt. Kurz vor dem Gärtnerplatz passieren Sie das Haus der Israelitischen Kultusgemeinde. Bis zur Fertigstellung von Synagoge und Jüdischem Museum am Jakobsplatz war hier mehrere Jahrzehnte lang der provisorische religiöse und kulturelle Mittelpunkt der jüdischen Gemeinde. Die in den 1930er-Jahren errichtete Synagoge hat nun, nach dem Umzug der Thora-Rollen in das neue Gotteshaus, ihre sakrale Bedeutung verloren. Die Straßen rund um den Gärtnerplatz waren vor 1933 Wohngebiet jüdischer Handwerker.

6–7

Am kreisrunden Gärtnerplatz sollten Sie dem Gärtnerplatztheater Beachtung schenken. 1865 weihte König Ludwig II. es ein; hinter der spätklassizistischen Giebelfassade werden Operetten, Musicals, aber auch Opern inszeniert. Rund um den Platz machen sich Cafés mit ihren Stühlen und Tischen Konkurrenz. Ein letztes kurzes Stück entlang der Reichenbachstraße bringt Sie direkt auf den Viktualienmarkt. An den Ständen können Sie sich mit einer Brotzeit in bayerischem Ambiente vom schrägen Charme des Glockenbach- und Gärtnerplatzviertels erholen.

KLEINE PAUSE

Leckere Schokolade, delikates Gebäck und aromatischen Kaffee bekommen Sie im **Crème** (Reichenbachstr. 27). Und am Ziel dieses Spaziergangs, dem **Viktualienmarkt**, ist das Angebot an weiteren Schmankerln groß.

Von Thalkirchen zum Aumeister

Was?	Fahrradtour
Länge	12,5 km
Dauer	3 Stunden
Start	Thalkirchner Platz (🚇 Thalkirchen)
	✈ 209 südwestl. D1
Ziel	Aumeister (🚇 Studentenstadt)
	✈ 203 nordöstl. F3

Münchens schönste Fahrradstrecke führt an der Isar entlang.

München ist die einzige Großstadt Europas, in der man an einem Gebirgsfluss entlangradeln kann. Sogar mit Inlineskates ließe sich die Tour bewältigen: Ein Großteil der Strecke ist geteert, der Rest besteht aus befestigten Wegen. Nur bei den Abstechern zum Kiesstrand tut man sich mit den Inlineskates schwer.

Nehmen Sie sich für diese reizvolle Tour besser einen ganzen Tag Zeit: Kiesbänke, Biergärten, Kinderspielplätze und Sehenswürdigkeiten verführen an den Ufern des von den Kelten »Isara« (die Reißende) genannten Gewässers zu Zwischenstopps. Und vergessen Sie im Sommer nicht Badehose, Handtuch und guten Sonnenschutz!

1–2
Überqueren Sie vom Thalkirchner Platz beim Tierpark Hellabrunn aus die Isar über die Thalkirchner Brücke zum Ostufer und folgen Sie

dem Fluss nach Norden. Dann fahren Sie auf dem Flauchersteg über kinderfreundliche »Wasserspiele« und tosende Wasserfälle zum Westufer zurück. Nur 500 m, und schon lauert vor der früheren Wittelsbacher Jagdhütte die erste Versuchung: der Biergarten Zum Flaucher. Bleiben Sie standhaft, und fahren Sie weiter bis zur Brudermühlbrücke, über die der Mittlere Ring verläuft. Queren Sie darüber zurück ans Ostufer. (Die Brückenpfeiler schmückt eine herrliche Graffitigalerie.) Unter der Wittelsbacher- und Reichenbachbrücke hindurch erreichen Sie das Deutsche Museum auf der Museumsinsel.

2–3

Unter hohen Bäumen geht es auf teils engen Radwegen entlang der Zeppelinstraße und unter der Ludwigsbrücke hindurch. Frische Kräuterdüfte strömen aus den Fenstern des Müller'schen Volksbads, gleich darauf lockt an der Muffathalle der nächste Biergarten. Gegenüber stürzt tosende Gischt über das Wehr vom Isarkanal ins Altwasserbett. Ein kurzer Anstieg, eine kurze steile Abfahrt (16 %) – und schon geht es unterhalb des Maximilianeums vorbei.

3–4

Jetzt fließt die Isar ruhig und schwer dahin. Sie fahren durch Parkanlagen und passieren den Friedensengel. Nördlich der Max-Joseph-Brücke beginnt Bogenhausen. Die nächsten 2,5 km werden auf der rechten Seite von attraktiven Nobelresidenzen gerahmt.

Rechte Seite: Am Friedensengel vorbei geht die Fahrt weiter in nördlicher Richtung bis zum Endpunkt dieser Fahrradtour, dem Biergarten Aumeister.

4–5

Am Isarwehr Oberföhring schieben Sie Ihr Rad (Fahrverbot!) über den ersten Wehrteil und wenden sich dann nach rechts, um weiter dem Weg am Ostufer durch stille Natur zu folgen. Hier gibt die Isar wieder Kiesbette frei, Grillplätze laden zum Bleiben ein, Baden ist allerdings verboten. Über die hölzerne St.-Emmerans-Brücke queren Sie erneut die Isar und folgen dem breiten Weg in nordwestlicher Richtung. Dann ist der schöne Endpunkt Ihrer Tour erreicht: der Biergarten Aumeister.

KLEINE PAUSE

Das Beste kommt (jedenfalls auf dieser Tour) zuletzt: Beim Biergarten **Aumeister** (Sondermeierstr. 1, Tel. 089 18 93 14 20, www.aumeister.de, Mo–Sa 10–23, So 9.30–23 Uhr) gibt's süffigen Gerstensaft und leckere Schmankerl wie Steckerlfisch.

Durch das Karlstor am gleichnamigen Platz
geht es mitten hinein ins Herz der Stadt.

Praktische Informationen

Was vor der Reise wichtig ist und wie Sie vor Ort gut zurechtkommen, erfahren Sie hier.

Seite 186–198

VOR DER REISE

Auskunft

Nützliche Webseiten

www.muenchen.de: Das gut gepflegte Portal der Stadt München informiert über Sehenswürdigkeiten, Unterkünfte, Feste und Veranstaltungen und vieles mehr, was für einen Aufenthalt interessant ist.

www.muenchen-touristeninformation.de: Ausführliche Infos zu Sehenswürdigkeiten, Stadtführungen, Veranstaltungen und zum Nahverkehrsnetz.

www.munichx.de: Veranstaltungsprogramm für Kino, Theater, Konzerte und Partys.

www.spottedbylocals.com/munich/: Junge Münchner berichten in diesem Blog über städtische Besonderheiten, Treffpunkte, Shopping, Clubs, Events – eine Fundgrube origineller und Geheimtipps.

www.sueddeutsche.de/thema/Restaurants: Die Münchner Restaurantkritiken der Tester der Süddeutschen Zeitung im Netz. Für Abonnenten kostenlos, sonst gegen geringe Gebühr. Hilfreich bei der Suche nach dem passenden Lokal.

www.mvv-muenchen.de: Webseite der Münchner Verkehrsbetriebe mit Fahrplänen, Tarifinformationen und Online-Fahrtauskunft. Auch als App mit Online-Ticket herunterzuladen.

Touristinformation

Deutschland: München Tourismus Herzog-Wilhelm-Straße 15, 80313 München Tel. 089 23 39 65 00
Österreich: Deutsche Zentrale für Tourismus, Mariahilferstr. 54, 1010 Wien, Tel. 01 513 27 92
Schweiz: Deutsches Verkehrsbüro, Freischützgasse 3, 8004 Zürich, Tel. 044 213 22 00

Touristeninformationen gibt es im **Hauptbahnhof**, Bahnhofsplatz 2, Mo–Sa 9–20, So 10–18 Uhr (U- und S-Bahn: Hauptbahnhof), und am **Marienplatz**, Neues Rathaus, Mo–Fr 9.30–19.30, Sa 9–16, So 10–14 Uhr (U- und S-Bahn: Marienplatz).

Konsulate

Österreichisches Generalkonsulat: Ismaninger Str. 136, Tel. 089 99 81 50

Schweizer Generalkonsulat: Prinzregentenstraße 20, Tel. 089 2 86 62 00

Ermäßigungen

In den Genuss ermäßigter Eintrittskarten kommen fast ausschließlich einheimische Arbeitslose, Sozialhilfeempfänger, Soldaten, Auszubildende, Schwerbehinderte und Rentner nach Vorlage entsprechender Ausweise. Ebenso erhalten Kinder und Schülergruppen oft verbilligten Eintritt. Auch in öffentlichen Verkehrsmitteln fahren Senioren, Kinder und Jugendliche günstiger.

Die CityTour Card (www.citytourcard-muenchen.com) erhält man bei den Touristinformationen oder online in mehreren Versionen mit unterschiedlicher Geltungsdauer (ab 12,90 € pro Person für 24 Stunden/Innenraum); sie beinhaltet freie Fahrt im öffentlichen Stadtverkehr und geringe Preisreduktionen bei vielen Sehenswürdigkeiten und Museen. Ein Vergleich mit der Tageskarte des MVV lohnt sich: Sie kostet 6,70 € für eine Person und gilt für den Ausstellungstag. Wer nicht viele Museen besucht, fährt hier günstiger.

Feiertage

1. Januar: Neujahr
6. Januar: Hl. Drei Könige
März/April: Karfreitag, Ostermontag
1. Mai: Tag der Arbeit
Mai/Juni: Christi Himmelfahrt, Pfingstmontag, Fronleichnam
15. August: Mariä Himmelfahrt
3. Oktober: Tag der deutschen Einheit
1. November: Allerheiligen
24. Dezember: Heiliger Abend
25., 26. Dezember: Weihnachten

Geld

Bargeld: Deutschland gehört zur Euro-Zone. Für die Schweiz gilt: 1 € = ca. 1,06 CHF bzw. 1 CHF = ca. 0,94 € (aktuelle Wechselkurse auf www.oanda.com).
Kreditkarten: werden in allen größeren Hotels, Restaurants und Geschäften akzeptiert.
Sperrnummern: Unter Tel. 116 116 kann man in Deutschland Bank- und Kreditkarten, Online-Banking-Zugänge, Handykarten und die elektronische Identitätsfunktion des neuen Per-

sonalausweises bei Verlust sperren lassen. Für Österreich gilt die Telefonnummer 0043 1 204 88 00. Die Schweiz hat keine einheitliche Notfallnummer. Die wichtigsten sind 0041 44 659 69 00 (Swisscard), 0041 8 48 88 86 01 (UBS Card Center), 0041 58 9 58 83 83 (VISECA), 0041 44 8 28 32 81 (PostFinance).

Gesundheit

Besondere Gesundheitsrisiken gibt es hier nicht. Als typische Wetterlage des Voralpenlandes kann der Föhn Beschwerden wie Kopfschmerzen oder Gereiztheit verursachen. Mit der Europäischen Krankenversicherungskarte (auf der Rückseite der elektronischen Gesundheitskarte) ist EU-und Schweizer Bürgern Krankenversicherungsschutz garantiert.
Ärztlicher Bereitschaftsdienst: Tel. 11 61 17
Zahnärztlicher Bereitschaftsdienst: Tel. 089 30 00 55 15

In Kontakt bleiben

Post: Postämter gibt es in den meisten Stadtteilen (keine einheitl. Öffnungszeiten, meist Mo-Fr 9-18 und Sa bis 12 Uhr). Das Postamt am Bahnhofplatz 1 hat von Montag bis Freitag von 8 bis 19 Uhr, samstags von 9 bis 15 Uhr geöffnet, sonntags ist es geschlossen. Das Postamt am Flughafen hat von Montag bis Freitag von 7.30 bis 21, Samstag und Sonntag 10 bis 17 Uhr geöffnet.
Telefonieren: Die mit dem magentafarbenen T der Deutschen Telekom gekennzeichneten, offenen Telefonsäulen sind sehr selten und funktionieren meist nur noch mit Telefonkarten, die es in Postämtern, Schreibwarengeschäften und Zeitungsläden gibt.
Internationale Vorwahlen:
Österreich: ☎ 0043
Schweiz: ☎ 0041
WLAN und Internet: WLAN ist in den meisten Hotels, Restaurants, Geschäften und Kneipen kostenlos verfügbar; häufig ist ein geschütztes Passwort einzugeben. Kostenlos können Sie an über 25 WLAN- Hotspots der Stadt ins Netz gehen (www.muenchen.de/leben/wlan-hotspot.html).
Notrufe
Polizei: 110
Feuerwehr/Krankenwagen: 112

Notarzt: 110/112
ADAC-Notruf: aus dem Festnetz 0180 2 22 22 22 (6 ct./Anruf), vom Mobiltelefon 22 22 22 (Kosten abhängig vom Provider)

Reisedokumente

Trotz des Schengener Abkommens, durch das Passkontrollen an den Grenzen entfallen, sind Urlauber verpflichtet, weiterhin Pass oder Personalausweis mitzunehmen, da stichprobenartige Kontrollen durchgeführt werden. Auch Reisende aus der Schweiz benötigen gültige Ausweispapiere.

Reisezeit

München ist zu jeder Jahreszeit eine Reise wert. Natürlich gestalten sich Stadtbummel und Besichtigungen bei milden oder sommerlichen Temperaturen zwischen Mai und Oktober angenehmer, Cafés und Restaurants stellen Tische und Stühle ins Freie, Biergarten- wie Festivalsaison bilden einen unterhaltsamen Rahmen. Aber auch im Winter locken reizvolle Veranstaltungen wie die vielen Münchner Christkindlmärkte oder das Winter-Tollwood.

Sicherheit

München zählt zu den sichersten Großstädten Deutschlands, aber vor Trickbetrügereien oder Taschendiebstählen sind Sie in keiner Metropole gefeit. Die üblichen Sicherheitsvorkehrungen – nachts einsame Viertel oder Straßen meiden, keinen übertriebenen Schmuck anlegen, gut auf Tasche, Handy oder Kamera achten – sollten Sie entspannt und sicher durch München bringen. Besonders umsichtig sollten Sie im Gedränge am Oktoberfest sein – am besten lassen Sie alle Wertsachen im Hotel.

Zollbestimmungen

Innerhalb der Europäischen Union (EU) ist der Warenverkehr für private Zwecke weitgehend zollfrei; allerdings gelten obere Richtmengen (z.B. für Reisende über 17 J. 800 Zigaretten, 10 l Spirituosen, 90 l Wein). Zollfrei sind auch Mitbringsel bis zu einem Wert von insgesamt 430 € (bei einer Flugreise) bzw. 300 € (Reise mit Pkw, Bus oder Bahn). Zollfrei bei der Wiedereinreise in die

Schweiz sind für Personen ab 17 J. z.B. 250 Zigaretten, 5 l Wein, 1 l Spirituosen sowie weitere Reisemitbringsel im Wert von bis zu 300 CHF (aktuelle Infos unter www. zoll.de und www.ezv.admin.ch)

ANREISE

Nicht umsonst wird München »Millionendorf« genannt: Die Stadt ist relativ kompakt und überschaubar. Wenn Sie mit der Bahn oder dem Bus anreisen, landen Sie unweigerlich im Zentrum; auch per Auto gelangen Sie von den Autobahn-Enden zügig in die Innenstadt. Der Weg vom knapp 30 km entfernt im Erdinger Moos gelegenen Flughafen kann allerdings etwas dauern.

Mit dem Flugzeug: Der Flughafen München-Erding, auch Flughafen Franz Josef Strauß genannt, liegt knapp 30 km nordöstlich. Die Flugauskunft erreichen Sie unter Tel. 089 9 75 00 oder auf www.munich-airport.de.
Vom Flughafen in die Stadt: Die S-Bahnen S 1 und S 8 (www.mvv-muenchen.de) fahren in einem etwa zwanzigminütigen Takt vom Flughafen ins Zentrum (z.B. Hauptbahnhof). Die Fahrt dauert zwischen 40 und 50 Minuten und kostet mit einem Einzelfahrschein 11,60 €, auf der Mehrfahrtenkarte (8 Streifen) 11,20 €. Flughafenbusse der Lufthansa (www.airportbus-muenchen.de) starten an den Terminals 1, 2 und am Airport Center im 15-Minuten-Takt, benötigen je nach Verkehrslage ebenfalls etwa 40 Minuten und halten in München in Schwabing-Nord (U-Bahn-Haltestelle Nordfriedhof) und am Hauptbahnhof. Die Einzelfahrt kostet 10,50 €, Hin- und Rückfahrt 17.50 €.
Mit der Bahn: Ziel aller Fernzüge ist der Münchner Hauptbahnhof. Regionalzüge aus dem süddeutschen Raum oder aus Österreich halten oft auch am Ostbahnhof oder am Bahnhof Pasing. Alle Bahnhöfe haben Anschluss an das S-Bahn-, zum Teil auch an das U-Bahn-Netz (www.mvv-muenchen.de), sodass ein zügiges Weiterkommen innerhalb der Stadt gewährleistet ist.
Deutsche Bahn: Tel. 0800 1 50 70 90 (kostenlose Fahrplanauskunft); Tel. *0180 699 66 33 (Buchung); www.bahn.de

Österreichische Bundesbahnen: Tel. *05 17 17; www.oebb.at
Schweizerische Bundesbahnen: Tel. *0900 30 03 00; www.sbb.ch
Mit dem Bus: Fernbusse wie Flixbus etc. bringen ihre Passagiere an den Zentralen Busbahnhof ZOB in der Arnulfstraße 21 (www.muenchen-zob.de). Er liegt westlich des Hauptbahnhofs und ist mit Straßen- und S-Bahnen erreichbar.
Mit dem Auto: München ist über die Autobahn A 9 mit Nürnberg, A 94 mit Passau, A 8 mit Salzburg und mit Stuttgart, A 95 mit Garmisch-Partenkirchen und A 96 mit Lindau verbunden. Innerhalb des Mittleren Rings gilt eine Umweltzone, in die nur Fahrzeuge einfahren dürfen, die eine grüne Plakette sichtbar an der Windschutzscheibe angebracht haben. Details und Bezugsquellen der »Grünen Plakette« erfahren Sie auf www.muenchen.de, Kosten zwischen 7 und 10 €.

UNTERWEGS IN MÜNCHEN

... mit dem öffentlichen Nahverkehr
Dank des gut ausgebauten **U- und S-Bahn-Netzes** sowie der darauf abgestimmten **Straßenbahnen** und **Busse** erreichen Sie jeden Punkt des Stadtzentrums und auch Sehenswürdigkeiten am Stadtrand wie den Zoo schnell und bequem. Weniger schnell werden Sie wahrscheinlich das komplizierte Zonen- und Tarifsystem des Münchner Verkehrsverbunds MVV begreifen. Deshalb bieten sich Tages- bzw. Mehrtagestickets an – man muss sich über Zonen etc. keine Gedanken machen.
Die Züge der acht farblich gekennzeichneten und von 1 bis 8 durchnummerierten **U-Bahnlinien** verkehren von vier Uhr morgens bis ein Uhr nachts, Freitag und Samstag sind sie bis 2 Uhr unterwegs. Auf vielen Strecken wird ein fünf- Minuten-Takt erreicht; sonst verkehren die Bahnen etwa alle zehn Minuten.
S-Bahnen fahren im innerstädtischen Bereich zwischen Hauptbahnhof und dem Ostbahnhof ebenfalls unterirdisch und verbinden München mit Vororten und Naherholungszielen wie dem Starnberger See.
Straßenbahnen (Tram) und Busse ergänzen

den öffentlichen Nahverkehr. Die Fahrt mit dem Bus der »Museumslinie« 100 bringt Sie bequem zu einer Reihe von Museen, angefangen mit dem Lenbachhaus über die beiden Pinakotheken zum Nationalmuseum und der Villa Stuck. Mehrere Bahnen und Busse sorgen als **Nachtlinien** im Halbstundentakt dafür, dass auch Nachtschwärmer gut nach Hause kommen. Der Plan des U-Bahn, S-Bahn- und Straßenbahn-Netzes ist in diesem Reiseführer auf der hinteren Innenklappe des Umschlags abgedruckt. Über Fahrpläne, Ticketpreise usw. informiert, neben den Aushängen an den einzelnen Stationen, die Webseite des Verkehrsverbundes www.mvv-muenchen.de sowie die MVV-App.

Fahrkarten: Innenstadt und Außenbezirke sind in Zonen eingeteilt, die den Fahrpreis bestimmen. Je nachdem, wie viele Zone sie passieren, müssen Sie den entsprechenden Einzelfahrschein erwerben oder die dafür vorgesehene Anzahl von »Streifen« auf der Mehrfahrtenkarte entwerten. Im Bereich der Innenstadt sind das meist zwei Streifen, Einzelfahrpreis 2,90 €. Da das System relativ kompliziert ist, fahren Sie mit einem Tages- (6,70 € für den Innenraum) oder Dreitagesticket (16,80 €) günstiger und einfacher. Übrigens: Wird man beim Schwarzfahren erwischt, kostet das 60 €! Sie erhalten die Fahrkarten bei den Verkaufsstellen der Münchner Verkehrsgesellschaft MVG im Hauptbahnhof und am Marienplatz (beide Mo–Fr 8-20, Sa 9-16 Uhr), an den Automaten an den meisten Haltestellen und in Bussen und Trambahnen (dort keine Mehrfahrtenkarten). Auch viele Zeitschriftenläden und -Kioske im Umfeld von Haltestellen verkaufen Fahrscheine. Mit der **MVV-App** können Sie den Fahrpreis auch mittels Handy-Ticket begleichen. Entwertet (abgestempelt) werden die Tickets an den Automaten am Eingang von U- und S-Bahnhöfen bzw. bei Tram und Bus in den Fahrzeugen. Der Erwerb der **CityTour Card** (www.city tourcard-muenchen.com) lohnt sich nur, wenn Sie ausgiebig Museen besuchen. Neben freier Fahrt im Nahverkehr erhalten Sie Ermäßigungen auf den Eintritt, die allerdings ziemlich gering sind.

... mit Sightseeing-Touren

Rundfahrten mit dem Bus: Sightseeing Gray Line (Arnulfstr. 8, www.stadtrundfahrten-muenchen.de) bricht vom Kaufhaus Karstadt am Bahnhofsvorplatz zu unterschiedlichen Stadtrundfahrten auf (9.40/10–17.30 Uhr). Abfahrten alle 20 Minuten. Halbstündlich, an den Wochenenden sogar alle 15 Minuten (10–17, im Winter bis 16 Uhr) fahren die roten Doppeldeckerbusse von CitySightseeing (Elisenstr. 3a, www.citysightseeing-muenchen. de) am Bahnhofsvorplatz vor dem Elisenhof los. Das Dach des Oberdecks ist an den heißen Sommertagen offen.

Stadtrundgänge: Mit Stattreisen (Nymphenburger Str. 149, Tel. 089 54 40 42 30, www. stattreisen-muenchen.de) geht es jeden Donnerstag und Sonntag, im August auch an Wochentagen, zu Fuß durch diverse Stadtteile. Die verschiedenen Themenrundgänge dauern rund zwei Stunden. Im Angebot sind auch Tramrundfahrten.

Spurwechsel (Ohlmüllerstr. 5, Tel. 089 692 46 99, www.spurwechsel-muenchen.de) möchte seinen Gästen weniger bekannte Plätze und Geschichte(n) nahebringen. Auf den Rundgängen erfährt man z.B. alles zum bürgerlichen München, über die Räterepublik und die NS-Zeit oder die Bierstadt.

Der Weis(s)e Stadtvogel (Unterer Anger 14, Tel. 089 203 24 53 60, www.stadtvogel.de) macht seine Führungen auch auf Bayerisch (Altstadtführung ganzjährig tgl. 10.30, 13 und 15 Uhr, Dauer 1,5–2 Stunden, 12 €), Treffpunkt ist die Mariensäule am Marienplatz, Voranmeldung nicht erforderlich).

Geführte Fahrradtouren: Mit Pedalhelden (Marsstr. 11, Tel. 089 51 61 99 11, www.pedalhelden.de) und den unter »Stadtrundgänge« genannten Firmen kann man die Stadt auf dem Fahrrad entdecken (Räder werden verliehen).

Stadtbesichtigung mit der Kutsche: Die Kutscherei Hans Holzmann (Schwere-Reiter-Str. 22, Tel. vormittags 089 18 06 08, www. kutschen-muenchen.de), das einzige verbliebene Kutschunternehmen in München, fährt Sie durch den Englischen Garten oder durch die Altstadt. Falls Sie nicht vorausplanen wollen: Ab Mittag stehen die Kutschen am Chinesischen Turm im Englischen Garten.

Mit der Rikscha durch die Stadt: Mit Pedalhelden (siehe Fahrradtouren S. 191) und München Rikscha (Tel. 089 41 61 60 35, www.muenchen-rikscha.de) schaukeln Sie umweltverträglich durch München. Die Radtaxis sind in der ganzen Innenstadt zu finden. Wer will, kann sich die Rikscha auch ohne Fahrer mieten und z.B. seine Schwiegermutter selbst durch die Stadt strampeln.
Individuelle Taxitouren: Die Taxi-Guide-Sight-Seeing-Tours (Tel. 01754 81 28 48, www.taxi-guide-muenchen.de) werden von vom Fremdenverkehrsamt ausgebildeten Fahrern durchgeführt.
Segway-Touren: Mit Seg Tour (Herrnstr. 13, Tel. 089 24 20 34 01, www.seg-tour-munich.de, Classic-Tour 75 €) entdecken Sie München bei einer zweieinhalbstündigen Rundtour auf dem Segway. Die Führungen starten im Winterhalbjahr an den Wochenenden, im Sommer täglich.

… mit dem eigenen Auto
In den Randbereichen der Stadt finden Sie preiswerte Park-and-ride-Parkplätze z.B. an den U-Bahn-Stationen Studentenstadt (im Norden, U 6), Messestadt-Ost (im Osten, U 2), Fürstenried-West (im Süden, U 3) und an den S-Bahn-Stationen Karlsfeld (S 2) und Westkreuz (S 5, S 6) im Westen. Die Parkplätze in der Innenstadt sind limitiert und sehr teuer. Für eine Stunde Parken innerhalb des Altstadtrings bezahlen Sie ab 3 €/Stunde. Parkhäuser finden Sie in der südlichen Innenstadt z.B. in der Herzogspitalstraße und am Altheimer Eck, in der nördlichen Innenstadt an der Hochbrückenstraße. Der Bereich innerhalb des Mittleren Rings ist Umweltzone: Dort dürfen nur Autos mit einer an der Windschutzscheibe angebrachten grünen Umweltplakette fahren.

… mit dem Taxi
Taxis bekommen Sie an den überall im Stadtgebiet verteilten Standplätzen und über die Funkzentrale (Taxizentrale Tel. 089 216 10 oder Isar-Funk Tel. 089 45 05 40).

… mit dem Fahrrad
Flexible Systeme mit im Stadtgebiet verteilten Rädern bieten die MVG und Call a bike der Deutschen Bahn. Die **Räder der Bahn** sind silber-rot; einmal als Kunde registriert (über www.callabike-interaktiv.de, per App oder unter Tel. 069 42 72 77 22), wird die am Fahrrad angegebene Telefonnummer gewählt und die Kundennummer angegeben. Das daraufhin freigeschaltete Rad kann an beliebiger Stelle abgestellt werden (Angabe des Standortes per Telefon, Mietpreis max. 15 €/Tag bzw. 1 € pro 30 Minuten, Abbuchung per Kreditkarte). Der **Radverleih der MVG** funktioniert mit der App »MVG more«, die – einmal mit der Kreditkarte registriert – die verfügbaren Räder anzeigt. Nach der Auswahl wird ein Pin-Code an die App gesendet, mit der Sie das Rad entsperren. Die Rückgabe erfolgt an Stationen oder frei im engeren Stadtgebiet (Kosten 8 Cent/Min., max. 12 €/Tag)

ÜBERNACHTEN

München ist in, deshalb empfiehlt es sich, rechtzeitig eine Unterkunft zu reservieren, ganz gleich ob Edelherberge, Boutiquehotel oder Jugendherbergsbetten im Zelt. Für die Wiesnzeit oder wenn beliebte Messen stattfinden, gilt dies natürlich doppelt. Da ist dann kurzfristig tatsächlich kein freies Bett mehr zu bekommen.
Natürlich hat die airbnb-Welle auch die bayerische Landeshauptstadt erreicht – Privatunterkünfte, von der Couch im Wohnzimmer zum luxuriösen Apartment, vermitteln die verschiedensten Internetportale, aber viele Vermietungen sind weder angemeldet noch erlaubt. Wenn Sie lieber ein Apartment mieten als ein Hotelzimmer, finden Sie in Boarding Houses legale Alternativen. Offiziell vermietete Apartments sind auch auf www.muenchen.de gelistet.
Hotels werden in fünf Kategorien eingeteilt, vom Luxushotel der Fünf-Sterne-Klasse bis zur einfachen Pension mit nur einem Stern. Für ein angenehmes Doppelzimmer der mittleren Komfort- und Preisklasse sollten Sie mit 120 bis 180 € rechnen.
Sich informieren und buchen können Sie auf den einschlägigen Portalen wie www.booking.com, www.holidaycheck.de oder www.tripadvisor.com. Auch die Webseite

www.muenchen.de listet die Unterkünfte in München und stellt ein Buchungstool zur Verfügung. Wer ohne Reservierung anreist, findet bei der Tourist-Info Unterstützung bei der Unterkunftssuche.

Preise
Für ein Doppelzimmer pro Nacht (ohne Frühstück):

€	unter 100 Euro
€€	100–150 Euro
€€€	150–200 Euro
€€€€	über 200 Euro

Hotelempfehlungen

A&O Hostel €
Modern und aufs Wesentliche beschränkt. Ob im Schlafsaal, im Einzel- oder Mehrbettzimmer mit Bad oder auch im Apartment, alles ist supersauber und gepflegt. Die Idee dahinter: Für jeden Geldbeutel etwas, in einem Haus, und nur wer Extras will, zahlt auch dafür. Gleich bei der Wiesn um die Ecke.
✛ westlich 204 A2 ✉ Arnulfstr. 102 ☎ 089 45 23 59 58 00 ⊕ www.aohostels. com ⌂ Hackerbrücke

Adria Hotel €€€
Mediterrane Farben holen in diesem kleinen, feinen Hotel südliche Urlaubsstimmung nach München. Geschmackvoll und freundlich eingerichtet, ist das Adria im Lehel ein guter Standort für die Erkundung der Innenstadt, für Opern- und Museumsbesuche sowie für einen Bummel im Englischen Garten.
✛ 206 C1 ✉ Liebigstr. 8a ☎ 089 242 11 70 ⊕ www.adria-muenchen.de ⌂ Lehel

Anna €€€
56 Zimmer in purem Design, und auch sonst sieht man, dass hier Geister mit höchstem ästhetischen Anspruch zugange waren. Alles ist aufs Wesentliche reduziert und wirkt sehr japanisch. Des Öfteren werden Kurse für Sushi-Zubereitung als Wochenendpaket angeboten. Wer dann noch etwas für die Fitness tun will, geht ins Hotel Königshof, das dieselben Besitzer hat.
✛ 205 D1 ✉ Schützenstr. 1 ☎ 089 59 99 40 ⊕ www.annahotel.de ⌂ Karlsplatz

Bayerischer Hof €€€€
Einer der ersten Gäste hier war die Kaiserin Sisi. 1897 übernahm die Familie Volkhardt das Haus und baute es in vier Generationen zum heutigen Grandhotel aus, das auch das benachbarte ehemalige Montgelas-Palais umfasst. Der Night Club ist für seine Cocktails und die ausgelassene Stimmung stadtbekannt, die angeschlossene Galerie für ihre Ausstellungen und die Kleine Komödie in der Passage des Hotels für ihre leichten Stücke.
✛ 205 F1 ✉ Promenadeplatz 2–6 ☎ 089 212 00 ⊕ www.bayerischerhof.de ⌂ Marienplatz; Tram 19 Theatinerstraße

Cocoon Stachus €€
Bunte, etwas schrille, jedenfalls total angesagte 69 Zimmer mitten im Zentrum bei der »Feierbanane« Sonnenstraße. Dass den Gästen neben Clubbing in den Lounges, Bars und Diskos der Nachbarschaft IT-Technik wichtig ist, hat man auch erkannt; also sind WLAN, Flatscreen und Docking Station im Preis enthalten; nach der Internet-Session wird im Ball-Chair entspannt.
✛ 205 D1 ✉ Adolf-Kolping-Str. 11 ☎ 089 59 99 39 02 ⊕ www.hotel-cocoon.de ⌂ Karlsplatz

Cortiina €€€
Mooreichenvertäfelung, Parkett und Jura-Naturstein im Bad – in dem Designhotel verlieren sich die Materialien und ihr Arrangement nicht im Beliebigen, sondern sie werden zur eindeutigen Wohltat für Leib und Seele. 33 Zimmer, eine Lounge mit klassischer Musik, Ledersessel und Kamin sowie ein begrünter Innenhof locken alle ins Haus, denen plüschiger Schick oder postmoderne Grandezza zum Hals heraushängen. Die Bar ist auch für Münchner ein guter Tipp.
✛ 210 B4 ✉ Ledererstr. 8 ☎ 089 242 24 90 ⊕ www.cortiina.com ⌂ Marienplatz

Deutsche Eiche €€€
Im Zentrum der Stadt und von Münchens Schwulenrevier liegt dieses alteingesessene Hotel mit Restaurant und eigenem Badehaus. Kein Wunder, dass sich besonders schwule und lesbische Gäste so nahe bei den angesagten Kneipen und Diskotheken

wohlfühlen. Die Zimmer sind freundlich und zweckmäßig eingerichtet; es gibt ein rustikales Restaurant und gelegentlich auch Unterhaltungsprogramm.

✛ 210 A3 ✉ Reichenbachstr. 13 ☎ 089 231 16 60 ⊕ www.deutsche-eiche.com 🚇 Marienplatz; Tram 17 Reichenbachplatz

Englischer Garten €€

Das denkmalgeschützte Gästehaus in einer Mühle aus dem 18. Jh. ist fast eine Villa im Grünen mitten im Herzen von Schwabing und besitzt einen eigenen Garten. Gefrühstückt wird im Sommer draußen, drinnen sind die 12 Zimmer elegant und geschmackvoll eingerichtet. Der Service ist äußerst aufmerksam. Den Englischen Garten in der unmittelbaren Nachbarschaft erfährt man sich auf im Hotel geliehenen Rädern.

✛ 203 D1 ✉ Liebergesellstr. 8 ☎ 089 383 94 10 ⊕ www.hotelenglischergarten.de 🚇 Münchner Freiheit 🚌 59 Osterwaldstraße

Kempinski Vier Jahreszeiten €€€€

Luxus in zentraler Lage: Die elegante Atmosphäre mit Mahagoni und Messing unter einer Glaskuppel lädt nicht nur Hotelgäste zum Fünf-Uhr-Tee in das Foyer. Die 316 Zimmer und Suiten sind so, wie man es von einem Haus dieser Kategorie verlangen darf, der Wellnessbereich mit Pool befindet sich im Dachgeschoss mit Rundumblick. Erfragen Sie Sonderangebote.

✛ 210 B5 ✉ Maximilianstr. 17 ✉ 089 212 50 ⊕ www.kempinski-vierjahreszeiten.de 🚇 Marienplatz; Tram 19 Kammerspiele

Lex €€

Unweit vom Königsplatz gelegen, besticht das moderne Haus mit neuzeitlich eingerichteten Zimmern allein schon durch den Preis und die günstige Lage: Das Lenbachhaus, Glyptothek und Münchens Pinakotheken befinden sich gleich um die Ecke.

✛ 205 D3 ✉ Brienner Str. 48 ☎ 089 542 72 60 ⊕ www.hotel-lex.de 🚇 Königsplatz; Tram 20 Stiglmaierplatz

Mandarin Oriental €€€€

Die 48 Zimmer und 25 Suiten sind häufig ausgebucht; kein Wunder, liegt das ehemalige Hotel Rafael doch absolut ruhig an einer schmalen Straße in unmittelbarer Nähe zur Oper. So sind Diven und Tenöre Stammgäste und freuen sich wie die Normalsterblichen an den feinen Einrichtungen. Dazu gehört eine herrliche Dachterrasse mit Pool und grandiosem Blick über die Dächer der Stadt hinweg bis zum Gebirge.

✛ 210 B4 ✉ Neuturmstr. 1 ☎ 089 29 09 80 ⊕ www.mandarinoriental.com 🚇 Marienplatz; Tram 19 Nationaltheater

Mona Lisa €

Nur 7 Zimmer hat die kleine Pension – alle liebevoll eingerichtet und farblich unterschiedlich gestaltet. Das familiär geführte Haus ist ein häufig ausgebuchtes Kultobjekt.

✛ 211 D5 ✉ Robert-Koch-Str. 4 ☎ 089 21 02 83 80 ⊕ www.hotelmonalisa.de 🚇 Lehel; Tram 18 Lehel

Motel One €€

Stylische Hotelkette, die in ihren Häusern alles Überflüssige weglässt, ohne auf notwendigen Komfort zu verzichten. Die Zielgruppe sind Gäste meist jüngeren Jahrgangs, die keinen Trödel, sondern klare Linien lieben. Dass sie dabei das Panorama mit den Kirchtürmen der Altstadt genießen, ist klar. Wegen des günstigen Preis-Leistungs-Verhältnisses häufig ausgebucht, aber man kann es ja noch in den anderen Häusern der Kette versuchen: City-Ost, -Süd, -West, Schwabing oder beim Deutschen Museum.

✛ 209 E4 ✉ Herzog-Wilhelm-Str. 28 ☎ 089 51 77 72 50 ⊕ www.motel-one.com 🚇 Karlsplatz

Opéra €€–€€€

Im Jahr 1898 vom bayerischen Hoflieferanten für Meeresgetier und Wildbret gebaut (weil der darunter fließende Eisbach Austern und Hummer so wunderbar frisch hielt), blieb das Palais lange Wohnhaus. Erst 1976 öffnete es als Hotel seine Pforten. Jedes Zimmer ist individuell mit Antiquitäten eingerichtet. Lauschige Sommerabende verbringt man im Innenhof bei einem Cocktail.

✛ 210 C5 ✉ Sankt-Anna-Str. 10 ☎ 089 210 49 40 ⊕ www.hotel-opera.de 🚇 Lehel; Tram 16 Lehel

Prinz €€

Ein großes Plus dieses sehr aufmerksam ge-
führten Hauses ist seine Lage: Das Deutsche
Museum ist gleich um die Ecke. Und wer ein
Zimmer nach vorn bucht, hat einen wunderbaren Blick über München (dafür allerdings
auch etwas Straßenlärm). Elegant möblierte
Zimmer, exzellentes Restaurant, Tiefgarage.
✛ 210 C2 ✉ Hochstr. 45 ☎ 089 441 40 80
⊕ www.hotel-prinz.de ⛫ Rosenheimer Platz

Ritzi €€€

25 individuell-unkonventionell eingerichtete
Zimmer unweit des Maximilianeums: Hier
können Sie im Ambiente einer afrikanischen
Lodge nächtigen oder sich auf Urlaub in Bali
wähnen. Das auch bei den Münchnern beliebte Restaurant serviert leichte, asiatisch
inspirierte Küche. Im über 100 Jahre alten
Haus sind die Gemeinschaftsräume stil-
gerecht in Art déco gehalten, im Lounge-
bereich sitzt man auf rotsamtenen Sesseln
– Originale aus der Mailänder Scala.
✛ 211 E4 ✉ Maria-Theresia-Str. 2A ☎ 089
41 42 40 89-0 ⊕ www.hotelritzi.de
⛫ Max-Weber-Platz; Tram 17 Max-Weber-Platz

Ruby Lilly Hotel €€

Erklärtermaßen will das Hotel stilistisch in
die 1980er-Jahre entführen, in denen sich
Helmut Dietl seine Stadt filmisch zur Brust
genommen hat. Dass zu so einem Haus eine
angesagte Bar für die Schickeria gehört,
versteht sich von selbst. Und sonst? Marshall
Gitarrenverstärker für den Ipod, ein Tablet
in jedem Zimmer, gläserne Dusche und
übergroßes Bett für die Zweisamkeit.
✛ 204 C2 ✉ Dachauerstr. 37 ☎ 089 9 54
57 08 20 ⊕ www.ruby-hotels.com ⛫ Stiglmaierplatz; Tram 20 Stiglmaierplatz

Schwabinger Wahrheit €€€

Im Jahr 2018 eröffnet, gibt man sich hier
avantgardistisch. Also: kein Restaurant, sondern Streetfood-Imbiss, kein Spa, sondern
die »Schwabinger Auszeit«, kein Hotel, sondern Stadtdomizil für Business und Leisure.
✛ 202 B1 ✉ Hohenzollernstr. 5 ☎ 089
38 38 10 ⊕ www.schwabinger-wahrheit.de
⛫ Münchner Freiheit 🚌 53, 54, 59 Hohenzollernstraße

The Flushing Meadows €€€€

Das Entrée in einem Industriebau mag ja
erst mal befremden, denn das Hotel befindet sich in den oberen beiden Etagen. Jedes der 11 Zimmer hat ein anderer Künstler
gestylt – die fünf Penthouses darüber stehen
ihnen in nichts nach. Dazu kommt noch eine
Rooftop-Bar mit Blick über die Dächer, den
nicht nur die Übernachtungsgäste lieben.
✛ 209 F3 ✉ Fraunhoferstr. 32 ☎ 089 55 27
91 70 ⊕ http://flushingmeadowshotel.com
⛫ Fraunhoferstraße; Tram 18 Fraunhoferstraße

ESSEN UND TRINKEN

Schweinebraten mit Kruste und Knödel, Weißwürste mit Weißbier, Leberkäse – die Münchner lieben's traditionell gehaltvoll. In urgemüt-
lichen Gasthäusern und Biergärten bekommen Sie genau das. Damit der Münchenbummel
nicht so auf die Hüften schlägt, hat die Gastronomie aber auch »bayerisch-light« und viel
Internationales im Angebot.

Wohin zum Essen

Hier die Gaststätten mit »Münchner Atmosphäre«, Stammtisch und resoluten Kellnerinnen, die große Teller mit noch größeren
Portionen und eine Maßkrug auf den
Tisch stellen. Dort exotisch-asiatische Ess-
tempel, französische Bistros, italienische
Trattorien oder gar von allem etwas in angesagten Restaurants mit Fusions-Küche. Sie
werden keine Probleme haben, in München
das passende Lokal zu finden. Wenn der
kleine Hunger kommt, besänftigen ihn
Wraps, Tacos, Panini, Piadine und wie die
kleinen Leckereien der Street-Food-Gene-
ration so alle heißen. Ist der Hunger etwas
größer, werden Sie in Metzgereien fündig.
Die führen mittags bayerische »Schmankerl« wie Leberkäse oder »Fleischpflanzerl«, eine heiße Wurst mit Kartoffelsalat
oder auch eine Scheibe Braten in einer
Semmel – pardon: einem Brötchen.

Essenszeiten

Wer **frühstücken** will, kann dies in vielen
Cafés bis in den frühen Nachmittag hinein
tun und findet eine breite Auswahlmöglich-
keit vom Kater- über das Champagner- bis

zum Gesundheitsfrühstück. Mittags sind die Küchen der Lokale meist zwischen 12 und 15 Uhr auf, abends wird man ab etwa 18 Uhr bedient. Gleichwohl gibt es auch Gaststätten, die den ganzen Tag über Speisen bereiten. Viele **Restaurants**, vor allem der höheren Kategorien, füllen sich ab 19 Uhr, sodass eine Reservierung hilfreich ist. Später ab 21 Uhr kommen eigentlich keine Gäste mehr zu einem ausgedehnten Abendessen in ein Restaurant – was nicht heißt, dass man nach der Oper oder dem Theaterbesuch nicht doch noch etwas bekäme.

In den **Biergärten** herrscht in den meisten Bereichen Selbstbedienung, dafür darf man sein Essen auch mitbringen. Wer dies nicht will, erhält an den Ständen bei den Bierausschänken typische Gerichte.

Beim **Trinkgeld** liegt man mit 5–10 % des Rechnungsbetrages nicht falsch.

AUSGEHEN

Opernhaus, Sprechtheater und eine vitale Alternativ-Theaterszene prägen das Kulturleben. In München gibt es auch eine große Jazz-Gemeinde, die vor allem in der Haidhauser Unterfahrt (s. S. 139) und im Nightclub des Hotels Bayerischer Hof ihr Zentrum hat. Tanzwütige haben eine Vielzahl an Clubs zur Auswahl. Einen Veranstaltungskalender bieten das kostenlose Magazin »In München«, das in Kinos, Kneipen und Restaurants ausliegt, und das monatlich erscheinende Stadtmagazin »Prinz«.

Theater und Oper

Die Bayerische Staatsoper gilt mit ihren hochkarätigen Inszenierungen als eines der besten deutschen Musiktheater; Freunde alternativer Opernaufführungen kommen im Sommer in der Pasinger Fabrik (August-Exter-Str. 1, Tel. 089 82 92 90 79, www.pasinger-fabrik.com) auf ihre Kosten. Residenztheater und Kammerspiele konkurrieren auf höchstem Sprechtheater-Niveau um die Gunst der Münchner. Das Metropol Theater in München Freimann versteht es, mit einfachsten Mitteln große Effekte und hervorragende Kritiken zu erzielen, so für »Alice« nach Robert Wilson und Tom Waits (Flo-

riansmühlstr. 5, Tel. 089 32 19 55 33, www.metropoltheater.com).

Konzerte

Münchens Philharmoniker zeigen voraussichtlich bis 2020 in der Philharmonie im Gasteig ihr Können und ziehen dann in einen provisorischen Bau in Giesing um, während das Gasteig saniert wird. Veranstaltungsort für Mammutkonzerte ist die Olympiahalle, im Sommer auch das Olympiastadion und der Königsplatz. Zu den beliebtesten »kleineren« Locations gehören das Zenith und die Muffathalle (S. 139), Livekonzerte veranstalten auch Clubs wie Strom (S. 61) oder Milla (S. 61).

»Dance the night away«

Ein Sommertipp (Mai–Okt. ab 20 °C) für alle Tanzsüchtigen sind die täglichen Tango-Abende am Königsplatz im Portikus der Antikensammlung (ab 17 Uhr Tanzkurs, ab 19 Uhr freies Tanzen) und freitags ab 20 Uhr im Hofgarten im Diana-Tempel (www.tango-muenchen.de). Wer nicht so auf Tanzschritte steht, findet im Nachtwerk (www.nachtwerk.de), im Backstage (www.backstage.info) oder einem der vielen Clubs Gleichgesinnte.

Unter dem Regenbogen

Rund um den Gärtnerplatz und im Glockenbachviertel schlägt Münchens regenbogenfarbenes Herz. Hier finden sich zahlreiche Cafés, Kneipen und Clubs, aber auch Konditoreien und Buchhandlungen. In der Innenstadt gibt's die Discos Prosecco (Theklastr. 1, www.prosecco-munich.de, meist Fr/Sa) und N.Y.Club (immer Fr als Gast im Jack Rabbit, Schwanthalerstr. 2, und Samstag in der Elisenstr. 3, www.nyclub.de).

Vorverkauf

Im Internet können Sie bei München Ticket (www.muenchen-ticket.de) Karten für viele Veranstaltungen reservieren; in der Stadt findet man Vorverkaufsbüros z.B. in der München-Information im Neuen Rathaus (S. 188). Opernkarten gibt's im Netz (www.bayerische- staatsoper.de, frühestens 3 Monate vor dem Termin) und an der Opernkasse in den Maximilianshöfen (Marstallplatz 5,

Tel. 089 21 85 19 20, Mo–Sa 10–19 Uhr, frühestens 2 Monate vor dem Termin, Abendkasse 1 Stunde vor dem Vorstellungsbeginn).

EINKAUFEN

Soll's ein Wackeldackel sein oder ein afrikanisches Dirndl? Edle Swarowski-Kristalle oder puristisch-skandinavisches Design? München ist ein Shopping-Paradies, und das nicht nur für Bavarica.
Die meisten Läden öffnen Montag bis Samstag zwischen 9 und 10 Uhr und schließen spätestens um 20 Uhr. Sonntags bleiben bis auf wenige Ausnahmen alle Geschäfte geschlossen.

Souvenirs
»Ein Herz'l fürs Herz'l«, also ein typisch münchnerisches Lebkuchen- oder Schokoladenherz, gibt es leider nur zum Oktoberfest und auf den Auer Dulten (S. 138) zu kaufen. So muss man sich außerhalb der Festzeiten mit dem »Münchner Kindl« begnügen, denn das schwarz-gelb gewandete Mönchlein ist Wappenfigur der Stadt München und in vielerlei Variationen von der Puppe bis zum Aufkleber zu haben. Wenn Sie es schriller mögen, dann schauen Sie im servus.heimat (Brunnstr. 3, S. 60) vorbei. Hier bekommen Sie den »Kini« samt Neuschwanstein in einer Schneekugel, T-Shirts mit witzigen, folkloristischen Aufdrucken, aber auch schöne Bildbände.

Mode
Die Maximilianstraße ist Münchens teuerste Einkaufsmeile mit den elegantesten Geschäften aller Topdesigner. Die Theatinerstraße gleich nebenan lockt mit den Fünf Höfen ebenfalls eher betuchte Kunden an. Mit kleinerem Budget werden Sie in einem der vielen internationalen Modeläden wie Zara oder H&M in der Innenstadt fündig. Wer flippige Kleidung kleiner Designer sucht, wird eher in Haidhausen, im Glockenbachviertel oder in Schwabing Erfolg haben. Und die Straßen um die Münchner Freiheit haben sich zum Shoppingparadies für Hip-Hop-Freaks gemausert. Als erste Adresse für Trachtenkleidung gilt in München Lodenfrey (www.

lodenfrey.com), wo Traditionalisten nach unaufgeregtem Gewand suchen, aber auch betuchte Damen fündig werden, die Dirndlabwandlungen etwa der Kollektion »Happy Heidi« von Lola Paltinger bevorzugen.

Kunst, Design und Antiquitäten
Besonders viele Galerien sind in der Maxvorstadt und in Schwabing angesiedelt. Beim Bummeln durch die Straßen und manchmal auch beim Blick in die Hinterhöfe können Sie interessante Entdeckungen machen. Geschäfte, die Designermöbel und Accessoires verkaufen, haben Konjunktur. Viele sind ebenfalls rund um die Universität und um die Münchner Freiheit versammelt.

Trödel-, Kunsthandwerks- und Flohmärkte
Bayerns größter Freiflächenflohmarkt, der Riemer Flohmarkt, findet je nach Wetter samstags von 6 bis 16 Uhr (ausgenommen ist die Zeit des Oktoberfestes) auf dem Gelände der neuen Messe in Riem statt (Tel. 089 46 25 55 36, https://flohmarkt-riem. com).
Die Antiquitäten- und Buchhändler stellen dreimal im Jahr ihre »Standl« auf dem Mariahilfplatz zur Auer Dult auf. Diese besondere Mischung aus Trödelmarkt und Jahrmarkt ist ein besonderes Erlebnis auch für Familien mit Kindern.

VERANSTALTUNGSKALENDER

JANUAR/FEBRUAR
Fasching: Vom 6. Januar bis zum Faschingsdienstag erleben Sie München im Rausch der Maskenbälle. Klassiker sind die **Weißen Feste** im Max Emanuel (max-emanuel-brauerei.de). Höhepunkt des Faschingstreibens ist der traditionelle **Tanz der Marktweiber** am Viktualienmarkt (Faschingsdienstag 11 Uhr).
MÄRZ
Starkbierzeit (https://paulaner-nockherberg.com): Auf dem Nockherberg gibt's den traditionellen Anstich mit anschließendem »Politiker-Derbleck'n«.
APRIL
Frühlingsfest: Verkleinerte Version des Oktoberfestes auf der Theresienwiese.

Ostereiersuchen im Tierpark Hellabrunn: Ein Riesenspaß für Groß und Klein am Ostersonntag.

Lange Nacht der Musik (www.muenchner. de/musiknacht): Ende April lernen Sie Münchens vielfältiges Musikprogramm und viele Veranstaltungsorte kennen.

MAI

Maidult: Jahr- und Trödelmarkt Anfang Mai am Mariahilfplatz

Dok-Fest (www.dokfest-muenchen.de): Das Internationale Dokumentarfilmfestival Anfang Mai ist das bundesweit größte für lange Dokumentarfilme.

Biennale München (www.muenchener biennale.de): In geraden Jahren entführen Sie Uraufführungen in die aufregenden Klangwelten moderner Musiktheater und avantgardistischer Opernkomponisten.

JUNI

Münchner Stadtgeburtstag: buntes Treiben auf dem Marienplatz.

Tollwood-Festival (www.tollwood.de): Zeltstadt mit Theater, Musik, Kulinarischem und alternativen Shoppingangeboten neben dem Olympiapark.

BMW International Open (www.bmw-golf sport.com): Ende Juni mit den besten Golfcracks der Welt.

Nymphenburger Sommer (www.nymphen burger-sommer.de): Klassikkonzerte im wunderschönen Hubertussaal des Schlosses.

Filmfest München (www.filmfest-muenchen. de): Ende Juni trifft sich die Filmszene im Gasteig und Filmmuseum.

Fronleichnam: Am zweiten Donnerstag nach Pfingsten begehen die Münchner diesen katholischen Festtag mit einer feierlichen Prozession durch die Innenstadt.

JUNI/JULI

Rosenschau: Ausstellung und Markt zugleich ist die jährlich unter einem anderen Motto stehende und anders gestaltete Rosenschau im Botanischen Garten (www.botmuc.de).

JULI

Klassik am Odeonsplatz (www.klassik-am-odeonsplatz.de): Konzerte der Münchner Philharmoniker und des Symphonieorchesters des Bayerischen Rundfunks stehen auf dem Odeonsplatz auf dem Programm.

Opernfestspiele (www.staatsoper.de/ opernfestspiele): Die Stars der internationalen Musikszene geben sich im Nationaltheater ein Stelldichein.

Konzerte im Brunnenhof: In der Residenz gibt's Musik in intimerem Rahmen.

Schleißheimer Sommer: Im Neuen Schloss Schleißheim treten klassische Virtuosen, darunter häufig auch Barockensembles, auf.

Jakobidult: Jahrmarkt auf dem Mariahilfplatz in Au-Haidhausen.

AUGUST

Theatron Musiksommer im Olympiapark (http://theatron.net): Konzerte bekannter und unbekannter, internationaler und heimischer Bands heizen den Zuschauern richtig ein – und das alles kostenlos!

SEPTEMBER

Oktoberfest (www.oktoberfest.de): Am vorletzten Samstag im September geht's los – das größte Volksfest der Welt wird mit einem feierlichen Einzug der Festwirte eröffnet. Am Sonntag folgt ein bunter Trachtenzug durch die Münchner Innenstadt.

OKTOBER

Kirchweihdult: Mitte Oktober am Mariahilfplatz in der Au.

Lange Nacht der Museen (www.muenchner. de/museumsnacht): Große wie kleine Sammlungen öffnen ihre Pforten und locken Publikum mit originellen Veranstaltungen.

München-Marathon (www.muenchenmara thon.de): Langstreckenläufer messen ihre Ausdauer auf den Straßen Münchens.

NOVEMBER

SpielArt (www.spielart.org): In ungeraden Jahren können Sie beim Theaterfestival internationale Theaterproduktionen erleben.

DEZEMBER

Christkindlmärkte gibt's auf dem Marienplatz, auf dem Rotkreuzplatz und in Haidhausen. Ein **Künstler-Weihnachtsmarkt** verwandelt die Münchner Freiheit in ein buntes Lichtermeer.

Winter-Tollwood (www.tollwood.de) sorgt auf der Theresienwiese mit Theater, Konzerten und einem rauschenden Silvesterfest für die richtige Stimmung.

Silvesterfeuerwerk: Dieses Spektakel sehen Sie sich am besten von den Schuttbergen im Olympiapark aus an. Eine bessere Aussicht gibt es in München sonst nirgends.

Cityatlas

Legende

Bemerkenswertes Gebäude/ Öffentliches Gebäude	Information
Grünfläche	Museum
Fußgängerzone	Theater, Oper
Straßenbahnlinie mit Haltestelle	Kirche; Synagoge; Moschee
S-Bahn mit S-Bahn-Station	Biergarten
U-Bahn mit U-Bahn-Station	Denkmal, Turm
Parkplatz; Parkhaus	Polizei
TOP 10	Krankenhaus; Tennis
Nicht verpassen!	Post; Bibliothek
Nach Lust und Laune!	Zoo
	Hallenbad; Freibad

1 : 13 000

0	250	500 m
0	250	500 yd

A
Zentrale Hochschulsportanlage

Werner-Seelenbinder-Weg

Kusochdskdamm

B
Olympisches Dorf
48

Kolehmainenweg

Lovelock

Brundageplatz

C
U Olympiazentrum

Lerchenauer Str.

Dost

BMW Welt
46

BMW-Museum 46
M

5

Sapporo-Bogen

Hans-Braun-Brücke

2R

Georg-Brauchle-Ring

Weg

Walther-Bahse-Weg

D3 (U3)

Spiridon-Louis-Ring

Lilian-Board-Weg

Kleine Olympiahalle

Rockmuseum (im Olympiaturm)

Olympiaturm (290 m)

Olympia-Eisstadion

Willi-Daume-Pl.

P

P

Spiridon-Louis-Ring

Olympiahalle

Coubertin-platz

Luz-Long-Ufer

Luz-Long-Ufer

P

Werner-von-Linde-Halle

Olympiastadion

Olympiapark

44

Olympia-Schwimmhalle

Sea Life
47

Ernst-Curtius-Weg

Theatron

Willi-Gebhardt-Ufer

4

Toni-Merkens-Weg

Wilhelm-Dörpfeld-Weg

Spiridon-Louis-Ring

Rudolf-Harbig-Weg

Olympiasee

Willi-Gebhardt-Ufer

Martin-Luther-King-Weg

O L Y M P I A P A

AP Garden
au, ab 2021)
em. Standort
a-Radstadion)

nburg-
iner-Kanal

Willi-Gebhardt-Ufer

Montessori-Schule

Olympiaberg
(564 m)

Kleingärten

Acke

3

Spiridon-Louis-Ring

Gelände
Tollwood Sommerfestival
49

Ost-West-Friedenskirche

Rudolf-Harbig-Weg

Therese-Studer-Str.

Deidesheimer Str.

Elisabeth-Kohn-Str.

Therese-Studer-Str.

ndeswehr-
rwaltung

2

Kreiswehr-
erstzamt

Sportanlage

Elisabeth-Kohn-Str.

Ackermannstr.

Adams-

Lehmann-Str.

hauer-Str.

Goethe-Institut

Hedwig-Dransfeld-Allee

Lily-Braun-Weg

Helene-Lange-Weg

Gertrud-Bäumer-Str.

Helene-Weber-Allee

Tierklinik

Rosa-Luxemburg-Pl.

Emma-Ihrer-Str.

Infanteriestr.

Barbarastr.

Infanteriestr.

Barbarastr.

Kathi-Kobus-Str.

Theo-Prosel-Weg

Schwere-Reiter
12+N42+N

Elisabethstr.

Erhard-Auer-Str.

Saportastr.

Trivaxtr.

Merianstr.

Hartliebstr.

Anita-Augspurg-Allee

Schwere-Reiter-Str.

Heßstr.

Luitpold-
kaserne

St. Barbara

N E U H A U S E N
n-Pedro-Str.

200

Maximilian-Wetzger-Str.

Fasanerestr.

Leonrod-platz

Leonrodplatz

Schwere-Reiter-Str.
12+N42+N44

Dachauer

B

204

Deutsches
Rotes Kreuz

C

A

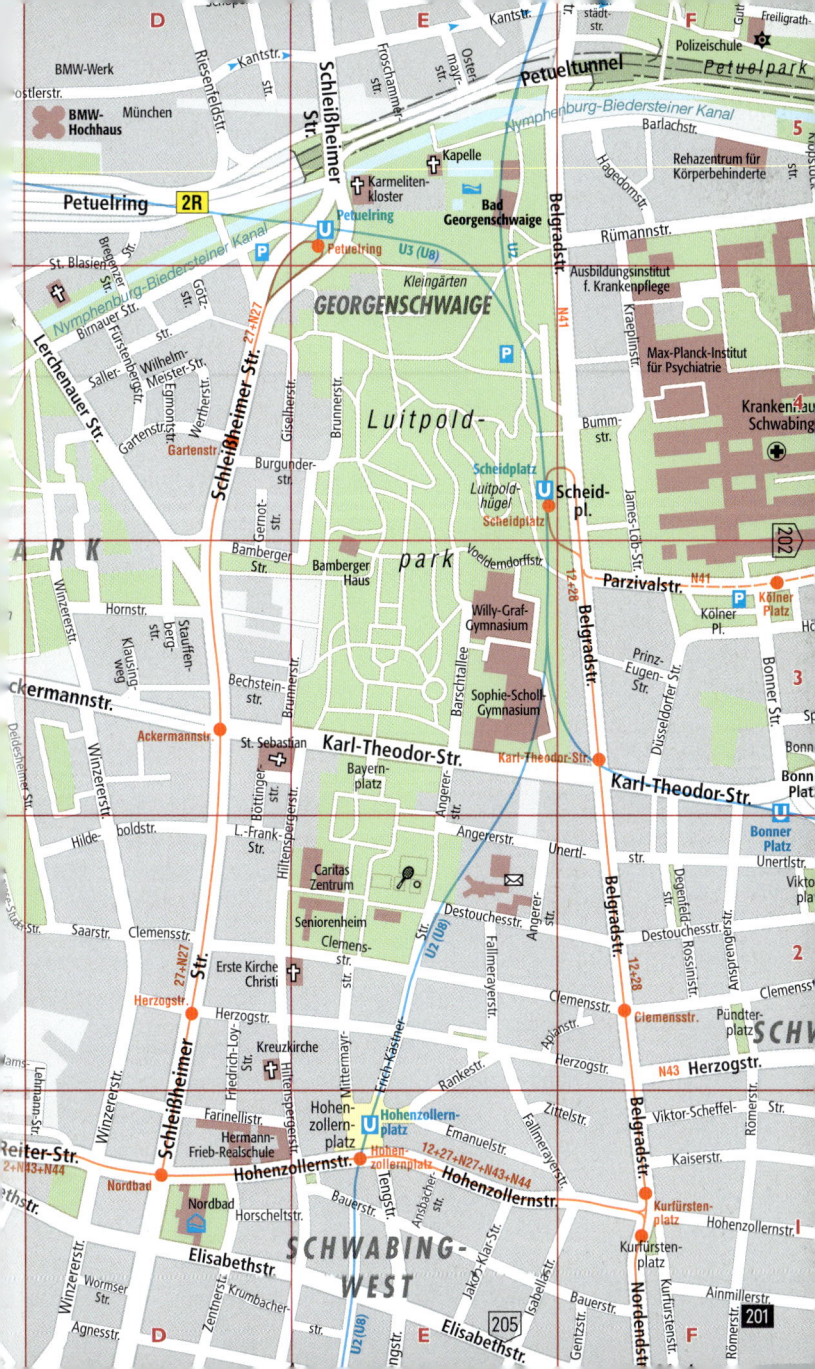

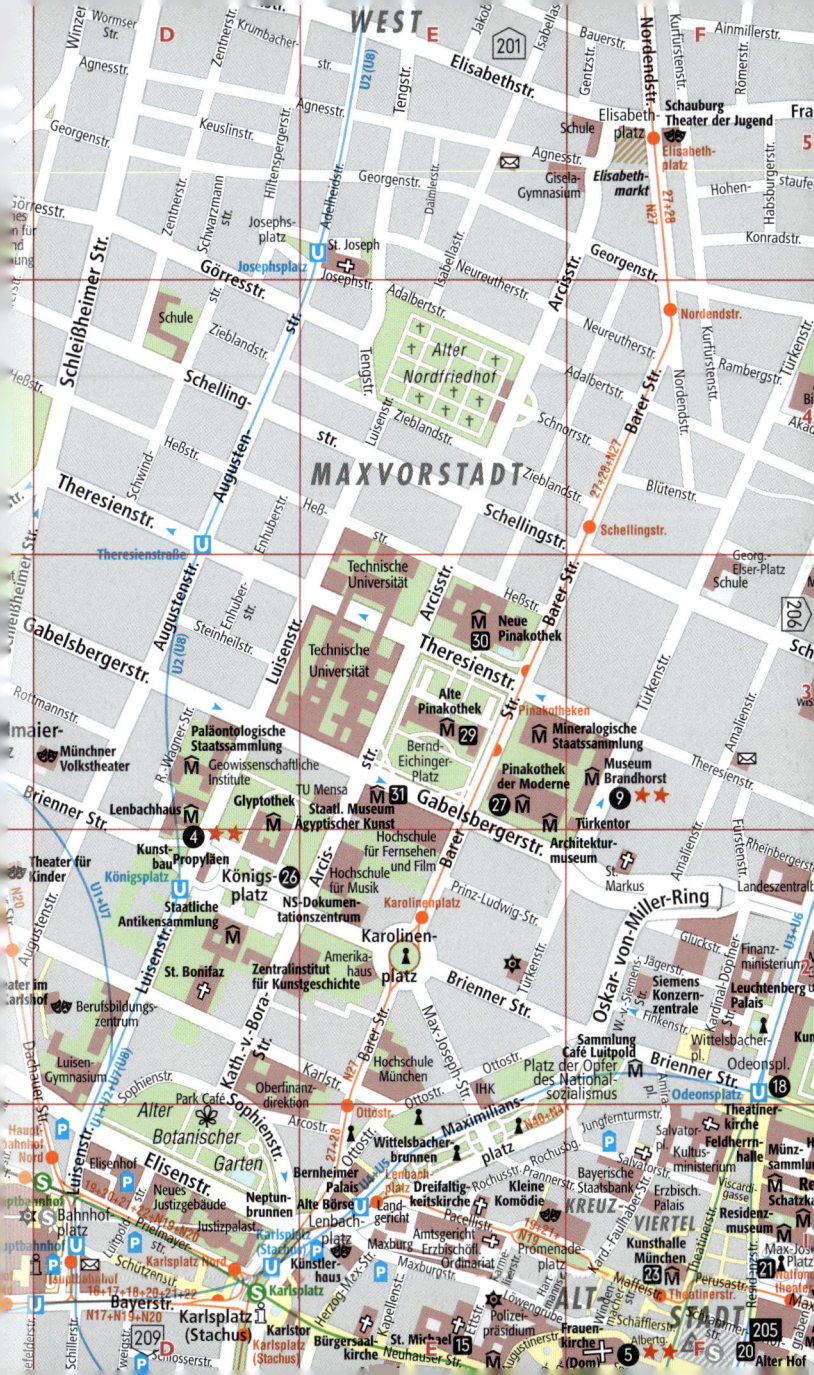

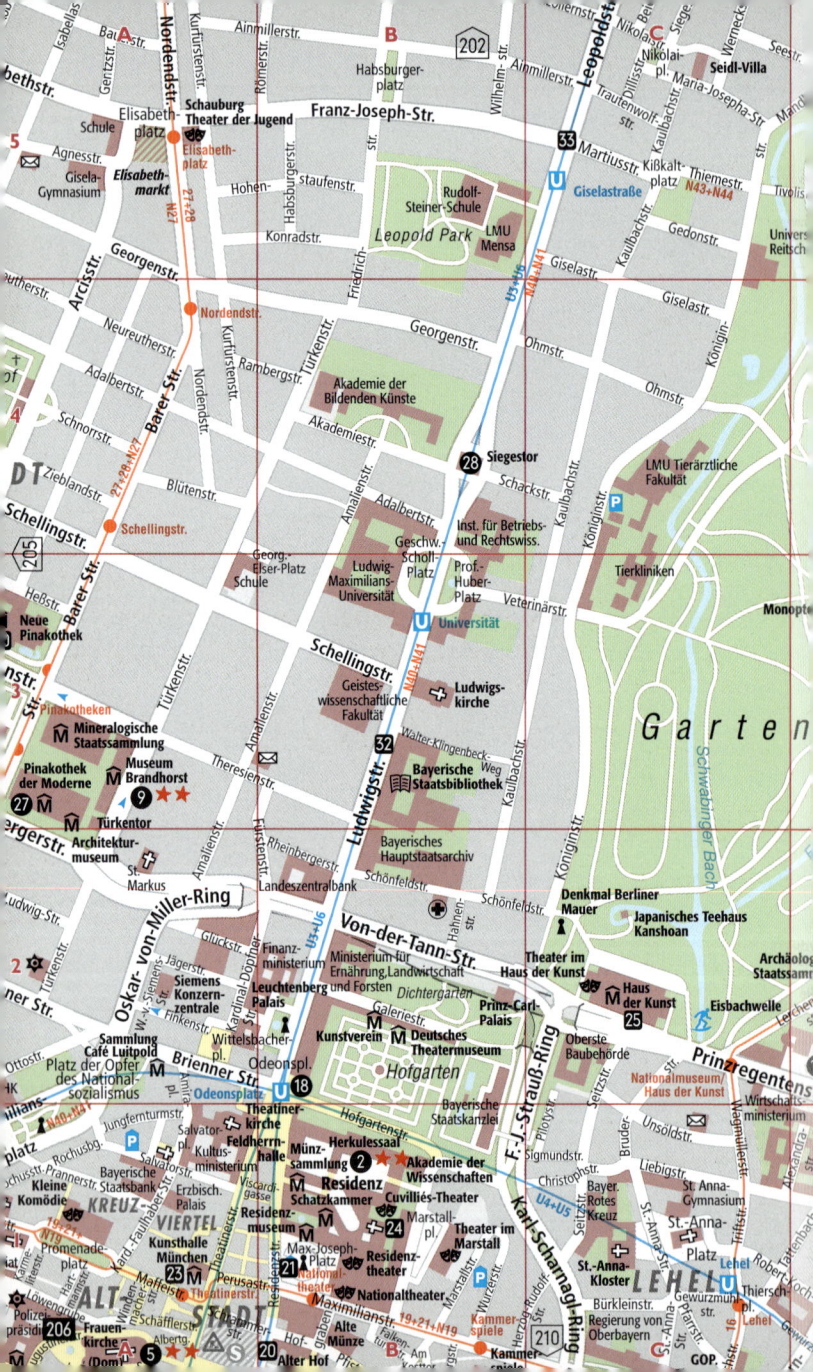

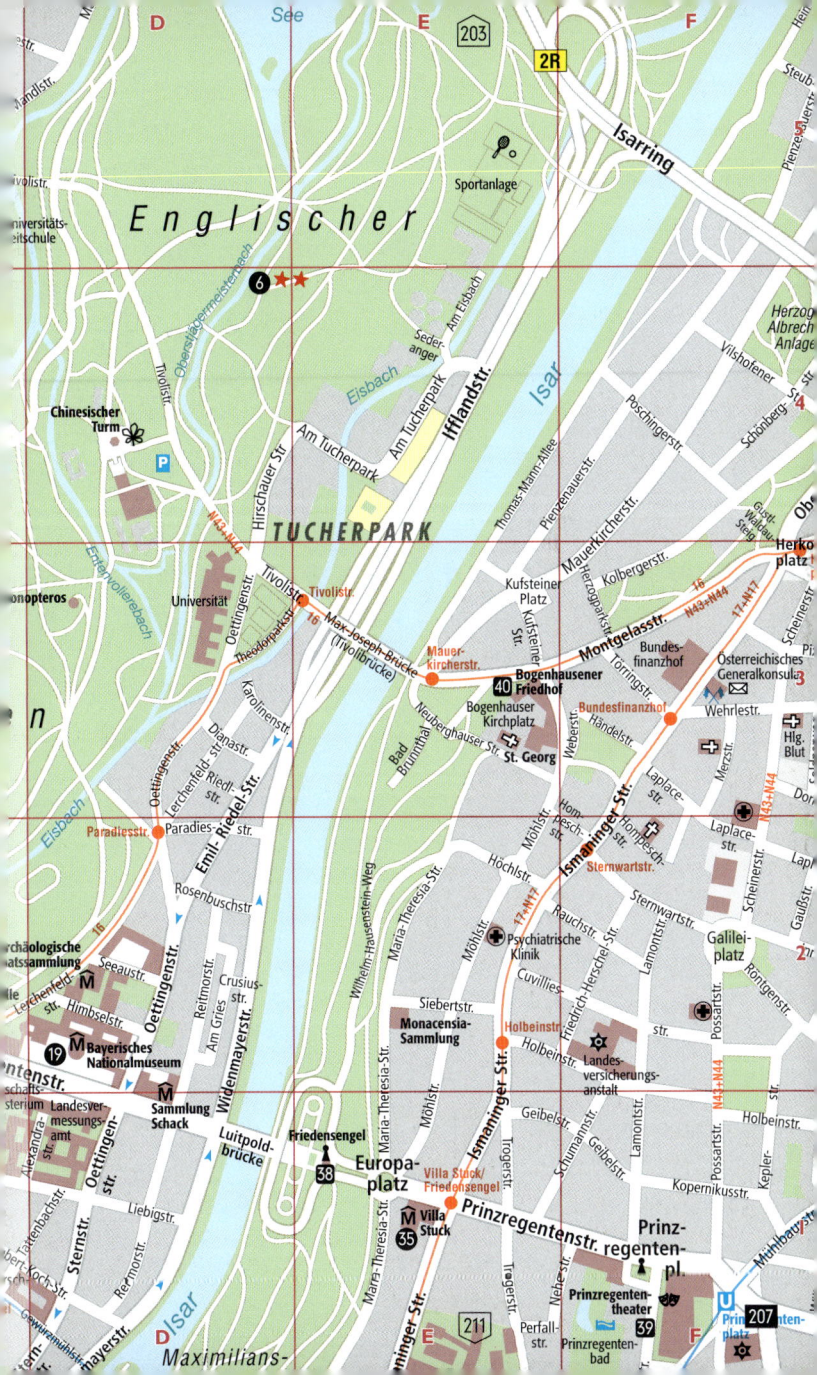

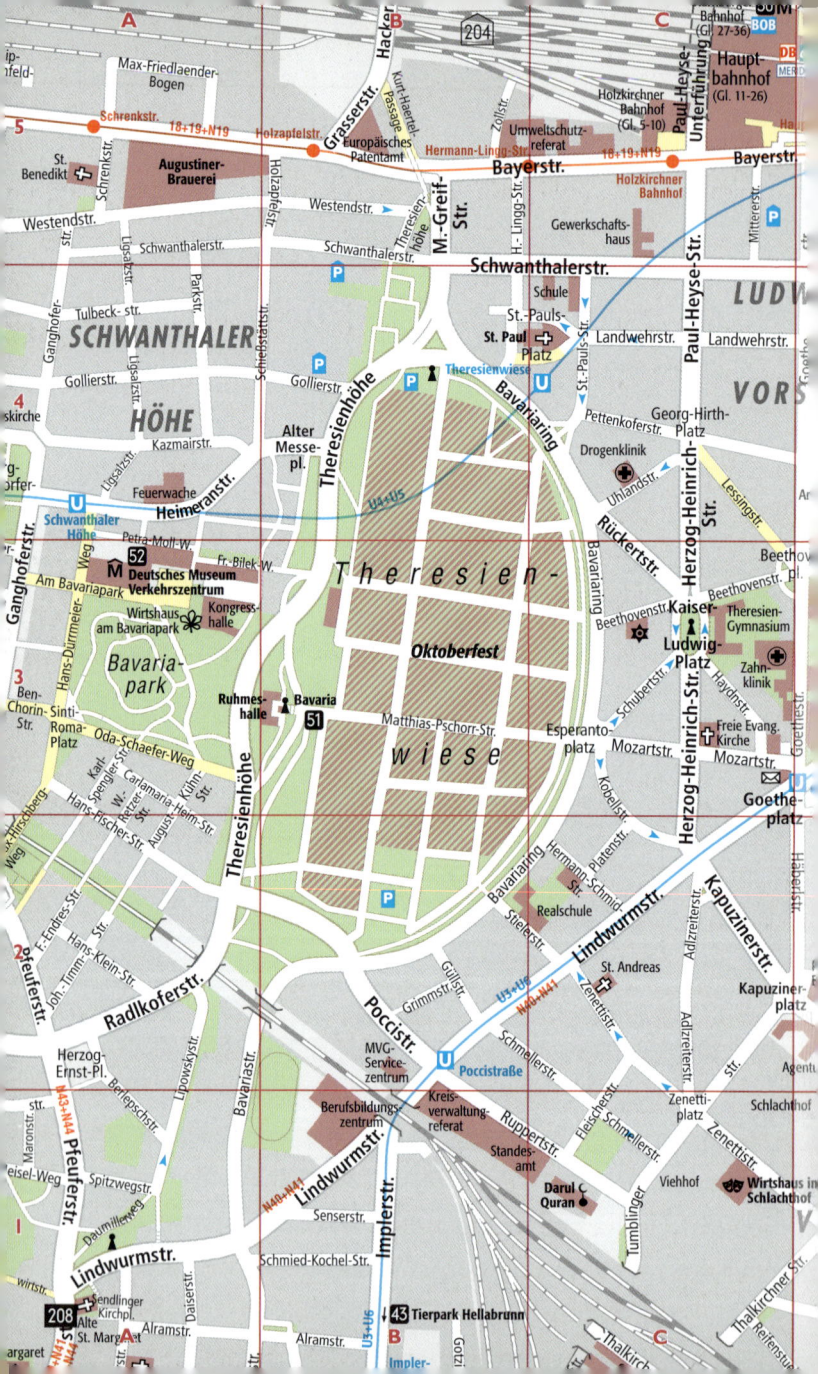

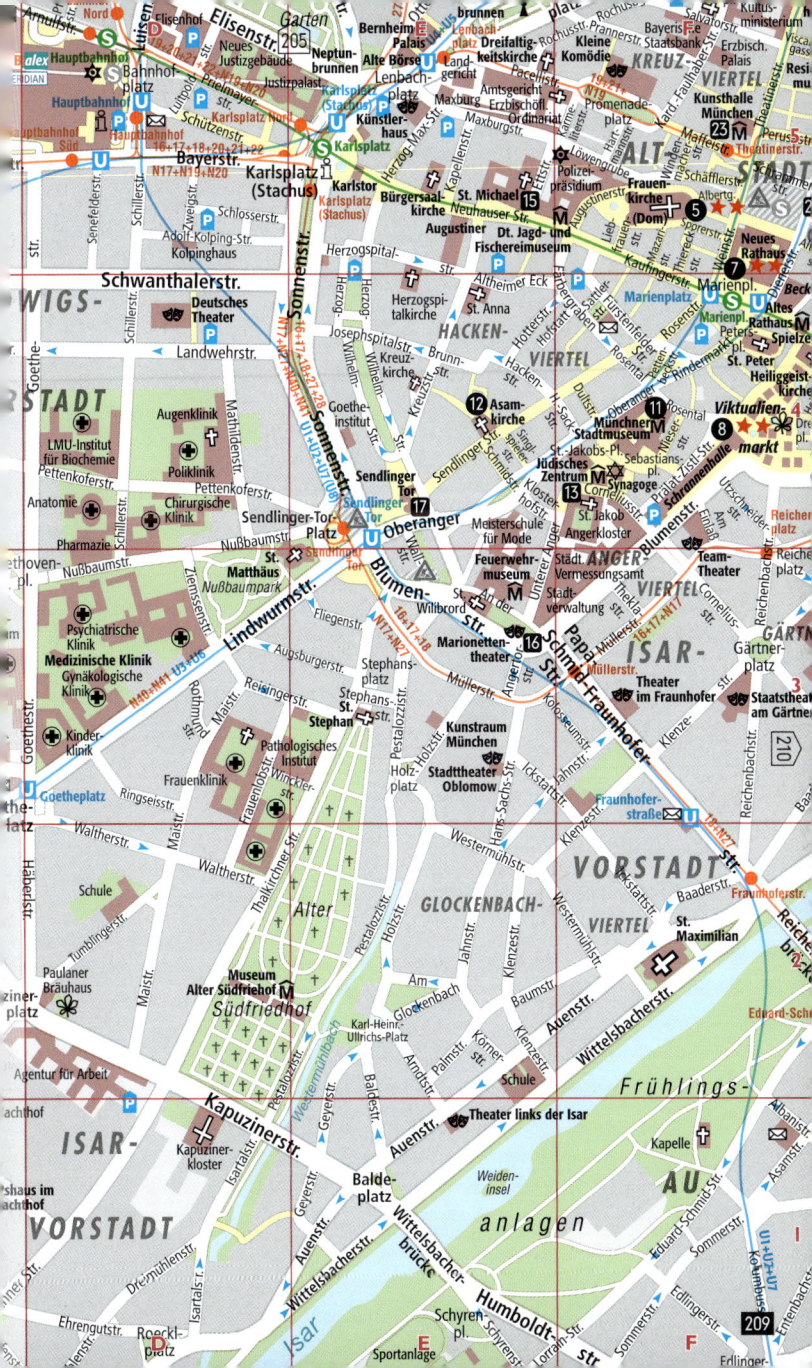

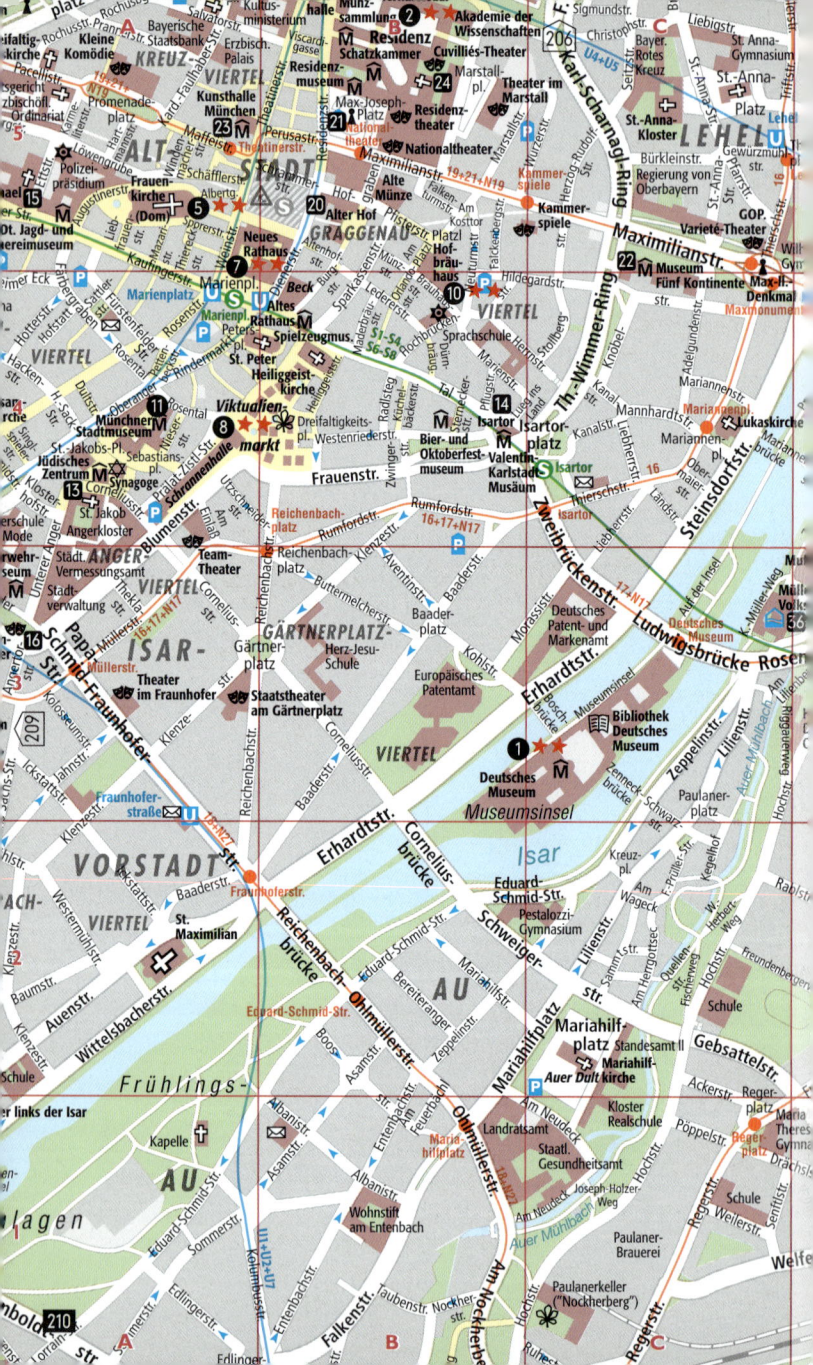

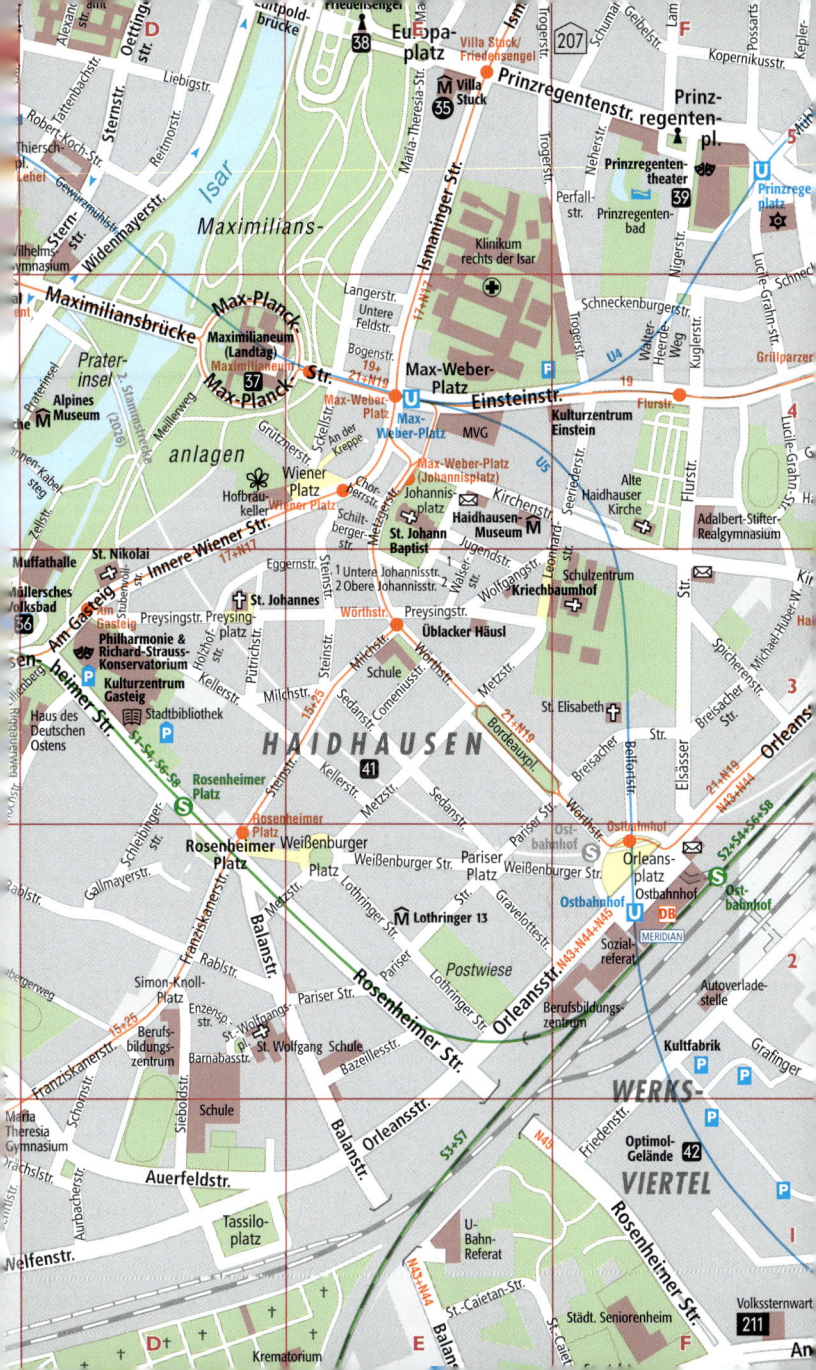

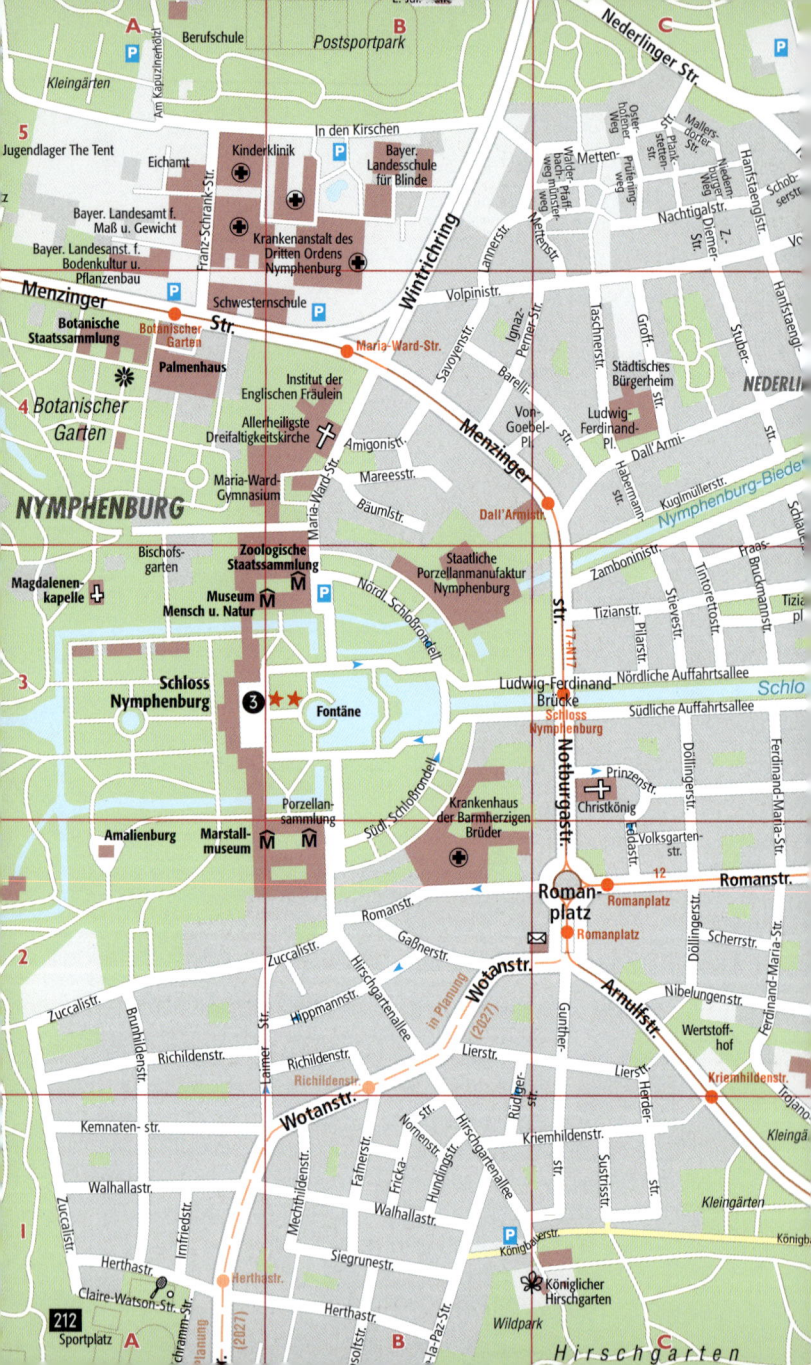

Straßenverzeichnis

St.-Pauls-Str. 208 C4
St.-Wolfgangs-Pl. 211 E2
Steinheilstr. 205 D5
Steinsdorfstr. 210 C4
Steinstr. 211 E3
Stengelstr. 203 E3
Stephanspl. 209 E3
Stephansstr. 209 E3
Sterneckerstr. 210 B4
Sternstr. 207 D1
Sternwartstr. 207 F2
Stielerstr. 208 B2
Stievestr. 212 C3
Stiglmaierpl. 204 C3
Stollbergstr. 210 B4
Stuberstr. 212 C4
Sturystr. 202 B2
Südliche Auffahrtsallee 212 C3
Südliches Schloßrondell 212 B3
Sulzbacher Str. 202 C3

T
Tal 210 B4
Taschnerstr. 212 C4
Tassilopl. 211 D1
Tattenbachstr. 207 D1
Taubenstr. 210 B1
Tengstr. 201 E1
Thalkirchner Str. 209 D2
Theatinerstr. 206 B1
Theodor-Dombart-Str. 203 D4
Theodorparkstr. 207 D3
Therese-Studer-Str. 200 C3
Theresienhöhe 208 B4
Theresienstr. 205 D4
Thiemestr. 206 C5
Thiereckstr. 210 A5
Thierschpl. 206 C1
Thierschstr. 210 C4
Thomas-Mann-Allee 207 E4
Thomas-Wimmer-Ring 210 C4
Thorwaldsenstr. 204 B4
Tillystr. 204 B2
Tintorettostr. 212 C3
Tivolistr. 206 C5
Tizianpl. 212 D3
Tizianstr. 212 C3

Törringstr. 207 F3
Traubestr. 203 D4
Trautenwolfstr. 206 C5
Triftstr. 206 C1
Tristanstr. 202 C3
Trogerstr. 207 E1
Tumblingerstr. 208 C1
Türkenstr. 205 F3

U
Uhlandstr. 208 C4
Unertlstr. 201 F2
Ungererstr. 202 C2
Unsöldstr. 206 C1
Untere Feldstr. 211 E4
Unterer Anger 209 E3
Ursulastr. 203 D1
Utzschneiderstr. 210 A4

V
Veterinärstr. 206 B3
Viktoriapl. 202 A2
Viktoriastr. 202 B2
Viktor-Scheffel-Str. 202 A1
Viktualienmarkt 210 B4
Virchowstr. 202 C3
Viscardigasse 206 B1
Volksgartenstr. 212 C2
Volpinistr. 212 B4
Von-der-Tann-Str. 206 B2
Von-Goebel-Pl. 212 C4
Wagmüllerstr. 206 C1

W
Wagnerstr. 202 C1
Walhallastr. 212 A1
Wallstr. 209 E3
Walter-Heerde-Weg 211 F4
Walter-Klingenbeck-
  Weg 206 B3
Walther-Bathe-Weg 200 C5
Waltherstr. 209 D2
Wartburgpl. 202 B4
Wedekindpl. 202 C1
Weinstr. 210 A5
Weisgerberstr. 203 D3
Weißenburger Pl. 211 E2

Weißenburger Str. 211 E2
Welfenstr. 210 C1
Werneckstr. 202 C1
Wertherstr. 201 D4
Westendstr. 208 A5
Westenriederstr. 210 B4
Westermühlstr. 209 F2
Widenmayerstr. 207 D2
Wiener Pl. 211 E4
Wilhelm-Hausenstein-Weg 207 E2
Wilhelm-Hertz-Str. 202 C5
Wilhelm-Meister-Str. 201 D4
Wilhelm-Ostwald-Str. 203 E2
Wilhelmstr. 202 B1
Willi-Daume-Pl. 200 C4
Willi-Gebhardt-Ufer 200 B4
Wiltropenstr. 203 D3
Wincklerstr. 209 E3
Windenmacherstr. 210 A5
Wintrichring 212 B4
Winzererstr. 201 D1
Wittelsbacherbrücke 209 E1
Wittelsbacherpl. 206 A2
Wittelsbacherstr. 209 E1
Wolfgangstr. 211 F3
Wormser Str. 201 D1
Wörthstr. 211 E3
Wotanstr. 212 B2
Wredestr. 204 A2
Wurzerstr. 206 B1

Z
Zamboninistr. 212 C3
Zenettipl. 208 C2
Zenettistr. 208 C2
Zenneckbrücke 210 C3
Zeno-Diemer-Str. 212 C5
Zentnerstr. 201 D1
Zeppelinstr. 210 B2
Zieblandstr. 205 D3
Ziemssenstr. 209 D3
Zirkus-Krone-Str. 204 B2
Zollstr. 204 B1
Zuccalistr. 212 A2
Zweibrückenstr. 210 B4
Zweigstr. 209 D5
Zwingerstr. 210 B4

Register

BILDNACHWEIS

DuMont Bildarchiv/Michael Campo: 17, 18, 26, 43 o., 50 u.r., 67 r., 70, 77, 82, 100, 109 u., 131 u.r., 133, 178, 181

DuMont Bildarchiv/Reinhard Eisele: 167

DuMont Bildarchiv/Urs Kluyver: 50 u.l.

DuMont Bildarchiv/Thomas Linkel: 5 o., 5 u., 6 (1) u. 129, 6 (2) u. 71 u.l., 6 (3) u. 140/141, 6 (5) u. 39 o., 6 (6) u. 97, 6 (7), 6 (8) u. 49, 6 (9) u. 90, 6 (10) u. 76, 8, 11 o./u., 12/13, 19 (4), 20, 21 l.o./u./r., 28, 29 l.o./u., 29 r.o./u., 31 l./r., 34/35, 39 u., 40 l./r., 41, 43 u.M., 47, 49, 54, 55, 69 r.o./u., 71 l.o./u., 71 r.o./u., 76, 78 u., 80, 83, 84, 90/91, 95 l.u./r.o., 96 l./r., 98/99, 102, 103 o., 103 u.l./r., 104, 106, 107 o., 107 u.l./r., 108, 111, 113, 118/119, 124, 125 l., 125 r.o./u., 131 o./l.u., 138, 145 r., 149 o./l.u., 153, 154 o., 154 l.u./r.u., 157, 159, 165, 168, 173, 176/177, 182, 185, 186/187

R. Freyer: 46

Huber Images/Martin Brunner: 147 u.

Huber Images/Bernd Römmelt: 32, 162/163

Huber Images/Rainhard Schmid: 14/15, 68, 135, 147 o., 149 r.u., 166

G. Jung: 109 o., 128, 152, 158, 169

F. Köthe: 43 u.l., 51, 69 l., 150 l., 156

Laif/Back: 105

LOOK/Wilfried Feder: 6 (4) u. 101, 79

LOOK/Franz Marc Frei: 67 l., 78 o., 123 u.

LOOK/Alex Tino Friedel: 146 r.

LOOK/Jürgen Richter: 67 l.

LOOK/Andreas Strauß: 146 l.

LOOOK/Florian Werner: 145 l.

LOOK/TerraVista: 16

mauritius images/Alamy: 130

mauritius images/Christian Bäck: 52/53

mauritius images/Bernd Römmelt: 85

mauritius images/Bildagentur München: 81 o.

mauritius images/Mikolaj Gospodarek: 126/127

mauritius images/Ernst Grasser: 81 u.

mauritius images/Uta und Horst Kolley: 151

mauritius images/imagebroker/ Michael Zegers: 57

mauritius images/imagebroker/ Dr. Wilfried Bahnmüller: 174/175

C. Naundorf: 50 o., 73, 123 o.

picture alliance/dpa: 27 l./r.

picture alliance/imageBROKER: 33

picture alliance/Sport Moments/ SepaMedia: 23

T. Stankiewicz: 22, 158

H. Wagner: 155

T. P. Widmann: 43 u.r., 150 r.

© Bayerische Schlösserverwaltung www. schloesser.bayern.de: 6 (2, 3, 6), 70–73, 103, 104, 140/141, 145 r., 146 r., 147 o./u., 148–151, 165, 166, 169, 171, 173, 174/175

Titelbilder:
U1 oben: Westend61/Getty Images
U1 unten: DuMont Bildarchiv/Thomas Linkel

IMPRESSUM

© MAIRDUMONT GmbH & Co. KG
VERLAG KARL BAEDEKER

3. Aufl. 2020
Völlig überarbeitet und neu gestaltet

Text: Daniela Schetar und Friedrich Köthe
Redaktion & Gestaltung: Robert Fischer (www.vrb-muenchen.de)
Projektleitung: Dieter Luippold
Programmleitung: Birgit Borowski
Chefredaktion: Rainer Eisenschmid

Kartografie: © MAIRDUMONT GmbH & Co. KG, Ostfildern
3D-Illustrationen: jangled nerves, Stuttgart
Visuelle Konzeption: Neue Gestaltung, Berlin

Anzeigenvermarktung: MAIRDUMONT MEDIA
Tel. 0711 45 02-0, media@mairdumont.com
media.mairdumont.com

Printed in Poland

Trotz aller Sorgfalt von Autoren und Redaktion sind Fehler und Änderungen nach Drucklegung leider nicht auszuschließen. Dafür kann der Verlag keine Haftung übernehmen. Berichtigungen, Kritik und Verbesserungsvorschläge sind uns jederzeit willkommen, bitte informieren Sie uns unter:

Verlag Karl Baedeker / Redaktion
Postfach 3162
D-73751 Ostfildern
Tel. 0711 45 02-262
smart@baedeker.com
www.baedeker.com

FSC
www.fsc.org
MIX
Papier aus ver-
antwortungsvollen
Quellen
FSC® C018236

Meine Notizen